DIREITO CANÔNICO

Dados Internacionais de Catalogação na Publicação (CIP)
(Câmara Brasileira do Livro, SP, Brasil)

Gonçalves, Mário Luiz Menezes
  Direito Canônico / Pe. Mário Luiz
Menezes Gonçalves. 5. ed. – Petrópolis, RJ : Vozes, 2020. –
(Coleção Iniciação à Teologia)

  ISBN 978-85-326-6400-6
  Bibliografia.
  1. Direito Canônico I. Título.

03-5259   CDD-348.7

Índices para catálogo sistemático:
1. Direito Canônico   348.7

2. Questões vitais : Teologia Moral : Cristianismo   241

PE. MÁRIO LUIZ MENEZES GONÇALVES

DIREITO CANÔNICO

Petrópolis

© 2004, 2020, Editora Vozes Ltda.
Rua Frei Luís, 100
25689-900 Petrópolis, RJ
www.vozes.com.br
Brasil

Todos os direitos reservados. Nenhuma parte desta obra poderá ser reproduzida ou transmitida por qualquer forma e/ou quaisquer meios (eletrônico ou mecânico, incluindo fotocópia e gravação) ou arquivada em qualquer sistema ou banco de dados sem permissão escrita da editora.

CONSELHO EDITORIAL

Diretor
Gilberto Gonçalves Garcia

Editores
Aline dos Santos Carneiro
Edrian Josué Pasini
Marilac Loraine Oleniki
Welder Lancieri Marchini

Conselheiros
Francisco Morás
Ludovico Garmus
Teobaldo Heidemann
Volney J. Berkenbrock

Secretário executivo
João Batista Kreuch

Editoração: Maria da Conceição B. de Sousa
Diagramação: Sheilandre Desenv. Gráfico
Revisão gráfica: Nilton Braz da Rocha / Nivaldo S. Menezes
Capa: Editora Vozes

ISBN 978-85-326-6400-6

Editado conforme o novo acordo ortográfico.

Este livro foi composto e impresso pela Editora Vozes Ltda.

Dedicatória

Em agradecimento a todos os estudantes
e colegas docentes que lutam para que
a *justiça na Igreja* seja respeitada e conhecida.

"Levai às vossas Igrejas locais o conhecimento do Código do Povo de Deus" (João Paulo II, audiência em 21/11/1983).

"Para cada lei existe um 'Kairós', um tempo oportuno" – *Pro qualibet lege est 'Kairós', tempus opportunum* (Cardeal Felici, 23/10/1981, na 4ª sessão da Congregação Plenária).

Sumário

Apresentação à segunda edição da coleção Iniciação à Teologia, 9
Prefácio, 13
Nota do autor, 15
Introdução, 19
Abreviaturas e siglas, 25
I – O que é Direito Canônico?, 29
II – As diversas dimensões do Direito, 36
III – O Direito Canônico como ciência, 47
IV – Aspectos teológicos do Direito Canônico, 67
V – História das fontes do Direito Canônico, 78
VI – Orientações para a leitura do Código atual, 94
VII – Alguns elementos de legislação canônica, 108
Apêndices, 153
I – A legislação canônica brasileira, 155
II – Como estudar Direito Canônico, 165
Anexos, 169
1 – Textos seletivos, 171
2 – Estudo dirigido, 219
3 – Temas para trabalhos acadêmicos, 221
4 – Termos e expressões jurídicas latinas, 222
5 – Aforismos jurídicos, 230
Bibliografia, 239

Apresentação à segunda edição da coleção Iniciação à Teologia

Uma coleção de teologia, escrita por autores brasileiros, leva-nos a pensar a função do teólogo no seio da Igreja. Tal função só pode ser entendida como atitude daquele que busca entender a fé que professa e, por isso, faz teologia. Esse teólogo assume, então, a postura de produzir um pensamento sobre determinados temas, estabelecendo um diálogo entre a realidade vivida e a teologia pensada ao longo da história, e se caracteriza por articular os temas relativos à fé e à vivência cristã, a partir de seu contexto. Exemplos claros desse diálogo com situações concretas são Agostinho ou Tomás de Aquino, que posteriormente tiveram muitas de suas teorias incorporadas à doutrina cristã-católica, mas que a princípio buscaram estabelecer um diálogo entre a fé e aquele determinado contexto histórico. Como conceber um teólogo que se limita a reproduzir as doutrinas pensadas ao longo da história? Longe de ser alguém arbitrário ou que assuma uma posição de déspota, o teólogo é aquele que dialoga com o mundo e com a tradição. Formando a tríade teólogo-tradição-mundo, encontramos um equilíbrio saudável que faz com que o teólogo ofereça subsídios para a fé cristã, ao mesmo tempo que é fruto do contexto eclesial em que vive.

Outra característica que o acompanha é a de ser filho da comunidade eclesial, e como tal deve fazer de seu ofício um serviço aos cristãos. Se consideramos que esses cristãos estão inseridos em realidades concretas, cada teólogo é desafiado a oferecer pistas, respostas ou perspectivas teológicas que auxiliem na construção da identidade cristã que nunca está fora de seu contexto, mas acontece justamente na relação dialógica com ele. Se o contexto é sempre novo, também a teologia se renova. Por isso o teólogo olha novos horizontes e desbrava novos caminhos a partir da experiência da fé.

O período do Concílio Vaticano II (1962-1965) consagrou novos ares à teologia europeia, influenciada pela *Nouvelle Théologie*, pelos movimentos bíblico e litúrgico, dentre outros. A teologia, em contexto de Modernidade, apresentou sua contribuição aos processos conciliares, sobretudo na perspectiva do diálogo que ela própria estabelece com a Modernidade, realidade latente no contexto europeu. A primavera teológica, marcada por expressiva produção intelectual e pelo contato com as várias dimensões humanas, sociais e eclesiais, também chega à América Latina. As conferências de Medellín (1968) e Puebla (1979) trazem a ressonância de vários teólogos latino-americanos que, diferente da teologia europeia, já não dialogam com a Modernidade, mas com suas consequências, vistas principalmente no contexto socioeconômico. Desse diálogo surge a Teologia da Libertação e sua expressiva produção editorial. A Editora Vozes, nesse período, foi um canal privilegiado de publicações e produziu a coleção *Teologia & Libertação* que reuniu grandes nomes na perspectiva da teologia com a realidade eclesial latino-americana. Também nesse período houve uma reformulação conceitual na *REB* (*Revista Eclesiástica Brasileira*), organizada pelo ITF (Instituto Teológico Franciscano), impressa e distribuída pela Editora Vozes. Ela deixou de ser canal de formação eclesiástica para se tornar um meio de veiculação da produção teológica brasileira.

Embora muitos teólogos continuassem produzindo, nas décadas do final do século XX e início do XXI, o pensamento teológico deixou de ter a efervescência do pós-concílio. Vivemos um momento antitético da primavera conciliar, denominado por muitos teólogos como inverno teológico. Assumiu-se a teologia da repetição doutrinária como padrão teológico e os manuais históricos – muito úteis e necessários para a construção de um substrato teológico – que passaram a dominar o espaço editorial. Essa foi a expressão de uma geração de teólogos que assumiu a postura de não mais produzir teologia, mas a de reafirmar aspectos doutrinários da Igreja. O papado de Francisco marcou o início de um novo momento, chancelando a produção de teólogos como Pagola, Castillo, e em contexto latino-americano, Gustavo Gutiérrez. A teologia voltou a ser espaço de produção e muitos teólogos passaram a se sentir mais responsáveis por oferecerem ao público leitor um material consonante com esse momento.

Em 2004, o ITF, administrado pelos franciscanos da Província da Imaculada, outrora responsável pela coleção *Teologia & Libertação* e ainda responsável pela *REB*, organizou a coleção *Iniciação à Teologia*. O Brasil vivia a efervescência dos cursos de teologia para leigos, e a coleção tinha o objetivo de oferecer a esse perfil de leitor uma série de manuais que exploravam o que havia de basilar em cada área da teologia. A perspectiva era oferecer um substrato teológico aos leigos que buscavam o entendimento da fé. Em 2019, passamos por uma reformulação dessa coleção. Além de visarmos um diálogo com os alunos de graduação em teologia, queremos que a coleção seja espaço para a produção teológica nacional. Teólogos renomados, que têm seus nomes marcados na história da teologia brasileira, dividem o espaço com a nova geração de teólogos, que também já mostraram sua capacidade intelectual e acadêmica. Todos eles têm em comum a característica de sintetizarem em seus manuais a produção teológica que é fruto do trabalho.

A coleção *Iniciação à Teologia*, em sua nova reformulação, conta com volumes que tratam das Escrituras, da Teologia Sistemática, Teologia Histórica e Teologia Prática. Os volumes que estavam presentes na primeira edição serão reeditados; alguns com reformulações trazidas por seus autores. Os títulos escritos por Alberto Beckhäuser e Antônio Moser, renomados autores em suas respectivas áreas, serão reeditados segundo os originais, visto que o conteúdo continua relevante. Novos títulos serão publicados à medida que forem finalizados. O objetivo é oferecermos manuais às disciplinas teológicas, escritos por autores nacionais. Esta parceria da Editora Vozes com os teólogos brasileiros é expressão dos novos tempos da teologia, que busca trazer o espírito primaveril para o ambiente de produção teológica, e, consequentemente, oferecermos um material de qualidade para estudantes de teologia, teólogos e teólogas que buscam aporte para seu trabalho cotidiano.

Welder Lancieri Marchini
Editor teológico, Vozes
Organizador da coleção

Francisco Morás
Professor do ITF
Organizador da coleção

Prefácio

É comum que o Direito Canônico seja visto com preconceito e "maus olhos" por aqueles que pensam que ele leva a um legalismo da vivência eclesial. Isso porque há um comum conflito com a perspectiva eclesial mais normativa. O Direito Canônico é característica de uma sociedade eclesial que busca se organizar, bem como organizar suas relações e estabelecer critérios para a organização e vivência eclesial.

Mas, muitas vezes, o que impede os cristãos de se apropriarem do Direito Canônico é a falta de conhecimento da eclesialidade que está subjacente nos cânones. Quanto mais conhecemos e nos apropriamos deles, mais seremos capazes de exercer nossa eclesialidade, sejamos nós clérigos ou do laicato.

Desde a sua primeira edição, a obra escrita pelo Pe. Mário Luiz Menezes Gonçalves é utilizada não somente por alunos da teologia, mas também por estudantes de outras áreas que têm o interesse em entender o direito eclesiástico e o Código de Direito Canônico.

Para os teólogos, a obra tem o objetivo de enfatizar a importância da Ciência Jurídico-canônica e sua utilidade eclesial. Assim, as reflexões propostas pelo autor vão desde a natureza do Direito Canônico às suas características teológicas e eclesiais.

Pe. Mário, presbítero da Diocese de Nova Iguaçu, há tempos é professor das disciplinas relacionadas ao Direito Canônico.

Ultimamente leciona na PUC-Rio e no Pontifício Instituto Superior de Direito Canônico, também no Rio de Janeiro.

Welder Lancieri Marchini
Editor teológico, Vozes
Organizador da coleção

Francisco Morás
Professor do ITF
Organizador da coleção

Nota do autor

O presente estudo nasceu quase que de maneira espontânea. É grande a dificuldade para encontrarmos uma bibliografia mínima, em nossa língua, sobre o Direito Canônico. Podemos contar nos dedos nossa produção científica neste campo. Além do mais, nossa preocupação foi a de orientar os nossos colegas docentes que assumem a árdua tarefa de lecionar tal disciplina nas nossas casas de formação presbiteral, bem como ajudar também na formação (e informação), nos diferentes níveis, de agentes pastorais do Povo de Deus.

Percebe-se, pois, que temos um objetivo a ser alcançado. Tentar transmitir a importância da Ciência jurídico-canônica dentro da Igreja Católica, mormente na Igreja Latina. A sistematização acadêmica foi sendo necessária para responder às diversas demandas. Trata-se, pois, apenas de um estudo modesto e simples. Quer apenas contribuir para o conhecimento do Direito Canônico, ainda tão desconhecido por parte de muitos cristãos.

Conseguiremos tal intento? É uma ousadia da nossa parte? Só o tempo é que dirá. Se alcançarmos um pouco deste nosso objetivo, nossa intenção não terá sido em vão. É claro que num pequeno estudo são sempre escolhidos alguns temas. Outros são apenas mencionados sem levarmos em conta seu aprofundamento. Também pensamos na falta de tempo de alguns leitores e de obras relacionadas com os assuntos tratados, que nem sempre são acessíveis nas nossas casas de formação.

A linguagem a ser entendida por um amplo universo de pessoas talvez não tenha trazido um rigor terminológico muito científico. Tentamos, enquanto possível e de maneira didática, sermos fiéis à Ciência Jurídica.

O nosso estudo se divide em sete capítulos, abordando um leque de temas para podermos entrar nesta "floresta jurídica". Primeiramente abordamos de maneira resumida uma descrição do que seja o Direito Canônico (cap. I). Para estudarmos hoje o fenômeno jurídico temos que conhecer algumas de suas mediações, como a Sociologia e a Filosofia do Direito (cap. II). Depois estudamos especificamente o Direito Canônico dentro do currículo das Ciências Teológicas (cap. III). Se o Direito Canônico é uma disciplina jurídica que se relaciona também com a teológica, faz-se necessário conhecer o seu "quid" específico, já que pretende ser o discurso de uma instituição própria, que é a Igreja Católica (cap. IV). Rapidamente procuramos conhecer um pouco da sua evolução histórica, isto é, a história das fontes do Direito Canônico (cap. V). Posteriormente levamos em conta também alguns aspectos necessários para se entender a nova codificação (cap. VI) até chegarmos àquilo que denominamos "Gramática jurídico-canônica", ou à análise de alguns cânones básicos para lermos o atual Código (cap. 7). Após cada capítulo oferecemos algumas perguntas que servem para debates.

Damos em seguida um colorido especial ao Direito Canônico tratando da legislação canônica brasileira (apêndice I), já que as leis da Igreja não estão somente no Código. Fazemos, enfim, algumas observações para ajudar aqueles que querem conhecer e estudar o Direito Canônico (apêndice II).

Como temos uma preocupação didática, apresentamos textos seletos (anexo 1) que podem servir para aprofundar alguns temas mais importantes introdutórios, questões para ajudar nos debates acadêmicos (estudo dirigido – anexo 2; temas para trabalhos – anexo 3) e outros subsídios de estudo (termos jurídicos latinos – anexo 4; aforismos – anexo 5).

Finalmente, fornecemos uma bibliografia ampla em português.

Reconhecemos nossos limites e lacunas. Não é nossa preocupação sermos exaustivos, prolixos ou esgotar os temas propostos. Agradecemos aos colegas de magistério e às pessoas que colaboraram para que este sonho se tornasse realidade.

Introdução

Ignorar as dificuldades que as ciências jurídicas trazem consigo, algumas de caráter preconceituoso, parece não ser realista. Pelas inúmeras barreiras existentes, a "educação jurídica" torna-se algo árduo e cansativo. Tratando do estudo jurídico em geral (e não ainda do Direito Canônico), se constata que "nas escolas, a prática didática do ensino jurídico está presa, ainda, a princípios e métodos de modelos positivísticos e normativos. Até agora o estudo do Direito se reduz a uma leitura da norma na sua estrutura formal e a uma clarificação interpretativa. O objetivo principal é aquele de solicitar atitude de mera obediência formal e externa" (LANZA, Giuseppe. "Prospettive dell'educacione giuridica nella scuola secondaria superiore". *Aggiornamenti Sociali*, 3 (1977), p. 186-187).

Há uma repulsa, quase que generalizada, por tudo aquilo que possa traduzir norma de comportamento, disciplina, lei. Isso porque "a realidade que gerou a norma, a realidade na qual a norma é chamada a operar, a referência sociológica da norma em si, fica fora da perspectiva do estudo" (Ibid., p. 187). Assim, permanece no "consciente coletivo" a visão deturpada da lei como algo *estático* e por isso mesmo *imutável*. Pelas dificuldades próprias de caráter técnico, se reservam a algumas pessoas a *capacidade de explicar e aplicar as normas*.

No Direito Canônico as coisas não são diferentes (cf. PAULO VI. "Discurso aos participantes do 3º Curso de atualização em Direito Canônico". *Sedoc*, 6 (1974), col. 1154 (cf. anexo – texto 11). Poder-se-iam elencar diferentes fatores que possibilitam uma visão débil do Direito Canônico: a) "Nota-se uma evidente fratura entre o Direito Canônico e a Teologia; Direito não é Teologia certamente, pois é um código legislativo; mas cada código legislativo se baseia sobre uma doutrina que regula e sustenta um Estado, uma sociedade à qual se dá uma lei; na lei deve transparecer esta ideia fundamental, deve como que designar o rosto concreto de um agrupamento humano. Ora, a Igreja é de origem divina, a doutrina teológica sobre a qual se baseia e que a justifica é verdadeiramente grande e reveladora da intenção divina [...]; a motivação dessa sociedade deveria ser teológica" (MEDINA, Jorge. "Il Diritto Canonico nella Chiesa post-conciliare, norme di vita a servizio del dinamismo ecclesiale". *Verso il Sinodo dei vescovi: i problemi*. Bréscia, 1987, p. 141-142). b) "O Direito Canônico tem a função de regular a vida da Igreja, a sua constituição interna entre os seus membros; tudo isso, porém, não como um regulamento militar ou de um condomínio (Ibid., p. 142)[1]. c) Há o perigo de o Direito Canônico ser centralizador, sem olhar as diferentes realidades. d) A ideia equivocada de que o Direito não ajuda nada na pastoral; pelo contrário só serviria para atrapalhar e colocar obstáculos.

As palavras de Ronaldo Poletti são muito claras, pois precisamos descobrir o direito em todas as situações da vida: "sabemos que o direito também regula nosso trabalho, nossas vantagens salariais, assistenciais e previdenciárias; o relacionamento entre o professor e os alunos; o contrato de edição deste livro, entre o autor e a editora; nosso transporte; nosso consumo. Enfim, a vida

---

[1]. "Portanto, a norma canônica, que jamais é pura técnica ou mera forma, deve ser compreendida e interpretada em relação àquela justiça querida por Deus no seu Povo, a qual vai sempre vivida por amor e com o amor para com Deus e os irmãos" (GIORDANO, Michele. "Interpretazione della legge e carità". In: VV. AA. *Il Diritto della Chiesa* – Interpretazione e prassi. Città del Vaticano, 1996, p. 9).

é disciplinada pelo direito. Ele está em toda parte! Normas, leis, autoridades! De tal maneira o direito está inserido na vida social que, para conhecê-lo intuitivamente, não é preciso ser um especialista em leis ou um jurista, basta viver" (POLETTI, Ronaldo. *Introdução ao Direito*. São Paulo: Saraiva, 1994, p. 83)[2].

Múltiplas são as posições contra o Direito em geral e o Direito Canônico em particular (*animus adversus ius* ou *adversum legem*). Todavia, emerge ao mesmo tempo uma valorização e uma visão realista da importância das leis e do seu conhecimento. Notemos alguns sintomas, por exemplo, nos meios populares onde crescem as organizações que lutam em favor da cidadania, buscando sempre mais o conhecimento das leis para poderem aplicá-las de maneira legítima. Nunca se falou tanto em Direitos Humanos como hoje. Ao mesmo tempo surgem grupos e movimentos que, usando a Declaração Universal dos Direitos da Pessoa Humana ou outras leis específicas (trabalhistas, Código de Defesa do Consumidor etc.), defendem as pessoas em sua dignidade.

No nosso campo, não deveríamos começar a pensar da mesma maneira? Criar uma atmosfera onde todos os cristãos possam conhecer as leis canônicas?[3] Em outras palavras, o conhecimento do Direito Canônico[4] não pode trazer mais claramente a ideia exata

---

2. "O homem que não conhece a lei, na verdade não conhece nem mesmo a si, e o bem que lhe diz respeito. A lei é, portanto, caminho que nos leva a Deus e ao homem; e para que o homem chegue à meta é necessário que ele conheça a lei" (LO CASTRO, Gaetano. "Conoscenza e interpretazione del diritto". In: VV.AA. *Il Diritto della Chiesa*... Op. cit., p. 20).

3. Numa avaliação após 10 anos de promulgação do *CIC*, alguns autores constataram que a "crise contra o Direito Canônico" ocorreu ao longo do Concílio Vaticano II. A "crise" atual não seria mais a "crise do Direito" mas "crise de viver segundo o Direito" (cf. HERRANZ, Julián. "Crise e rinnovamento del Diritto nella Chiesa". In: VV.AA. *Ius in vita et in missione Ecclesiae*. Città del Vaticano, 1994, p. 29-54).

4. Segundo dados, até 15 de março de 1993, eram 25 as Faculdades de Direito Canônico existentes em toda a Igreja, das quais 20 estão na Europa; mais ainda: 1 na Colômbia, 1 na Argentina, 1 nas Filipinas, 1 no Canadá, 1 nos Estados Unidos; nenhuma faculdade no Continente Africano nem no Asiático. O Instituto Superior

do que seja a Igreja, suas estruturas, instituições, sem nos esquecermos do seu aspecto pneumático?

Muitas das afirmações superficiais dadas contra o Direito Canônico não são feitas exatamente porque não se conhece realmente a fundo o seu espírito, olhando só a letra que mata? Um maior conhecimento do Direito[5] e da tradição canônica não poderia, inclusive, ajudar a resolver alguns problemas eclesiais da atualidade?

Talvez a história do Pastor de Hermas, escrita na metade do II século, possa descrever, de maneira alegórica, as mudanças que deverão estar sempre acontecendo na Igreja:

> E chega uma velha mulher em trajes resplandecentes, tendo um livro nas mãos; ela se assenta sozinha e me saúda:
>
> – Bom dia, Hermas.
>
> E eu, aflito, em pranto, lhe digo:
>
> – Bom dia, senhora.
>
> – Quem é ela?, pergunto ao jovem.
>
> – A Igreja, diz ele. Eu replico:
>
> – E por que é tão velha?
>
> – Porque, diz ela, foi criada antes de todo o resto. Eis por que é tão idosa; foi para ela que o mundo foi formado.

---

de Direito Canônico (Rio de Janeiro, 1986) está agregado à PUG de Roma. No Brasil temos também outro Instituto de Direito Canônico em São Paulo, Pe.-dr. Giuseppe Benito Pegoraro. Temos já 27 edições do Codex (cf. FAGIOLO, Vincenzo. "Prolusione nel Simposio". In: VV.AA. *Ius in vita...* Op. cit., p. 19. • HERRANZ, Julián. Op. cit., p. 31, nota 5). Quanto aos Dicionários e manuais, são registrados 15.

5. No prefácio do atual Código há algumas advertências sobretudo aos ministros sagrados: a) Do Papa Celestino (423-432) em carta aos bispos da Apúlia e Calábria (21/07/429): "a nenhum sacerdote é lícito ignorar seus cânones"; b) IV Concílio de Toledo (633 – cân. 25): "os sacerdotes conheçam as escrituras sagradas e os Cânones", porquanto "a ignorância, mãe de todos os erros, deve ser evitada, principalmente nos sacerdotes de Deus". Já perto de nós, o Papa Pio IX (Encíclica *Inter Multiple* – 21/03/1853) e Leão XIII (22/08/1886) recomendaram ao clero o estudo canônico.

Na primeira visão, eu a vira muito velha e sentada numa poltrona. Na visão seguinte, tinha o aspecto mais jovem, mas o corpo e os cabelos ainda velhos: e ela me falava de pé; estava mais jovial que antes. Quando da terceira visão, estava perfeitamente jovem e muito bela: de uma velha, não tinha mais que os cabelos; ela se mostrou extremamente jovial e estava num banco. Na primeira visão – diz o jovem – qual a razão de a mulher ter aparecido idosa e sentada numa poltrona? Porque o vosso espírito envelhecido, já murcho e sem forças, em função de vossa indolência e de vossas dúvidas. Quando da segunda visão, vós a vistes de pé, a aparência mais jovem e mais alegre que antes, mas com o corpo e os cabelos de uma velha. O Senhor teve piedade de vós. Ele rejuvenesceu o vosso espírito; rejeitastes a vossa indolência, recuperastes a vossa força e vos consolidastes na fé. Quando da terceira visão, vós a vistes mais jovem, bela, alegre, com uma aparência encantadora. Aqueles que fizerem penitência estarão rejuvenescidos e revigorados (cf. HERMAS. *O pastor*, apud COMBY, Jean. *Para ler a história da Igreja*. Vol. 1. São Paulo: Loyola, 1993, p. 7).[6]

Este "fazer penitência" é acreditar sempre numa transformação, numa mudança, numa nova reforma. "Ecclesia semper reformanda"[7]. E a Igreja é aquela que deveria estar sempre se tornando

---

6. Assim, pode-se dizer que, "não há revoluções no Direito Canônico; há, sim, uma evolução. Não há mudanças bruscas, há continuidade no progresso. A evolução das ciências, da técnica e o avanço da chamada 'civilização' trazem a exigência de normas novas diante das realidades novas que se apresentam, mas tais normas não são simplesmente jogadas por sobre a sociedade eclesial; elas são amadurecidas a partir da experiência que acontece nas bases" (GRUSZYNSKI, Alexandre Henrique. *Direito Eclesiástico*. Porto Alegre: Síntese, 1999, p. 32).

7. "O próprio concílio [Vaticano II] afirma um modo de pensar da Reforma, ao dizer que a Igreja é *sancta simul et purificanda*: ela é santa, mas precisa sempre de renovada purificação; precisa chegar à metánoia, à penitência e renovação" (SCHILLEBEECKX, Edward. *História humana*: revelação de Deus. São Paulo: Paulus, 1994, p. 250). Sobre a escolha propositor do termo "purificanda" (*LG* 8), cf. nesta obra a nota 22 do cap. 4.

jovem para responder aos desafios do mundo de hoje[8]. Cremos, pois, que o Direito Canônico faz parte desta renovação.

---

[8]. "De fato, a Igreja não vive do Direito, mas no Direito, e tem em si tanta riqueza de força para renovar continuamente as leis que regulam a sua vida" (DAL LAGO, Luigi. "Dal vecchio al nuovo Codice". *Crederioggi*, 35, 1986, p. 68). "As leis, na Igreja Católica, são feitas a partir de cima: o papa faz as leis para a Igreja universal e o bispo faz leis para sua própria diocese. Contudo, raramente as leis da Igreja são criadas apenas pelo próprio legislador. A lei escrita representa tipicamente uma prática que já existia na Igreja e agora tornou-se suficientemente madura para ser padronizada na forma da lei. A lei segue a vida" (HUELS, John M. "Da prática à lei". *Concilium*, 1996/267, p. 41).

Abreviaturas e siglas

AAS = Acta Apostolicæ Sedis (desde 1909)

Apol. = Apollinaris (desde 1928)

An. Can. = L'Année Canonique (desde 1952)

Angelicum = Angelicum (desde 1923)

Antonianum = Antonianum (desde 1925)

ASS = Acta Sanctæ Sedis (1865-1908)

Cân. cc. = Cânon, cânones

CCEO = Codex Canonum Ecclesiarum Orientalium (1990)

CI = Conselho Pontifício para a interpretação dos textos legislativos

CIC = Codex Iuris Canonici (1983)

CiC = Codex Iuris Canonici (1917)

Civ. Catt. = La Civiltà Cattolica (desde 1894)

CM = Motu proprio Causas Matrimonialium (08/09/1973)

Comm. = Communicationes (desde 1969)

DCG = Diretório Catequético Geral (11/04/1971)

Dir. Eccl. = Il Diritto Ecclesiastico (desde 1908)

EJC = Ephemerides Juris Canonici (desde 1945)

EV = Enchiridion Vaticanum (desde 1962)

Gregorianum = Gregorianum (desde 1920)

IC = Ius Canonicum (desde 1961)

IE = Ius Ecclesiae (desde 1988)

Mon. Eccl. = Monitor Ecclesiasticus (desde 1949)

Nouv. Rev. Th. = Nouvelle Revue Théologique (desde 1873)

Periodica = Periodica de re (morali) canonica (liturgica) (desde 1926)

PUG = Pontifícia Universidade Gregoriana

PUL = Pontifícia Universidade Lateranense

PUU = Pontifícia Universidade Urbaniana

Rass. Teol. = Rassegna di Teologia (desde 1960)

RDC = Revue de Droit Canonique (desde 1951)

REB = Revista Eclesiástica Brasileira (desde 1941)

REDC = Revista Española de Derecho Canónico (desde 1946)

REU = Constituição Apostólica Regimini Ecclesiae Universae (15/08/1967)

Rev. Th. Louv. = Revue Théologique de Louvain (desde 1970)

Salesianum = Salesianum (desde 1938)

Sc. Catt. = La Scuola Cattolica (desde 1872)

SCC = Sagrada Congregação Consistorial (até 31/12/1967)

SCCon = Sagrada Congregação do Concílio (até 31/12/1967)

SCDS = Sagrada Congregação de Disciplina dos Sacramentos (até 11/07/1975)

SCpC = Sagrada Congregação para os Clérigos (01/01/1968)

SCR = Sagrada Congregação dos Religiosos (até 31/12/1967)

SCSCD = Sagrada Congregação para os Sacramentos e Culto Divino (11/07/1975)

SCSO = Sagrada Congregação do Santo Ofício (até 07/12/1965)

SDL = Sacrae Disciplinae Leges (Constituição Apostólica, 25/01/1983)

Sedoc = Serviço de Documentação Católica (desde 1968)

Theologica = Theologica (desde 1966)

Vita Cons. = Vita Consacrata (desde 1964)

D&P = Direito e Pastoral (desde 1986)

QDE = Quaderni di Diritto Eclesiastico (desde 1988)

I
O que é Direito Canônico?

1. Os vários significados do termo direito

Na linguagem comum usa-se o termo *direito* (adjetivo) para designar tudo aquilo que as pessoas sentem ser ou estar correto (ex.: Antônio é muito "direito"), tudo aquilo que é encontrado em ordem e, em sentido amplo, tudo aquilo que sob o aspecto moral as pessoas julgam estar certo. Já quando se fala do *direito* (substantivo) de alguém, pensa-se imediatamente em alguma coisa que pertence ou compete a essa pessoa, se ordena a ela, lhe é devido e cuja observância ou cumprimento pode ser exigido de outras pessoas[1]. Em outras palavras, *direito* é um termo equívoco que compreende diversos significados[2].

---

1. Como substantivo, o termo *direito* possui diferentes significados: "1) Complexos de leis ou normas que regem as relações entre os homens; 2) Ciência ou disciplina que estuda essas normas; 3) Imposto, taxa: direito alfandegário; 4) Faculdade de praticar um ato, de possuir, usar, exigir ou dispor de alguma coisa; 5) Direito absoluto, aquele que pode ser exercido contra toda e qualquer pessoa (por exemplo, direito de propriedade, de defesa)". O direito pode-se classificar em: direito de ação, administrativo, autoral, canônico, civil, comercial, comum, consuetudinário, constitucional etc. (cf. *Grande Enciclopédia Larousse Cultural*. São Paulo: Nova Cultural, 1998 [verbete *Direito*, p. 1.925]; *Nova Enciclopédia Barsa*. Rio de Janeiro/São Paulo, 1997 [verbete *Direito*, vol. 5, p. 188-200). Montoro cataloga cinco significados diferentes do termo direito: lei ou norma jurídica, faculdade de agir, o que é devido por justiça, o direito como fenômeno social e como disciplina científica (cf. FRANCO MONTORO, André. *Introdução à Ciência do Direito*. 2 vols. São Paulo: Revista dos Tribunais, 1987).

2. Temos diversas palavras com a mesma raiz: *direito* (português), *derecho* (espanhol), *diritto* (italiano), *droit* (francês), *dret* (catalão), dreptu (romeno), que são palavras

Na maioria das vezes falamos de direito como *lei* (o assim chamado *Direito Normativo*), isto é, um conjunto de normas dadas pelo legislador que define o que é justo ou legal dentro de um determinado campo. Ir contra alguma dessas leis é ir contra a ordem, o que é certo, o que é direito. Diz-se "direito" porque deve fazer-se eco do que é "Direito". Mas nem sempre assim acontece. Existem inúmeras leis dadas pelas legítimas autoridades competentes que não têm nada de justo, de Direito. Logo, Direito é qualquer coisa anterior a um corpo de leis. Quando se recolhem um conjunto de leis sobre um determinado campo ou assunto, dizemos que elas fazem parte de um Código[3]. Daí existir o Direito Trabalhista, o Direito Constitucional, o Direito Civil e outros.

Muito tem-se escrito sobre o Direito. Aliás, a História mostra as diversas relações conceituais, ora frisando mais a lei em si mesma (visão positivista), ora o princípio da justiça, do bem comum (visão naturalista). De certa forma pode-se dizer que existe entre

---

derivadas do latim *directum* (dirigir), particípio passado de *dirigere* (comandar), de *regere* (reger, governar). Já em latim, direito é designado por *ius* (justiça), é derivado da palavra indiana *yu* (vínculo, ligame, ligadura, amarração) ou do sânscrito *yos* (um bem santo e divino). Segundo os latinos significaria aquele que é comandado do povo (*iussum*) (cf. PINTO, Pio Vito. "Le norme generali del nuovo Codice". In: VV.AA. *La nuova legislatione canonica*. Roma: PUU, 1983, p. 37, nota l. • FRANCO MONTORO, André. *Op. cit.* Vol. 1, p. 17-21). Contudo, deve-se levar também em consideração as afirmações de Dolores: no Direito Romano, o *ius* pressupunha a *vis*, isto é, se acentuava a *força* (hoje diríamos, a coação) para estabelecer a justiça. A concepção jurídica cristã e os atuais idiomas olham o *ius* no sentido de *directum* (ou *derectum*); assim, o "caminho reto" pode ser visto perfeitamente como "caminho para Deus" tendo, pois, uma ligação estreita entre justiça e santidade (cf. GARCÍA-HÉRVAS, Dolores. "Del poder jurídico al deber socialmente exigible". In: VV.AA. *Ius in vita...* Op. cit., p. 119-121).

3. Foi o Imperador Justiniano I (483-565 d.C.) quem organizou uma coleção jurídica, de acordo com critérios previamente estabelecidos e de maneira sistemática, que recebeu na Idade Média o nome de *Corpus Iuris Civilis*; consta de 4 coleções independentes: a) *Código* (*Codex repetitae praelectionis*) promulgado em 534; b) *Instituições* (para os jovens que iniciavam os estudos jurídicos, publicado em 533); c) *Pandectas* ou *Digesto* (seleção de textos jurídicos romanos); d) *Novelas* (*Novellae Leges* – coletânea de leis).

os filósofos, juristas, sociólogos de um lado e do outro, entre teólogos, moralistas e canonistas, um determinado ponto em comum que seria a relação direito-justiça. Porém, começam aqui também as diferenças. O conceito de justiça para a Moral, por exemplo, é diverso do conceito do jurista. A lei para o sociólogo é algo que se modifica de acordo com a evolução histórica, cultural e política de um determinado grupo social. Mas existiriam leis imutáveis, válidas em todas as culturas e em todos os tempos? A moral dirá que sim. É o Direito Natural (cf. VELA SÁNCHEZ, Luís. *Dicionário de Direito Canônico* (*DDC*). São Paulo: Loyola, 1993 [verbete *Direito Natural*, p. 267-270]).

Portanto, "o fim generalíssimo do Direito não pode ser nem 'a composição dos conflitos de interesse (como os positivistas retêm)', já que em não poucos setores da experiência jurídica repugna a mesma previsão de tais conflitos; nem 'para manter ou por ordem', já que, devendo-se definir o Direito em geral como ordem de justiça entre os homens, a ordem não pode ser fim em si mesma" (LENER, Salvatore. "Sul concetto di diritto oggi: equivocità, univocità o analogia?" *Civ. Catt.*, 131, 1980, p. 235)[4].

2. O conceito canônico e sua relação com o Direito

O termo *cânon*, como tal, é grego e significa regra, régua de carpinteiro, índice comparativo, lista, guia, catálogo, norma direti-

---

4. Assim, "o fim da ciência do Direito Canônico é estudar a atividade social da Igreja dentro dos limites da sua consideração jurídica, não se referindo às relações de interdependência que ligam essa atividade com outras manifestações da vida coletiva, civil, intelectual ou política, as quais constituem o objeto doutras ciências" (MARTINS GIGANTE, José Antônio. *Instituições de Direito Canônico*. Vol. 1. Braga: Esc. Tip. da Oficina de S. José, 1948, p. 6). Sobre o Direito Canônico, dentro de uma visão jurídico-teológica, cf. VELA SÁNCHEZ, Luís. *DDC*. Op. cit., p. 252-255. Com relação ao Direito Canônico dizemos que o seu fim é a *salus animarum* (a salvação das almas). Cf. COMPOSTA, Dario. "La salus animarum scopo del diritto della Chiesa". In: VV.AA. *La nuova legislazione canonica*. Roma: PUU, 1983, p. 243-260.

va, critério para se medir e daí norma de fé[5]. As línguas neolatinas possuem uma série de palavras com essa raiz. Dizemos que *Direito Canônico* é aquele que organiza a vida da Igreja Católica[6]. Outra coisa bem diferente é *Direito Eclesiástico*, que regulamenta as diversas matérias entre Igreja e Estado[7]. Contudo, a expressão Direito Canônico é somente utilizada por aqueles que usam a chamada linguagem eclesiástica. Nas Faculdades de Direito poder-se-ia estudar no máximo o Direito Eclesiástico e nunca o Direito Canônico, próprio dos estudos eclesiásticos[8].

Na verdade, muitos são os que combatem o termo *canônico*, pois dá a ideia de absolutismo, imutabilidade, dogmatismo, preferindo então *Direito Eclesial* (cf. GHIRLANDA, Gianfranco.

---

5. O termo *cânon* já estaria presente na Carta aos Gálatas (Gl 6,16) como norma de agir. O Concílio de Ancyra, reunido no ano de 314, e de Niceia I (325), usam essa palavra para designar as disposições disciplinares (Niceia, cân. 2, 5ss.). Portanto, desde o século IV foi sendo empregado o termo *cânon* para diferenciar-se das leis imperiais (*nómoi*). "A palavra *cânon*, que desde a sua forma primitiva teve várias flexões e uma raiz comum com as línguas semíticas (hebraico *ganeh*), tem o mesmo significado, isto é, vara, reta, cana" (cf. MARTINS GIGANTE, José Antônio. Op. cit., p. 6).

6. É o direito "que estabelece a ordem jurídica da Igreja" (cf. *Grande Enciclopédia Larousse Cultural*, p. 1.925). É o "sistema de normas jurídicas estabelecidas pela autoridade da Igreja Católica, referentes à sua própria organização e à atividade dos fiéis" (*Nova Enciclopédia Barsa*. Vol. I, p. 322 [verbete *Direito Canônico*]. Segundo Del Giudice, podemos definir Direito Canônico como "um conjunto de normas jurídicas, postas ou colocadas como válidas pelos organismos competentes da Igreja Católica, segundo às quais é organizada e opera a mesma Igreja e pelas quais é regulamentada a atividade dos fiéis, em relação aos fins próprios da Igreja" (DEL GIUDICE, Vincenzo. *Nozioni di Diritto Canonico*. Milano, 1970, p. 13).

7. Se aceitarmos a distinção entre Direito Público e Direito Privado usado pelas disciplinas jurídicas, o Direito Eclesiástico seria considerado como Direito Público. Já o Direito Canônico seria apenas um conjunto de normas internas da Igreja Católica, porém sem nenhuma obrigação jurídica, já que não foram aprovadas pelas legítimas autoridades representativas do Estado. Para um estudo mais profundo confira: CORRAL SALVADOR, Carlos. *DDC*. Op. cit., p. 259-266 [verbete *Direito Eclesiástico do Estado*].

8. Faz-se também necessário entender uma outra expressão: *Direito Civil* ou *leis civis* (cf. cc. 22, 1274 § 5, 1284 § 1, 3º, 1286, 1º). Para nós, canonistas, o Direito Civil é oposto ao Direito da Igreja. Porém, nas faculdades de Direito não eclesiásticas, já desde o tempo de Cícero, que o Direito Civil é apenas uma parte do Direito, isto é, do Direito privado. Talvez fosse melhor, no lugar de falarmos de Direito Civil, Direito Secular.

Introdução ao Direito Eclesial. São Paulo: Loyola, 1998, p. 13-14)[9].
Outros são contra o termo *Código*, pois é muito técnico e não corresponderia com a realidade da Igreja. Assim, prefeririam que não se chamasse Código de Direito Canônico o livro que contém as leis da Igreja, mas apenas de Leis da Igreja. Sejam quais forem os questionamentos, o *Direito Canônico* ou o *Direito Eclesial* quer ser apenas um instrumento da Igreja para chegar a seu fim preciso, como veremos mais adiante.

Assim como foi difícil chegar à lista completa dos livros canônicos com relação aos livros inspirados bíblicos (promulgada somente no Concílio de Trento – 1545-1563), podemos dizer que houve também um longo amadurecimento para se chegar às leis que têm um caráter jurídico (e não apenas moral) na Igreja.

Enfim, a expressão Direito Canônico quer abranger uma universalidade de cristãos, isto é, se destina a todas as Igrejas particulares, no caso Igrejas Católicas do mundo. Hoje possuímos um *Código de Direito Canônico* (*CIC*) para os católicos de rito Latino e o *Código de Cânones das Igrejas Orientais* (*CCEO*) para os católicos Orientais em plena comunhão com Roma.

Se perguntarmos o que é Direito Canônico, podemos também completar nossa interrogação fazendo uma outra pergunta suplementar: O que não é Direito Canônico?

Em primeiro lugar, o Direito Canônico não é Teologia prática, isto é, um estudo sistemático sobre as práticas eclesiais, contendo respostas já prontas, receitas previamente testadas e aprovadas, e que resolveriam todos os casos imagináveis encontrados na nossa atuação eclesial.

---

9. É bom deixar claro que o Direito Canônico ou Eclesial não se pode identificar simplesmente com um *Código* de Direito Canônico (cf. LOMBARDIA, Pedro. *Lecciones de Derecho Canonico*. Madri: Tecnos, 1984, p. 45).

O Direito Canônico não pode ser enquadrado também como sendo "algo intocável", "imutável", quase que um "dogma de fé". Embora pressuponha de alguma maneira a fé, o Direito Canônico não é um discurso da fé ou Teologia, nem tem a preocupação de celebrá-la, como é próprio da Liturgia. Assim sendo, o Direito Canônico participa muito mais das mutações históricas, culturais e sociais próprias da natureza humana, do que das certezas dogmáticas da fé[10]. Participa, a seu modo, das mutações próprias da Igreja no seu aspecto institucional e histórico, do que da transcendência ou da esfera da revelação. O Direito Canônico não se coloca na linha reflexiva da ortodoxia doutrinal, embora esteja também concatenada a ela. Está muito mais preocupado com a ortopráxis própria da caminhada de fé.

Assim, pode-se de certa forma dizer que não está na linha de frente, de vanguarda, mas é "servo" da Igreja, enquanto esta lhe dá seu suporte revelado. É "companheiro" da história dos cristãos, do Povo de Deus. Está quase sempre a "reboque", pois tem uma função geralmente de fixar, de institucionalizar práticas já testadas ou sedimentar posições já assumidas ao longo dos tempos.

O Direito Canônico, muito mais do que ponta-de-lança, se enquadra na categoria de uma preocupação com o aqui e agora,

---

[10]. "Inconcebível seria o Direito Eclesiástico estar imune a mutações sociais de várias ordens, uma vez que ele se propõe regular a existência da Igreja, sempre sujeita a novas situações e exigências em meio aos homens. Impensável admitir normas inflexíveis ou desligadas do passado de que provêm. Impossível é não vê-las se ajustando ao progresso do dia a dia ou acomodando-se a injunções restritivas" (CESAR DE LIMA, Maurílio. *Introdução à História do Direto Canônico*. São Paulo: Loyola, 1999, p. 190). Por outro lado, não podemos entender o conceito de "Direito" na Igreja no mesmo nível dos demais: "hoje se mantém o conceito pagão de Direito como *poder jurídico* (o grifo é nosso). O Direito consiste em poder. [...] Esta concepção de Direito como sistema de poderes – desde o ponto de vista processual, como um sistema de ações – é essencialmente pagão: responde à ideia do poder originário, primitivo, do 'ius' como conjunto de atos de violência de quem tem 'potestas' legítima, 'potestas' que a sociedade considera como justa" (GARCÍA-HÉRVAS, Dolores. *Del poder jurídico...* Op. cit., p. 122).

sem esquecer o ontem[11]. Se por acaso solidifica posições dentro da instituição eclesial, não é sua competência afirmar que tal realidade é imutável. A seu modo colabora com a Igreja na obra da salvação, na redenção do homem (cf. *SDL*, § 24).

Recentemente, a Congregação para o Clero chamou a atenção dos presbíteros para o fato deles acolherem e manterem a fidelidade à disciplina eclesiástica: "a 'consciência de ser ministro' comporta também a consciência do agir orgânico do Corpo de Cristo. Com efeito, a vida e a missão da Igreja, para poder desenvolver-se, exigem ordenamento, regras, leis de conduta, ou seja, uma ordem disciplinar. É necessário superar todo o preconceito diante da disciplina eclesiástica, a começar pela própria expressão, e superar também todo temor e complexo ao citá-la e ao solicitar oportunamente o seu cumprimento [...]. A legislação da Igreja tem por fim maior perfeição da vida cristã, para melhor cumprimento da missão salvífica, e deve, portanto, ser vivida com ânimo sincero e boa vontade" (Congregação para o Clero. *Instrução – O presbítero: pastor e guia da comunidade paroquial* (14/08/2002).

---

11. "Aos cultores encarregados de sulcar mais ou menos profundamente a ciência jurídica pertence: a) Notar a coordenação lógica e diretrizes sistemáticas do Código de Direito Canônico e demais disciplinas teológicas, dum lado; e da enciclopédia jurídica, do outro; b) Mostrar a conexão íntima que reina entre as fórmulas legais e as disciplinas em que se baseiam, como são as jurídicas e teológicas; c) Olhar para trás, para o passado e conhecer os precedentes relativos, quer ao sistema jurídico total, quer a cada instituto em particular, porquanto as normas vigentes não são mais que o resultado da evolução multissecular da atividade social interna da Igreja" (MARTINS GIGANTE, José Antônio. Op. cit., p. X-XI).

II
As diversas dimensões do Direito

Todo Direito tem como fundamento o ser humano ou as pessoas (*omne ius propter hominem*)[1]. "Por que, por exemplo, os animais e as plantas não são sujeitos de direitos? Todo sujeito de direitos é a pessoa. A palavra pessoa vem de *persona*, que significa máscara. No teatro grego, os atores usavam máscaras para mudar a voz, alterar a aparência, ocultar a sua natureza. Pessoa é justamente isto: a dimensão ou veste social do homem, aquilo que o distingue. A pessoa passou a designar a própria personagem e depois o próprio ator. Assim, em termos jurídicos, pessoa é o disfarce: o revestimento com que atuamos no mundo do direito" (POLETTI, Ronaldo. Op. cit., p. 238-239)[2]. Por sua vez, o ser humano, pela sua própria constituição ontológica, é um ser em

---

1. "A pessoa é sujeito de direito [...]; cada pessoa é sujeito de alguns direitos [...]; somente a pessoa é sujeito de direito [...]; além disso, as pessoas morais ou jurídicas são sujeitos de direito" (PIZZORNI, Riginaldo. Op. cit., p. 36-37). Já o Papa Paulo VI demonstrava que a pessoa humana é o centro da vida social, como também tem seu lugar na Igreja (audiência de 17/09/1974 – cf. anexo, texto 10).

2. Sobre os fundamentos antropológicos do Direito Eclesial, cf. GHIRLANDA, Gianfranco. *Introdução ao Direito Eclesial*, p. 15-22: "a atividade jurídica é inerente ao homem pelo fato de que ele é um ser social; o homem redimido em Cristo entra na Igreja, novo Povo de Deus, com todas as exigências intrínsecas à sua natureza, que, por obra da graça, nela agora são plenamente realizadas. A eclesiologia não pode prescindir da antropologia teológica, uma vez que a Igreja é a comunidade dos redimidos em Cristo" (ibid., p. 16).

contínuo relacionamento. Assim, a Ciência do Direito[3] regula o fenômeno originário da associabilidade com a nota característica da universalidade. Em outras palavras, por mais "primitivo" que seja um grupo humano, sempre existirão regras para nortear as relações sociais entre si. "Ao cientista não se tolera que refute a norma. É obrigado a examiná-la. Poderá criticá-la, propor sua alteração, mas não pode deixar de considerar a norma". Daí, um dos princípios da Sociologia do Direito: *ubi societas, ibi isus*[4].

1. As funções sociológicas do Direito

"A Sociologia do Direito tem por objeto o estudo das normas e instituições, confundindo-se, portanto, com o próprio direito; ou, chamada sociologia jurídica, estuda todos os fenômenos mais ou menos coloridos pelo direito, dos quais este pode ser causa, efeito ou ocasião, inclusive violação, ineficiência e desvio. Daí conceituar-se sociologia jurídica com um conteúdo mais amplo, não obstante as normas e instituições também implicarem aqueles outros aspectos. A sociologia jurídica é, pois, um ramo da sociologia geral, como a sociologia das religiões, a sociologia econômica, a sociologia do conhecimento, da educação etc., e tem por fim estudar uma espécie dos fenômenos sociais: os fenômenos jurídicos" (POLETTI, Ronaldo. Op. cit., p. 75). Quando falamos, pois, de Sociologia, devemos estar atentos a

---

3. "A expressão 'ciência do direito' foram os alemães da escola Histórica, no século passado, que a criaram, na pretensão de dar um tratamento científico a seus estudos jurídicos. Os romanos eram homens práticos, e procuraram resolver os problemas da melhor maneira possível, sem indagações sobre a natureza de sua atividade: se arte ou ciência [...]. A ciência do direito nasceu na Idade Média, a partir da Universidade de Bolonha, fruto do trabalho dos glosadores. Foram eles que, a partir da exorcização do direito romano, trabalharam sobre os textos de Justiniano – o Corpus Juris Civilis – elaborando as glosas" (POLETTI, Ronaldo. Op. cit., p. 64-65).

4. "A sociologia jurídica ainda está dando seus primeiros passos no caminho da ciência" (FRANCO MONTORO, André. Op. cit. Vol. 2, p. 345).

um conjunto de questões teóricas e práticas. Isto por causa das diferentes concepções que temos da sociedade e, por conseguinte, das leis. Poderemos ter uma visão mais positivista ou mais marxista (por exemplo, ARRUDA Jr., Edmundo Lima de. *Introdução à sociologia jurídica alternativa* – Ensaio sobre o Direito numa sociedade de classes. São Paulo, Acadêmica, 1993). Segundo essa visão obtém-se a seguinte descrição-definição: "o Direito é um sistema (ou ordenamento) de relações sociais correspondentes aos interesses da classe dominante, tutelado pela força organizada desta classe" (cf. STUCKA, Petr Ivanovich. *Direito e luta de classes* – Teoria geral do Direito. São Paulo: Acadêmica, 1988, p. 16). É claro que tal pensamento não se coaduna com o pensamento da Igreja e nem com o Direito Canônico. Contudo, não deixa de ser uma visão, ou pelo menos parte de uma visão que quer contemplar o Direito como algo muito maior do que simples normas ou leis criadas por acaso.

Segundo Manfred Rehbinder (REHBINDER, Manfred. *Sociologia del Diritto*. Padova, 1982, p. 143-158), podemos olhar o Direito no seu aspecto sociológico em diferentes aspectos: a) O direito atuando na composição dos conflitos (função de reação); b) O direito como aquele que faz a regulamentação dos comportamentos sociais (função ordenativa); c) O direito como legitimação e organização dos poderes na sociedade (função constitucional); d) O direito como configuração da condição de vida e de atividades de um determinado grupo social (função de programação); e) O direito como administração da justiça (função de controle social).

Um dos maiores estudiosos da Sociologia da Religião foi, sem dúvida, Max Weber (1864-1920). "Reconhecendo a impossibilidade de estabelecer uma linha evolutiva única para todos os sistemas jurídicos, Max Weber tomou como base para sua classificação as características dos diversos modelos de poder. E distinguiu três tipos básicos de sociedade globais: *tipo tradicional*, fundado na crença da santidade ou valor essencial das tradições e na legitimidade das autoridades estabelecidas por essa tradição; *tipo carismático*, fundado nas qualidades, heroísmo, valor ou poderes de um profeta, chefe, ou guia; *tipo racional*, fundado em determinados princípios objetivos, que legitimam o poder dos que exercem a autoridade. Este tipo, que predomina nas sociedades modernas, tem como exigências: que o direito corresponda a princípios racionais; que a força do direito seja impessoal e os que exerçam autoridade sejam representantes desse direito; que a hierarquia seja regulamentada com campos de competência delimitados" (FRANCO MONTORO, André. Op. cit. Vol. 2, p. 404-405).

Já Vicente Ráo classifica "atualmente o direito positivo contemporâneo em: a) Sistema romano (comum aos países latinos, inclusive o Brasil); b) Sistema germânico (comum à Alemanha, Áustria e demais povos da raça germânica); c) Sistema anglo-americano, caracterizado por três tipos diferentes de direito: o direito comum (*common law*, de origem costumeira e declarada pela jurisprudência dos tribunais), o direito estatutário ou legislado (*statute law*) e o direito-equidade (*equity*); d) Sistema soviético; e) Sistema chinês; f) Sistema hindu; g) Sistema canônico; h) Direito muçulmano; i) Direito judaico" (RÁO, Vicente. *O direito e a vida dos direitos*. São Paulo, 1952, apud FRANCO MONTORO, André. Op. cit., p. 410-414).

Podemos até aplicar essas teorias sociológicas ao nosso Direito Canônico. Contudo é sempre bom lembrar que o nosso Direito é peculiar, isto é, a Igreja não é somente instituição. Aplicar sem mais nem menos essas teorias é retirar da Igreja aspectos importantes a serem considerados.

2. Algumas noções filosóficas do Direito

Desde Kant (1724-1804) que há uma preocupação em definir o que seja o conceito de Direito sem se chegar a uma certa unidade[5]. Mas há uma nítida diferença entre *direito* e *lei*[6]. Dizemos que a lei como tal é apenas uma forma, expressão, conteúdo do direito, não é o Direito em si mesmo[7]. Mas é perigoso absolutizarmos as posições, pois esses termos estão relacionados. "Bobbio arrola quatro formas típicas sobre a justiça: a) *A ideologia positivista radical*, na qual as leis devem ser obedecidas como tais, porque são justas (teoria da obediência ativa); b) *Ideologia positivista moderada*, na qual as leis devem ser obedecidas como tais, porque a legalidade por si mesma garante a atuação do valor específico do direito, isto é, o valor da ordem ou da paz social (teoria da obediência condicionada); c) *A ideologia jusnaturalista radical*, pela qual as leis devem ser obedecidas somente enquanto justas, e como nem todas são justas, apesar de válidas, existe em todos os homens o direito à desobediência (teoria da desobediência ativa, ou da resistência); d) *A ideologia jusnaturalista moderada*, pela qual as leis podem ser injustas, mas devem ser igualmente, salvo em casos extremos, obedecidas (teoria da desobediência condicionada e da obediência passiva). Enquanto as duas formas moderadas convergem, as duas radicais se afastam e por isso são incompatíveis"

---

5. "A *justiça*, segundo o dito de Ulpiano († 228): 'O nome de direito é derivado de justiça': 'Nomen iuris est a iustitia derivatum', ou segundo o dito de Santo Isidoro de Sevilha (560-636): 'Se diz direito, porque é justo': 'Ius autem est dictum, quia iustum est'" (PIZZORNI, Riginaldo. *Filosofia del diritto*. Roma: PUL, 1971, p. 20). Para um aprofundamento do assunto, cf. VELA SÁNCHEZ, Luís. DDC, p. 345-350 [verbete *Filosofia do Direito*]. Não podemos esquecer também a Teoria do Tridimensionalismo jurídico de Miguel Reale e a sua nomogênese jurídica, ambas muito conhecidas nos meios acadêmicos das nossas faculdades de Direito.

6. "Direito e norma devem ser distintos: um como justificante e a outra como justificada; um como prévio, outro como consequente" (COCCOPALMERIO, Francesco. "Diritto canonico e vita ecclesiale". *Credereoggi*, 35, 1986, p. 87).

7. "Numa palavra: a norma positiva concretiza o direito; o que significa dizer que a norma positiva aplica o direito à circunstância concreta espaçotemporal" (Ibid., p. 88).

(BOBBIO, Norberto. *Giusnaturalismo e positivismo giuridico*. Milano, 1977, p. 137-138, apud POLETTI, Ronaldo. Op. cit., p. 183, nota 132)[8]. O direito pelo direito, isto é, sem uma formulação "legal", na sociedade que vivemos, perderá sua força (cf. COCCOPALMERIO, Francesco. Op. cit., p. 89).

Pode-se esquematizar *o relacionamento entre lei e direito* da seguinte forma: a) A lei deve estar para o direito e não o direito para a lei: uma lei terá a sua perfeição na medida em que for expressão dos direitos mais fundamentais; b) A lei tem como finalidade deixar operar o direito, e não ser o cárcere do direito: assim, alguém que olhe a lei apenas como "norma a ser cumprida" não entende nada dessa norma jurídica; c) O legislador deve criar e estruturar a lei, segundo as exigências do direito: a lei é a melhor proteção do direito na medida em que institucionaliza juridicamente um direito. Por outro lado, o excesso de leis prejudica o próprio direito, como torna a vida insuportável; d) A lei deve ser feita com técnica e precisão dos termos, e não com retórica; ou, segundo o pensamento latino, "saber a lei não é conhecer as palavras, mas compreender o espírito e a força" (*scire leges non est verba earum tenere, sed vim ac potestatem* – Cel., 1.17 D. *De legg.*, 1,3); e) A lei concretiza o direito enquanto encarna o direito dentro da realidade humana, histórico-vivencial.

Já o *relacionamento entre direito e lei* poderia ser assim resumido: a) O direito enquanto está expresso na lei é imanente, porém ele sempre transcende: o legalismo está justamente em seguir a lei pela lei e o juridicismo em se apegar somente à letra como tal; b) O direito, originariamente, está a serviço do ser humano:

---

8. "O direito não é mera representação interior de fatos sociais, de relações intersubjetivas; a norma, em particular, em que se concretiza o direito, é regra de comportamento, não proposição de abstratos princípios, que se possam limitar a conhecer, olhando a ação; antes com referência à ação, tem sentido falar da sua perspectiva última, a justiça" (LO CASTRO, Gaetano. Op. cit., p. 21).

daí que uma lei pode se tornar arbitrária e injusta quando se torna uma arma de poder ditatorial[9].

Tratando-se do Direito Canônico em particular, o documento de promulgação do Código *Sacrae Disciplinae Leges* neste ponto é bem claro e preciso. Já no início coloca de maneira simples o assunto:

> no decorrer dos tempos, a Igreja Católica costumou reformar e renovar as leis da disciplina canônica, a fim de, na fidelidade constante a seu divino Fundador, adaptá-las à missão salvífica que lhe é confiada (*SDL*, § 1).

Nesse sentido, "o fim do Direito é o mesmo fim da Igreja enquanto realidade 'instituída' para a salvação" (LONGHITANO, Adolfo. "Chiesa, Diritto e Legge". *Mon. Eccl.*, 108, 1983, p. 416-417). A lei canônica deve ser expressão também dessa finalidade, mas isso não significa que a lei como tal seja intocável, perfeita: é sempre produto do ser humano, expressão do pensamento do

---

9. "Feita a distinção e, de outra parte, estabelecida a relação entre direito e norma, podemos agora, brevemente, traçar algumas características de uma e de outra [...]: a) Se o direito se distingue da norma criada positiva e historicamente pelo legislador eclesial humano, o direito da Igreja não pode que remontar à instituição do próprio Cristo, ou seja, não pode que colocar-se no âmbito da realidade dogmática, na estrutura dogmática da Igreja [...]. O direito, pois, deve ser procurado na mesma revelação, isto é, na Tradição; b) A segunda anotação: o direito eclesial, isto é, a realidade jurídico-dogmática existente por instituição de Cristo fundador, goza de precisão no sentido que é contemporâneo à Igreja [...]. A norma positiva, ao contrário, existente por vontade do legislador humano, é histórica e contingente, no sentido que, como não é desde sempre, assim pode não existir no futuro, é sempre reformável, antes sempre reformulável; c) Em terceiro lugar, enquanto o direito é uma realidade ontológica, a norma positiva é uma realidade intencional [...]. A norma positiva, ao contrário, tem todo o seu ser na vontade histórica da autoridade, a qual, em seguida, como gerador, ao mesmo tempo pode anular o seu *figmentum*; d) A última anotação refere-se ao instrumento cognoscitivo da realidade jurídico-dogmática e daquela jurídico-positiva. Partindo do intuitivo, pressuposto que o objeto a ser conhecido determina o instrumento cognoscitivo, é pacífico reter que a realidade jurídico-dogmática, enquanto está contida no dado revelado, é conhecida pela fé da Igreja e, portanto, proposta pelo magistério eclesial. Aquela, ao invés jurídico-positiva, enquanto está contida na norma canônica, é objeto de pesquisa exegética sobre a própria norma" (COCCOPALMERIO, Francesco. Op. cit., p. 90-91).

humano e produto de sua vontade[10]. É claro que estamos falando aqui das leis de direito humano e não das leis de direito divino[11]. Em resumo se pode dizer que "cada possibilidade de absolutizar a norma canônica ou de entendê-la positivisticamente vem excluída *a priori*. O canonista não poderá limitar-se, como no passado, à simples exegese da norma positiva, nem tampouco poderá ser tentado a procurar uma sistematização científica de conceitos, instituições ou normas, permanecendo no interior do Código. Certamente o canonista não deve confundir-se com o teólogo, mas é claro que não pode ignorá-lo" (LONGHITANO, Adolfo. Op. cit., p. 418).

Além desse relacionamento mútuo entre o direito e a lei, podemos ainda constatar algumas características próprias das leis: *coercibilidade, sistema imperativo*[12] e o *sistema atributivo*. Ou falando de uma outra forma, as propriedades do direito (e sua distinção com a moral) seriam a *objetividade*, a impossibilidade de *colisão* e a *coatividade* (cf. MARTINS GIGANTE, José Antônio. Op. cit.,

---

10. "O fato é – infelizmente – que na comum mentalidade eclesial se ofusca o conceito de 'direito', isto é, mais precisamente – se instaura um conceito de 'direito' como norma criada pelo legislador. Pois bem, se o direito coincide com a norma criada pelo legislador, o direito nasce com a mesma norma e, portanto, não existe como realidade prévia à norma humano-histórica. Se, pois, se identifica (ainda que indevidamente, como veremos) a norma com o código, se chega à conclusão que não existe realidade prévia ao código que lhe dê origem e o justifique" (COCCOPALMERIO, Francesco. Op. cit., p. 86).

11. "O direito divino é, então, para a Igreja, um direito fundamental, que compõe a base principal da sua constituição, compreende tudo aquilo que a Igreja, se não quer arriscar a perda de sua identidade, não pode renunciar, aquilo que não pode retirar e aquilo que não pode modificar" (SOBANSKI, Remigiusz. "Imutabilità e storicità del diritto della Chiesa". *IC*, 9, 1997, p. 26). Mais ainda: "o direito divino tem um sentido normativo (*norma normans*) para todo o direito eclesial, o legislador eclesial não pode aboli-lo, modificá-lo nem dispensar dele" (Ibid., p. 33). "O direito divino não está presente no direito eclesial sob a forma de frases isoladas, mas 'pertence' ao sistema" (ibid., p. 36).

12. "De fato, o direito atribuindo a um uma faculdade ou pretensão, impõe ao outro uma obrigação correspondente. Por conseguinte o modo indicativo, os conselhos, a simples exortação expulsam do campo o direito" (PIZZORNI, Riginaldo. Op. cit., p. 25).

p. 3-5) ou ainda "o direito consta destes três elementos: *igualdade, alteridade e obrigação*" (PIZZORNI, Riginaldo. Op. cit., p. 34). Esses elementos podem ser aplicados, sem mais nem menos, ao Direito Canônico?

Um outro problema levantado por não poucas pessoas é o problema da lei e da liberdade. "Um dos principais erros que contaminou gravemente o processo de libertação, desde o Iluminismo, consiste na convicção largamente difundida de que os progressos realizados no campo das ciências, da técnica e da economia, deveriam servir de fundamento para a conquista da liberdade. Desconhecia-se, dessa forma, a profundidade da mesma liberdade e das suas exigências", diz a "Instrução sobre a liberdade cristã e a libertação" (Congregação para a Doutrina da Fé. *Instrução Libertatis conscientia de libertate christiana et liberatione*. Roma, 22/03/1986, n. 21). E continua: "'O que é ser livre?' É livre aquele que pode fazer unicamente o que quiser, sem ser impedido por coação externa e que, por conseguinte, goza de plena independência. O contrário da liberdade seria, assim, a dependência de nossa vontade a uma vontade estranha" (ibid., n. 25).

Parece-nos que a fábula do "asno de Buridan" ajudaria a nossa reflexão sobre a liberdade e a lei. O asno "está com fome e com sede, diante de um feixe de capim e de uma tina d'água, colocados a uma igual distância. O animal está preso a um poste por um cabresto. O comprimento deste não lhe permite alcançar simultaneamente o feno e a água, devendo optar para satisfazer-se primeiro com um e depois com o outro elemento e resolver-lhe a fome e a sede. O asno é irracional. Se fosse homem decidiria ou pelo alimento ou pela água, sem que houvesse qualquer motivo determinante. Esse ato sem motivo, desinteressado, com fundamento nele próprio, apenas aparentemente demonstra a liberdade. Na verdade, o ato sem dono, o ato livre, é livre tão somente na aparência" (POLETTI, Ronaldo. Op. cit., p. 99)[13].

Se a liberdade é tão necessária ao ser humano, em princípio parece-nos que o direito vem exatamente tirar essa nossa liberdade. Mas será que isso é realmente verdadeiro? "O exercício da liberdade implica invariavelmente uma ambiguidade. Ela é sempre relativa a determinados aspectos, não sendo abrangente da existência como um todo. O suicida é livre para morrer, conforme a sua vontade, e, no entanto, não se liberta das causas ou situações que o levaram a decidir sobre a própria morte. A morte realiza a sua liberdade, mas impede todos os atos de sua vida livre, cujas condições o escravizaram" (ibid., p. 96-97). A liberdade de expressão, de pensamento, a liberdade de poder participar de maneira democrática com relação aos seus direitos e deveres como cidadão consciente, não é um passo de mágica nem muito menos um colocar de normas, leis, decretos ou algo semelhante numa folha de papel e torná-las Leis Constitucionais de um país. É muito mais do que isso. "De igual forma, a liberdade de agir e de pensar como um bem abstrato, regulada num código ou proclamada numa norma, pode pouco, ou nada, representar, se circunstâncias materiais lhes forem tão adversas, a ponto de inviabilizá-la. Tomemos um homem de baixa condição social e econômica, num país subdesenvolvido. Desses que, às vezes, chegam a ocultar, pela miséria, a sua condição humana. De que lhe adianta ou aproveita a liberdade de pensamento ou até a possibilidade de falar se tem fome, se sua família está desabrigada, se seus filhos estão

---

13. Jean Buridan (1300-1358) foi um filósofo aristotélico. "A liberdade está intimamente ligada ao direito que nada mais é do que sua disciplina" (POLETTI, Ronaldo. Op. cit., p. 92). E ainda: "o direito disciplina a liberdade. Ela é o fundamento necessário para cobrar do homem a responsabilidade pelos seus atos. Se o homem não puder, pela sua razão, criar as suas próprias regras de convivência e de organização, fazendo das normas jurídicas uma manifestação de sua liberdade, como um dom imanente a seu ser, então nenhum sentido haverá para o próprio direito. Ou a liberdade existe, ou o direito é uma mera fantasia" (ibid., p. 93).

morrendo. Essa liberdade formal, despojada de quaisquer condições materiais de realizibilidade, tem pouca importância. Daí por que, em qualquer dos dois mundos (o do determinismo e do espírito), a liberdade resulta numa ambiguidade. A liberdade, como dom imanente ao homem, precisa de condições, mesmo materiais, para efetivar-se" (ibid., p. 97)[14].

---

14. "Nós, por nosso lado, não queremos simplesmente proclamar a liberdade nos textos das leis; queremos, sim, começar a assegurar a liberdade real dos homens – e para isso, fundá-la sobre a melhoria radical das condições de existência, sobre a certeza do trabalho, de uma velhice feliz, de uma juventude segura do seu futuro porque se verá munida dos meios de fazer frutificar as suas capacidades. A liberdade é a liberdade de trabalhar e de escolher o seu trabalho, é a liberdade de aprender e de dispor de lazeres e de gozar de uma velhice feliz, a liberdade de criar decentemente o número de filhos que desejar, a liberdade de opinião, de expressão, de reunião e de associação, a liberdade de participar na questão da sua empresa e na direção dos assuntos da sua aldeia, da sua cidade, do país" (MARCHAIS, Georges. *O desafio democrático*. Lisboa, 1974, p. 66-67, apud SCHROEDER, Luiz Carlos. *Aspectos críticos da igualdade jurídica*. Toledo, 1989, p. 34, nota 18).

III
O Direito Canônico como ciência

1. O Direito Canônico na visão conciliar e pós-conciliar

Diretamente, aparece uma única vez a preocupação do Concílio Vaticano II com o Direito Canônico enquanto disciplina e ciência[1]. É justamente quando trata da reestruturação dos estudos eclesiásticos nos seminários. Tendo como princípio que "as disciplinas filosóficas e teológicas sejam melhor articuladas entre si" (*OT*, 14, a), começa logo em seguida a descrever as diversas matérias. No que toca o nosso tema diz:

> na exposição do Direito Canônico e no ensino da história eclesiástica atenda-se igualmente para o Mistério da Igreja, segundo a Constituição Dogmática De Ecclesia, promulgada por esse Sínodo (*OT*, 16, d).

Já aqui podemos tirar algumas conclusões: a) O fato de constar essa disciplina num documento conciliar mostra que a mesma continua a ser importante na tradição eclesial; b) Embora venha incluída depois da Sagrada Escritura e da Teologia Dogmática, está entre as matérias que pertencem à formação teológica; c) É sublinhada a íntima relação que deve existir entre o Direito Canô-

---

1. Para uma análise histórica da Ciência Canônica, cf. CESAR DE LIMA, Maurílio. Op. cit., p. 287-354.

nico e a Teologia², entre o conhecimento jurídico e o Mistério da Igreja; d) Portanto, entender o Direito Canônico é também analisar o "mistério da Igreja", que se encarna ao longo dos séculos.

Tais posições conciliares devem ser vistas num quadro de referências mais amplo. O certo é que o "ensino do Direito Canônico, em todos os níveis, mesmo nas escolas de doutoramento, foi evoluindo após a promulgação de 1917, até tornar-se exclusivamente uma exegese do texto do Código. Isso levou a reforçar a atmosfera de respeito pelo Código e a abafar qualquer tentativa de revê-lo, muito menos de propor uma renovação de envergadura da própria lei" (PROVOST, James. "O Código revisto de Direito Canônico: expectativas e resultados". *Concilium*, 1981/7, p. 12).

Praticamente, as maiores críticas nos textos pré-conciliares eram jurídicas: 85% eram questões de Direito Canônico e somente 15% questões doutrinais (ibid., p. 14)³ e morais. Daí a atenção dada a fim de que a revisão do Código fosse orientada pelo conteúdo conciliar (cf. *SC*, 128; *CD*, 44). De grande importância é o texto sobre o apostolado dos leigos, onde deixa-se clara a posição dos padres conciliares[4]:

---

2. "Por isso diz um antigo aforismo: 'theologus sine canonista parum valet'. Com efeito, uma teologia que careça de uma perspectiva social é uma teologia que não abarca todo homem em sua relação com Deus, e, portanto, uma teologia empobrecida e deformada. 'Sem um conhecimento dos sagrados cânones, diz o Papa Leão XIII, a teologia seria imperfeita e manca' (Leão XIII. Enc. *Ad Clerum Galliae*, 08/09/1899)" (CABREROS DE ANTA, Marcelino. *Iglesia y Derecho hoy*. Pamplona: Navarra, 1975, p. 60).

3. "De diversas partes se fez notar [no Concílio Vaticano II] que o direito autêntico não tem nada em comum com o juridismo, como o dogma com o dogmatismo, a autoridade com o autoritarismo" (LONGHITANO, Adolfo. "La dimensione istituzionale della Chiesa sacramento di salvezza". In: VV.AA. *Il Diritto nel Mistero della Chiesa*. PUL, 1979, p. 51).

4. "Os padres conciliares votaram algumas expectativas específicas para o conteúdo do novo Código. A organização das regiões eclesiásticas deve ser elaborada na lei (*CD*, 40); a lei deve estabelecer pormenores sobre os conselhos presbiterais (*PO*, 7); deve-se esclarecer a posição dos catecúmenos (*AG*, 14). Uma legislação apropriada deve facilitar a inserção da fé nas instituições e costumes das diversas culturas" (PROVOST, James. Op. cit., p. 15).

neste decreto quer o Concílio ilustrar a natureza do apostolado dos leigos, sua índole e possibilidades, enunciando ainda os princípios fundamentais e transmitindo as instruções pastorais para uma ação mais eficiente. Todas essas indicações sejam normativas para a revisão do Direito Canônico no tocante ao apostolado dos leigos (*AA*, 1, c).

Percebemos, pois, que o Concílio (e o pós-concílio) tenta aprofundar o problema do Direito Canônico através de duas linhas: uma afirmando a importância e a *função do direito na Igreja* e, a outra, orientando o estudo como tal, isto é, a *Ciência do Direito Canônico*[5].

Foram muitas as intervenções de Paulo VI sobre o primeiro ponto (Audiência à Rota Romana (08/02/1973))[6]. Mas a impostação do Direito Canônico enquanto *ciência* encontramos em três documentos pós-conciliares[7]. Assim, segundo as *Normas Explicativas*, a finalidade do Direito Canônico está no "cultivar e desenvolver as disciplinas canônicas à luz da lei evangélica" (art. 75). E é seguindo esse mesmo princípio que elenca como matérias obrigatórias da Faculdade de Teologia a "disciplina teológica" do Direito

---

5. Antes do Concílio, Pio XI, falando das universidades e faculdades eclesiásticas, abordou a disciplina canônica no conjunto das demais ciências importantes para a Teologia (*Deus scientiarum Dominus*, 24/05/1931. – Cf. *AAS*, 23, 1931, p. 241-262). Posteriormente, a Congregação dos Seminários e dos Estudos Universitários apresentou um documento (12/ 06/1931 – Cf. *AAS*, 23, 1931, p. 263-284), onde explicita melhor o problema. Assim, no seu artigo 27, I, coloca o Direito Canônico fazendo parte das "disciplinas principais" da Teologia. O documento também trata especialmente das faculdades de Direito Canônico (cf. art. 27, II; 29 e o apêndice I, n. 2).

6. Cf. anexo, texto 9; Audiência aos Congressistas do II Congresso Internacional (17/09/1973) – Cf. tb. anexo, texto 10: Audiência aos participantes do III Curso de Direito Canônico (14/12/1973) – Anexo, texto 11.

7. Carta circular da Congregação da Educação Católica sobre *De doctrina iuris canonici candidats as sacerdotium tradenda* (o ensino do Direito Canônico para os aspirantes ao sacerdócio), de 02/04/1975 (*Comm.* 7, 1975, p. 12-17 ou *EV*, 5, 1974/1976, p. 1.221-1.242), a *Constituição Apostólica Sapientia Christiana*, de João Paulo II, sobre as universidades e as faculdades eclesiásticas (cf. *Sedoc*, 12, 1979, col. 146-165) e a respectiva Carta da Congregação de Educação Católica sobre as *Normas Explicativas*, de 29/04/1979 (cf. *Sedoc*, 12, 1979, col. 385-398).

Canônico (cf. *EV*, 6, n. 1506). Mostra-se, pois, a preocupação já acenada no Concílio, no sentido de uma aproximação entre Direito e Teologia[8], embora sejam disciplinas autônomas e próprias. Ainda, de maneira genérica, as *Normas Explicativas* (29/04/1979) apresentam algumas especificações:

- Na Faculdade de Direito Canônico, latino ou oriental, deve haver o cuidado para que se faça a exposição científica, tanto da história e dos textos das leis eclesiásticas como do seu sentido e da sua conexão (art. 55).

- As disciplinas obrigatórias são, no primeiro ciclo: a) As instituições gerais de Direito Canônico; b) Os elementos de Sagrada Teologia (especialmente de Eclesiologia e de Teologia Sacramental) e de Filosofia (especialmente de Ética e de Direito Natural), que se requer por sua mesma natureza, antes do estudo, do Direito Canônico; a estes poder-se-ão utilmente acrescentar elementos das ciências antropológicas conexas com a ciência jurídica (art. 56, 1º).

De especial consideração é a carta da Congregação de Educação Católica (02/04/1975), pois quer ser uma reflexão, ao mesmo tempo em que uma norma para o ensino do Direito Canônico que venha ao encontro, quer dos problemas jurídicos atuais, quer das linhas conciliares[9].

---

8. "A dimensão jurídica não pode separar-se da Igreja sem que esta se destrua, enquanto Igreja de Cristo, ficando reduzida a uma comunidade carismática sem unidade real e sem eficaz comunicação interpessoal. E a Igreja, como é evidente, forma parte especial e substancial da Teologia. Por isso o Direito Canônico é realmente inseparável da Teologia; se bem que atualmente, enquanto ciência eclesiástica, seja própria e autônoma com relação ao seu objeto, por sua amplitude e metodologia" (CABREROS DE ANTA, Marcelino. Op. cit., p. 60).

9. Para o Código de 1917, havia também uma circular da Sagrada Congregação de Seminários e de Estudos Universitários, que tratava do ensino do Direito Canônico (*De novo iuris canonici codice in Scholis proponendo*), de 07/08/1917 (cf. *AAS*, 9, 1917, p. 439ss. e 11, 1919, p. 18ss.). Com relação ao atual Código, cf. o Decreto da Congregação para a Educação Católica com o qual é renovada a ordem do estudo nas Faculdades de Direito Canônico (02/09/2002).

O documento está dividido em três pontos: a) A função e o múnus do Direito Canônico na Igreja; b) A necessidade do Direito Canônico; c) Disposições práticas. Fiquemos apenas com as disposições que deverão também nortear o nosso estudo:

• [Sejam indicados os fundamentos teológicos gerais do Direito Canônico e, particularmente, de cada instituto jurídico] de tal modo que se coloque em evidência o espírito que anima o direito da Igreja, a diferença dos outros direitos, e a sua função pastoral (III, 2; *EV*, 5, n. 1234).

• Seja desenvolvido de modo que chegue a assimilar os princípios e as normas do Direito Canônico em ordem à vida pastoral. Quando o ocorre, não se hesite em traçar também a história da norma, pondo-a em relação com a teologia dos vários períodos históricos (III, 3; *EV*, 5, n. 1235).

• Diante das exigências ecumênicas e no respeito às relativas legislações eclesiásticas, o ensino do Direito Canônico deve tratar as questões relacionadas ao ecumenismo, tendo presente as implicações jurídicas, com particular referimento ao campo litúrgico-sacramental (III, 4; *EV*, 5, n. 1236).

• A fim de que o ensino não seja abstrato, ocorre que os estudantes sejam introduzidos à prática também mediante conhecimento e uso de formulários, dos vários procedimentos jurídicos [...] tanto sobre o plano administrativo como sobre o jurídico (III, 5; *EV*, 5, n. 1237).

A Conferência Nacional dos Bispos do Brasil, num de seus opúsculos (*Estudo da CNBB*, 51), dedica dois parágrafos ao ensino do Direito Canônico[10]:

---

10. Cf. *Orientações para os estudos filosóficos e teológicos*. São Paulo: Paulinas, 1987. Este mesmo documento descreve o conteúdo do Curso de Direito Canônico no âmbito da Teologia; *Direito Canônico I*: Direitos e direito canônico. A dimen-

• O ensino do Direito Canônico tem duplo objetivo: fazer descobrir e compreender a dimensão jurídica da vida eclesial; mostrar como as normas jurídicas traduzem e concretizam princípios teológicos, com vista à vida e ação pastoral da Igreja (n. 65).

• A disciplina, após uma introdução histórica, exporá os princípios fundamentais e os diferentes tratados do atual Direito Canônico, especialmente o do Povo de Deus e o dos Sacramentos (principalmente matrimônio), e iniciará o estudante à compreensão e ao uso do novo Código. Também orientará a respeito das questões mais relevantes das relações do Direito Eclesiástico com o Direito Canônico (n. 66).

Concluindo, podemos resumir a "legislação canônica" levando-se em conta os seguintes aspectos: a) O estudo deve ser, em primeiro lugar, do texto e não é suficiente estudar as normas isoladas, pois todo o direito é um corpo; b) Aprofundar, enquanto possível, os fundamentos teológicos em geral e, em particular, de cada instituto jurídico; c) Analisar a história das normas; d) Ter uma preocupação com a prática pastoral e suas consequências jurídicas[11].

---

são jurídica da Igreja e sua concretização histórica até o Direito atual (*CDC*). O Povo de Deus: os fiéis, os clérigos, os leigos; a estrutura hierárquica; os estados de vida consagrada. O múnus de ensinar da Igreja. O múnus de reger, com especial atenção ao campo patrimonial e às sanções canônicas. Igreja e Estado: distinção e relacionamento particularmente no Brasil (n. 41); *Direito Canônico II*: O múnus de santificar na Igreja. Legislação canônica sobre os sacramentos, especialmente o matrimônio e penitência. Sacramentais, indulgências, juramentos, votos etc. A tutela dos direitos na Igreja e os processos canônicos, especialmente os processos de nulidade matrimonial (n. 42). O documento promulgado pelos bispos do Brasil, que faz parte do nosso direito particular, estabelece que a carga horária mínima para o Direito Canônico será de *120 horas/aula* (cf. *Formação dos Presbíteros na Igreja do Brasil – Diretrizes Básicas, 1984* [Documentos da CNBB, n. 30, XII, p. 5] e *Formação dos Presbíteros da Igreja no Brasil – Dire*trizes Básicas, 1995 [Documentos da CNBB, n. 55, p. 172]).

11. O secretário da Congregação de Educação Católica assim resume a importância do Estudo de Direito Canônico na formação presbiteral: 1) O estudo se insere, antes de tudo, para o futuro sacerdote num clima de fé: "o método jurídico –

2. A relação do Direito Canônico com outras disciplinas

Entende-se por *Ciência Canônica* a exposição científica do complexo de leis da Igreja Católica, de acordo com certos princípios e organizados numa ordem lógica. Daí que, "quando um jurista se ocupa do Direito Canônico como um fenômeno jurídico, se serve dos métodos em uso nas ciências jurídicas, que levam-no ao conhecimento do Direito, portanto, do *método analítico, do método sistemático e do histórico*. Como outros Direitos, também o Canônico, indagado pelo jurista, mostra a sua própria especificidade, enquanto é observado como direito de uma comunidade religiosa" (SOBÁNSKI, Remigius. Note sulla questione della collazione scientifica della canonistica. *Communio*, 1977, p. 74).

Orientando-se pelas normas conciliares, o Código elenca as matérias que fazem parte do currículo teológico, entre as quais está o Direito Canônico (cf. cân. 252 § 3). Porém, faz-se uma

---

enquanto expressão da racionalidade humana – não pode ser aplicado ao Direito Canônico de modo autônomo, mas subordinado à fé"; 2) Aprofundado o Direito se entenderá melhor o mistério da Igreja; 3) O estudo ajuda e torna familiar os conceitos de "subsidiariedade" e de "corresponsabilidade" na Igreja; 4) O Código leva o candidato a aprofundar e a viver um aspecto particular do "sentire cum Ecclesia", através do conhecimento de organismo da Cúria Romana, por exemplo; 5) O estudo ajuda a compreender mais em profundidade as razões teológicas e pastorais da existência de uma legislação na Igreja; 6) Torna o estudo do Direito Canônico sempre mais presente a ligação entre o *foedus* (aliança) e a *lex* (lei); 7) Ajuda a valorizar os múltiplos dons do Espírito na comunidade Eclesial; 8) Tudo isso para que o candidato tenha clareza sobre a sua missão a ser desempenhada dentro do Povo de Deus; 9) Não se esquecendo da dimensão missionária de toda a Igreja; 10) Enfim, "como escola de rigor e de prudência, no contínuo contato com a realidade concreta da vida, o estudo do Direito Canônico contribui para dotar o aluno daquelas qualidades, de vital importância no desempenho do seu futuro ministério". Em particular, a prudência pastoral levará o sacerdote de amanhã a ser sensível aos sinais dos tempos, e a decifrar, à luz do Evangelho, o verdadeiro significado para a Igreja e para o mundo" (SARAIVA MARTINS, José. La formazione dei sacri ministri secondo il Codice di Diritto Canonico. In: VV.AA. *Ius in vita...*, especialmente p. 834-838).

distinção entre disciplinas filosóficas[12], teológicas[13] e jurídicas[14], que devem ser dadas *segundo métodos próprios* (cf. cân. 253 § 2).

O Direito Canônico não é algo separado da Igreja. Possui um *instrumental de análise* por vezes semelhante aos das outras ciências jurídicas, mas não termina aí sua visão. Em outras palavras, "a Igreja, ao dar-se à ordem jurídica, deve justificá-la a nível interno e não externamente, isto é, as estruturas jurídicas devem derivar-se da exigência de comunhão vital dos crentes" (BALDANZA, Giuseppe. "La funcione del diritto nella vita della Chiesa dopo il Concilio Vaticano II". *Seminarium*, 11, 1971, p. 716).

a) Direito Canônico e Teologia

Ultimamente é grande o acento dado a ambas: "o problema da relação entre Teologia e Direito Canônico deve ser posto e resolvido evitando-se o perigo de teologizar o direito ou de reduzir os cânones a dogmas" (ibid., p. 717, nota 6)[15].

Na história da Igreja, podemos distinguir quatro grandes fases nessa relação[16]:

---

12. Embora distintas, "do ponto de vista científico (o Direito Canônico), se relacionam com a filosofia, cujo prévio conhecimento exige, sobretudo, a lógica e a ética" (DEL CAMPILLO, Francisco Gómez & PUIGARNAU, Jaime M. Mans. *Derecho Canónico* – Parte general. Barcelona: Bosch, 1949, p. 68).

13. "Como ciências auxiliares do Direito Canônico, ou seja, as que subministram conhecimentos instrumentais para seu estudo, ocupam em primeiro lugar, entre as ciências sagradas, a exegese bíblica, a patrologia e a história eclesiástica; e das profanas, a história geral, a filologia, a paleografia etc., proporcionam também utilíssimos conhecimentos ao cultivador da ciência canônica" (DEL CAMPILLO, Francisco Gómez. Op. cit., p. 70).

14. O Direito Canônico, enquanto ciência, se relaciona também com as demais ciências jurídicas: o Direito Internacional, Administrativo, Civil, sem nos esquecermos da história do Direito e do Direito Romano.

15. Daí também a distinção com a Teologia do Direito (cf. GHIRLANDA, Gianfranco. Op. cit., p. 57-61).

16. Para toda esta parte cf. STICKLER, Afonso M. "Teologia e Diritto Canonico nella storia". *Salesianum*, 47, 1985, p. 691-706.

1ª fase (séculos I/X): olhando já o primeiro concílio ecumênico da Igreja (Niceia – 325), constata-se que, após as exposições dogmáticas, são sempre elencadas regras, normas a serem observadas. E isso vale para todos os Concílios, com poucas exceções;

2ª fase (Idade Média): é o período do nascimento do Direito Canônico como ciência própria. Com o passar dos tempos, todas as normas constitucionais e disciplinares da Igreja necessitaram de uma sistematização. É com o *Decreto de Graciano* (1140) que nasce, pouco a pouco, o Direito Canônico como Ciência, influenciado, nesse período e nos seguintes, pelo crescimento da importância dada ao estudo do Direito Romano. Simultaneamente, em Paris, Pedro Lombardo organiza seus quatro livros de "Sentenças", nos quais sistematiza a ciência teológica. A ligação entre direito e teologia está muito presente ainda, pois as decisões dos Concílios ecumênicos são reproduzidas tais quais eram redigidas nos concílios. Também há uma relação entre teólogos e canonistas: embora conscientes da distinção entre as disciplinas, colaboram pacificamente;

3ª fase (período tridentino): Martinho Lutero (1481-1546), ao se colocar contra a Igreja, joga ao fogo, além da Bula de condenação pontifícia, o "Corpus Iuris Canonici"[17] com os Decretais de Gregório IX (dezembro de 1520). Com este gesto também nega a essência da Igreja como comunidade visível e encarnada.

---

17. "Embora M. Lutero tenha publicamente jogado ao fogo o Corpus Iuris Canonici, entendia, todavia, não eliminar o Direito, mas somente atribuir-lhe um significado novo: ou, sob a base de uma concepção de Igreja como fato unitário, vendo o Direito vizinho à vontade de Deus, como momento obrigatório na justificação por meio da fé; ou atribuindo diretamente à vontade de Deus o Direito Canônico, já que todos os conceitos fundamentais da fé (Graça, Justificação, Testamento, Testemunho) teriam significado também jurídico. Significativamente se afirma que 'nos ambientes protestantes se faz sempre mais comum um conceito de direito da Igreja, que em muito dos seus elementos convergem com aquele canônico'" (LO CASTRO, Gaetano, apud MÓRAN, Gloria. "Derecho Canónico actual, disciplina sacra ¿teológica o jurídica? – Peligros de una híbrida contaminación epistemológica". In: VV. AA. *Ius in vita...* Op. cit., p. 105 e nota 3).

A Igreja Católica reage com afirmações explícitas, colocando após as explicações doutrinais nos decretos de Trento também normas precisas jurídicas[18];

4ª fase (período de codificação): após a Revolução Francesa (1789), os Estados começam a ter as suas "cartas constitucionais" dentro de uma sistematização própria, codificada. Tal influência é assimilada pela Igreja, tentando organizar a imensidão de leis pós-tridentinas, que iam sempre mais surgindo. Assim, aparece o *Código de 1917*, utilizando a antiga estrutura do Direito Romano, prevalecendo o critério jurídico sobre o teológico. O ensino do Direito é colocado como pano de fundo dos textos morais[19].

---

18. "Lutero pretendeu que o evangelho reformasse e renovasse a Igreja. Jamais, porém, intencionou formar a Igreja perfeita. Em verdade, nunca desejou abandonar a Igreja Católica e, apesar de ter sido dela expulso, entendeu-se até o fim de sua vida não como fundador de uma igreja denominacional própria, mas simplesmente como pastor da universal Igreja de Cristo em Wittenberg" (ALTMANN, Walter. *Lutero e libertação*. São Paulo: Ática/Sinodal, 1994, p. 126). Cf., de modo especial, os capítulos sobre a Eclesiologia de Lutero (A Igreja – Povo pobre de Deus, p. 119-138) e sobre a relação entre Igreja e Política (O reinado de Deus na Igreja e na Política, p. 159-182). "Lutero parte da concepção de uma dupla Igreja. A Igreja abscôndita ou espiritual, da qual fazem parte os justos, conhecidos como tais somente por Deus, e a Igreja visível, que na organização reúne todos os batizados, também os pecadores. A primeira é o princípio vital, a segunda o campo da ação. Na primeira vigora somente um direito divino, espiritual que está numa relação com a esfera interior do homem. A Igreja abscôndita não pode pôr atos jurídicos porque não tem um poder próprio, mas se limita a promulgar o juízo de Cristo. Na Igreja visível, pelo contrário, vigora um direito humano com referência exclusiva à esfera exterior do homem. Serve somente para ajudar os fracos e não é necessário à salvação. Lutero reconhece nele um caráter jurídico, mas não as formas de lei; de fato ele distingue entre *ius* e *lex*. De qualquer modo está ordenado para o amor. Em conclusão: não se pode afirmar que Lutero negue o direito na Igreja. Todavia, próprio porque separa a Igreja visível daquela invisível e o direito divino do direito humano; faz perder este último a sua especificidade. Já que a competência de organizar juridicamente a Igreja vem assinalada por Lutero aos princípios temporais, o direito humano da Igreja facilmente se identifica com aquele da comunidade política e segue a mesma sorte" (LONGHITANO, Adolfo. Op. cit., p. 57-58).

19. O Código de então, "ao considerar a Igreja na sua complexidade, na duplicidade de seus elementos, o divino e o humano, parece que sublinhou, em sintonia com uma eclesiologia resultante da controvérsia com o protestantismo, o elemento visível, institucional, jurídico, com a consequente preocupação de garantir ao máximo a ordem constitucional" (BALDANZA, Giuseppe. Op. cit., p. 721).

Entende-se que ao longo da história há uma íntima ligação entre Direito Canônico e Teologia, e isso não poderia ser diverso. Todavia, as diferenças entre ambas são grandes: a) A Teologia se ocupa das verdades da fé como objeto a ser crido; b) O Direito Canônico trata-as como regras para agir. Uma é "quid credendum" e outra "quid agendum" (cf. LECLERC, Gustave & SENOFONTE, Bruno. "Il Diritto Canonico come scienza". In: VV.AA. *Il Diritto nel mistero della Chiesa...* Op. cit., p. 107).

b) Direito Canônico e Moral

Sobre essa relação também muito se tem escrito (cf. JUNGES ROQUE, José. "Relação e diferença entre ordem jurídica e ordem moral". *REB*, 54, 1994, p. 331-353)[20]. Já o Concílio Vaticano II afirmava:

> absolutamente todos devem professar a primazia da ordem moral objetiva, porquanto é a única que sobrepuja e coerentemente harmoniza todas as demais ordens de coisas humanas [...], pois somente a ordem moral atinge o homem em toda sua natureza, criatura racional de Deus e chamado para o céu (*IM*, 6).

O Direito (em geral) se preocupa com as atividades externamente consideradas, e, no caso, o Direito Canônico com a perspectiva eclesiástica; já a Teologia Moral analisa os motivos internos, enquanto relação da norma objetiva com a consciência, numa perspectiva antropológica, inspirada pela fé[21].

---

20. "A violação do direito não tem unicamente um significado jurídico no foro externo, mas também um valor moral, porquanto a moral exige o cumprimento de toda lei justa, seja divina ou humana, natural ou positiva" (CABREROS DE ANTA, Marcelino. Op. cit., p. 64). Cf. ainda: VV.AA.: *Ordine morale e ordine giuridico – Rapporto e distinzione tra diritto e morale*. Bologna: Dehoniane, 1985. • PEGORARO, Olinto A. *Ética é justiça*. Petrópolis: Vozes, 1995.

21. "A lei natural necessita o complemento determinante da lei positiva humana, que dirige as relações interpessoais, conformando-as, na medida do possível, aos postu-

Aqui também podemos deduzir que ambas as disciplinas são autônomas. Contudo, estão intimamente interligadas (cf. FAGIOLO, Vincenzo. "Direito Canônico e pastoral". In: VV.AA. *Problemas e perspectivas do Direito Canônico*. São Paulo: Loyola, 1995, p. 320)[22]. Ou, como diz um conhecido canonista brasileiro, "uma moral que queira desenvolver-se sem direito é uma utopia irresponsável", como "um direito sem moral é uma contradição" (PINTO DA SILVA, Antonio. Nota crítica sobre a relação Direito e Moral. In: VV.AA. *Ética e Direito*: um diálogo. Aparecida: Santuário, 1996, p. 147-165)[23].

É claro que "haverá sempre, portanto, um vastíssimo setor da vida humana que não poderá jamais ser regulado pelas leis jurídicas, diante das quais essa reconhecerá a sua nativa constitucional incapacidade de agir, mudar, melhorar. O Direito proclamará, de novo, uma vez mais os próprios limites. O Direito se limitará agora a colocar em movimento o seu pesante maquinário para criar estruturas sociais, para criar ou defender as condições sociais

---

lados da lei divina, natural e positiva. Esta é, precisamente, a finalidade própria do direito; e por isso, o direito entra no campo da moral como um círculo concêntrico menor dentro do outro maior. Nem toda lei moral é norma jurídica, porém a norma jurídica sempre é por sua vez moral, porque deve regular as ações sociais em conformidade com a lei eterna" (CABREROS DE ANTA, Marcelino. Op. cit., p. 63).

22. "Uma concepção cristã do Direito não pode prescindir da vinculação daquele com a moral. Assim, consistindo esta sempre em deveres morais pessoais, pode-se dizer que o Direito consiste precisamente na ordem desses deveres, na medida em que são socialmente exigíveis mediante juízos imparciais" (D'ORS. Introdución civil al Derecho Canónico, apud GARCÍA-HÉRVAS, Dolores. Del poder jurídico... In: VV.AA. *Ius in vita...* Op. cit., p. 123, nota 7).

23. Cf., na mesma obra, o artigo de MASI, Nicola. *Recepção da ética personalista no Código de Direito Canônico*. Op. cit., p. 167-185. "A Teologia Moral se empenha de passar de uma perspectiva prescritiva a uma perspectiva de responsabilidade" (GORINI, Aldo. "Dal giuridismo preconciliare alla pastoralità postconciliare: spunti di analisi". In: VV.AA. *Ius in vita...* Op. cit., p. 115). "A estreita vinculação com a moral é, pois, essencial ao Direito Canônico, no sentido de que este não é exclusivamente uma ordem de convivência social, senão que tem um fim escatológico que é a *salus animarum*, e daqui procede sua quase-sacramentalidade: 'ius seu signi vitae supernaturalis christifidelium, quam signat et promovet'" (GARCÍA-HÉRVAS, Dolores. "Del poder jurídico..." In: VV.AA. *Ius in vita...* Op. cit., p. 125).

externas favoráveis à atividade de agentes ajurídicos, o lento crescimento de germes metajurídicos (religião, moral, cultura, arte, educação). Eis por que o verdadeiro jurista, embora conhecendo a necessidade do Direito e da sua expressão, que é a lei jurídica, não deverá confiar muito nelas para mudar a sociedade: a 'superfidelidade' à lei, de fato, provém de um insuficiente conhecimento da sua natureza" (LECLERC, Gustave & SENOFORTE, Bruno. Op. cit., p. 111). No plano maior das Ciências, jamais as normas jurídicas canônicas poderão, pois, deixar de lado a justiça sem a caridade[24].

c) Direito Canônico e Pastoral

Se há uma íntima união entre Direito e Igreja, é claro que todo o Direito Canônico deverá ser impregnado pela pastoral (cf. PAULO VI. Alocução à Comissão Pontifícia para a Revisão do Código de Direito Canônico (20/11/1965 – Cf. anexo, texto 7) e ainda o Discurso à Rota Romana (08/02/1973 – Cf. anexo, texto 9)). O Concílio Vaticano II afirma:

> para apascentar e aumentar sempre o Povo de Deus, Cristo Senhor instituiu na sua Igreja uma variedade de ministérios que tendem ao bem de todo o Corpo. Pois os ministros, que são revestidos do sagrado poder, servem a seus irmãos para que todos os que formam o

---

24. "Se o fundamento do Direito Eclesial é a estrutura de comunhão da Igreja, tal Direito não pode ser construído somente sobre o conceito de justiça, como geralmente é elaborado pela filosofia do direito civil e como foi emprestado da filosofia grega e da jurisprudência romana, mas também sobre aquele da caridade. Este nos deve levar a elaborar um conceito de justiça próprio do Direito Eclesial, que encontre seu fundamento nas Escrituras e na natureza da Igreja, e que, de outra parte, não exclua aquele filosófico-jurisprudencial em auge junto aos civilistas, porém, compreendendo-o, superemo-lo. Nesta perspectiva, a caridade vem a ser o princípio jurídico fundamental do Direito Eclesial" (GHIRLANDA, Gianfranco. La carità come principio giuridico fondamentale costitutivo del Diritto Ecclesiale. *Civ.Catt.*, 1977, p. 455). Mais ainda: "A caridade, pois, deve ser ao mesmo tempo fim do Direito e o seu espírito" (MONTAN, Agostino. "La legge canonica a servizio della carità". VV.AA. *La carità* – Teologia pastorale alla luce di Dio. Bologna: Dehoniane, 1988, p. 160).

Povo de Deus e, portanto, gozam da verdadeira dignidade cristã, aspirando livre e ordenadamente ao mesmo fim, cheguem à salvação (*LG*, 18).

Assim, não se podem entender nem a Pastoral nem o Direito Canônico sem entender profundamente a origem, natureza e finalidade da Igreja[25]. Ambas devem ter sempre como ponto de partida e de chegada a *salus animarum* (cf. cân. 1752), que na Igreja "deve ser sempre a lei suprema"[26]. Assim, diz Fagiolo: "a dificuldade talvez esteja em compreender a diversidade com que o Direito Canônico se coloca diante destas exigências e frente à Pastoral. Dificuldade – é preciso esclarecer logo – que não deriva da norma canônica e do conceito que dela temos, mas do termo 'pastoral'. Com efeito, quando dizemos 'Direito Canônico', 'ordenamento canônico', 'norma canônica' falamos tecnicamente e entendemos conceitos bem precisos para conteúdos e finalidades; não podemos dizer a mesma coisa do termo 'pastoral', que tem um significado genérico e compreensivo de toda a atividade e missão da Igreja, e por isso tudo nela é e se torna pastoral quando realmente contribui para a sua específica missão" (FAGIOLO, Vincenzo. *Direito Canônico e Pastoral...* Op. cit., p. 325)[27].

---

25. "É evidente que a pastoral pressupõe a Teologia e o Direito da Igreja, sem que isso impeça seu constante desenvolvimento e sua própria autonomia" (CABREROS DE ANTA, Marcelino. Op. cit., p. 66).

26. "Convém ao Direito e à Pastoral que tanto um como o outro se ordenam à prática ou ação eclesial no plano comunitário para a realização do fim salvífico da Igreja, que os canonistas expressaram classicamente na frase por eles cunhada da *salus animarum*" (CABREROS DE ANTA, Marcelino. Op. cit., p. 65).

27. "Pode-se, pois, entender por pastoral, no sentido amplo, a ação com que a Igreja "sacramentum salutis" (*LG*, 48) transmite a salvação de que é portadora: como o anúncio do Evangelho, da dispensação dos divinos mistérios, da vivência do ágape" (CASTILLO LARA, Rosalio. "Proyeccion pastoral del Codigo de Derecho Canónico". In: VV.AA. *Temas fondamentales en el nuevo Codigo* – XVIII Semana Española de Derecho Canónico. Salamanca, 1984, p. 20). Ainda sobre o conceito de *pastoral*, cf. LIBÂNIO, João Batista. *Pastoral numa sociedade de conflitos*. Petrópolis/Rio de Janeiro: Vozes/CRB, 1982. Cf. tb. *O que é pastoral?* São Paulo: Brasiliense, 1982.

Para apenas detectar tais ligações entre o Direito e a Pastoral[28], basta olharmos a aplicação do *princípio de subsidiariedade* que surge como forma legítima para responder às necessidades das diversas Igrejas particulares. Além disso, é frequente nos cânones fórmulas como: *nisi iusta causa excuset* ou *nisi gravis causa aliud suadeat*, ou *excepto casu necessitatis* ou outras formulações semelhantes.

As contínuas transformações do homem e do mundo devem, pois, fazer com que tanto o Direito Canônico como a Pastoral sejam questionados. Aliás, esse era o pensamento do próprio Concílio:

> com efeito, os estudos e as descobertas mais recentes das ciências, da história e da filosofia despertam problemas novos, que acarretam consequências também para a vida e exigem dos teólogos novas investigações [...]. Na pastoral sejam suficientemente conhecidos e usados não somente os princípios teológicos, mas também as descobertas das ciências profanas, sobretudo da psicologia e da sociologia, de tal modo que também os fiéis sejam encaminhados a uma vida de fé mais pura e amadurecida (*GS*, 62).

d) Direito Canônico e Liturgia

É na Liturgia, no dizer conciliar, que os "mistérios de Cristo e a genuína natureza da verdadeira Igreja" (*SC*, 2) se manifestam. É nela que se exprime a característica da Igreja, isto é, "a um mes-

---

28. "Na pastoral, a espontaneidade e a criatividade não podem ser confundidas com a improvisação e o arbítrio. O Direito Canônico cristaliza uma preciosa experiência de séculos que, devidamente atualizada, oferece pautas seguras para o quefazer pastoral da Igreja" (CASTILLO LARA, Rosalio. Op. cit., p. 21). "Na pastoral, a espontaneidade e a criatividade não podem ser confundidas com a improvisação e o arbítrio. O Direito Canônico cristaliza uma preciosa experiência de séculos que, devidamente atualizada, oferece pautas seguras para o quefazer pastoral da Igreja" (CASTILLO LARA, Rosalio. Op. cit., p. 21).

mo tempo ser humana e divina, presente no mundo e no entanto peregrina". E ainda, "a Liturgia é o cume para o qual tende a ação da Igreja e, ao mesmo tempo, é a fonte donde emana toda a sua força" (*SC*, 10).

Neste sentido, pode-se afirmar que há uma ligação muito estreita entre Direito Canônico e Liturgia[29], enquanto é na Liturgia "exercido o culto público integral pelo Corpo Místico de Cristo, Cabeça e membros" (*SC*, 8, c). Assim, a Liturgia mostra, simultaneamente, a igualdade de todos os fiéis num mesmo sacerdócio comum (*LG*, 10), onde também está atuando, com sua missão específica, o sacerdócio ministerial. O Direito Canônico será, pois, a expressão visível, institucionalizada dos múnus próprios de todos os cristãos.

Contudo, ambas não se confundem; "normalmente o Código não determina os ritos que se devem observar nas celebrações das ações litúrgicas" (cân. 2), bem como "os cânones deste Código se referem unicamente à Igreja latina" (cân. 1). É claro que os ritos poderão ter uma influência nos direitos e deveres dos fiéis (cf. por exemplo, cc. 111; 112; 206). O próprio Concílio recomenda que a formação litúrgica "seja tratada tanto sob o aspecto teológico e histórico, quanto espiritual, pastoral e jurídico" (*SC*, 16). Assim, o Direito será de grande ajuda no determinar e precisar, não tanto a graça sacramental, mas sim a sua força visível. Em outras palavras, quais são os requisitos visíveis juridicamente para que se declare a

---

29. "A Liturgia ordena o culto divino enquanto se dirige a Deus; o Direito trata dos diversos atos do culto público enquanto esses atos afetam notavelmente a ordem jurídica, isto é, as relações sociais e comunitárias, que são os mútuos deveres de uns para com outros. O Direito deve regular as manifestações externas sobre matéria litúrgica de forma que não prejudique as exigências do culto divino; assim como a Liturgia deve procurar que o exercício do culto público não altere a ordem disciplinar ou jurídica, que também garanta e promova o bem espiritual da Igreja" (CABREROS DE ANTA, Marcelino. Op. cit., p. 67).

validade objetiva de um sacramento. Além do mais, não se pode ignorar que na história do Direito grande parte das determinações e normas disciplinares estavam intimamente ligadas à matéria litúrgica (excomunhão, validade do batismo etc.).

e) Direito Canônico e história da Igreja

A influência exercida pela história na vida da Igreja é inegável. Isso porque a Igreja está encarnada sempre no mundo, sofrendo suas influências e apelos. Pois, como diz o Concílio Vaticano II, a Igreja é:

> uma estrutura social visível, sinal de sua unidade em Cristo, a Igreja pode enriquecer-se e de fato se enriquecc também com a evolução da vida humana social não porque lhe falte alguma coisa em sua constituição que lhe foi dada por Cristo, mas para conhecê-la mais profundamente, melhor exprimi-la e adaptá-la de modo mais feliz aos nossos tempos (*GS*, 44, c).

Assim,

> as disciplinas históricas contribuem muito para que a realidade seja observada sob o seu aspecto de mudança e evolução (*GS*, 54).

No que toca mais diretamente às normas jurídicas, é necessário não esquecer que as concretizações das diversas instituições canônicas são alimentadas a partir das diversas conotações concretas. Assim, por exemplo, as divisões em dioceses, paróquias, criação do Colégio dos Cardeais, Sínodo e tantas outras instituições jurídicas, possuem sempre um ponto de referência histórico. Ao analisarmos essas, é importante estudá-las tendo como ponto de partida a história da Igreja. É de grande valor se "levar em conta também a tradição canônica" (cân. 6 § 2), como meio de interpretação das normas.

Uma das consequências dessa ligação entre a história da Igreja e o Direito Canônico verificamos, por exemplo, na instituição jurídica denominada *costumes*[30]. Pense-se nos diversos costumes que, pouco a pouco, entraram na legislação canônica: o batismo das crianças, as indulgências, o celibato... O uso ou costume torna-se, pois, fonte de direito não tanto por causa da vontade do legislador, mas sim pela "consciência da coletividade", caracterizando-se pela repetição constante de certos atos que determinam a atribuir, com o transcurso do tempo, caráter jurídico[31].

O caráter histórico é, pois, de suma importância. Só assim podemos não apenas entender a lei como tal, mas sim, o que é mais significativo, pontualizar e ao mesmo tempo desmistificar muitas normas consideradas até como "dogmas", irremovíveis. Assim, se estará descobrindo o espírito que torna a lei não uma coisa morta, mas sim, viva para os tempos atuais. Ou na linguagem da Constituição Sacrae Disciplinae Leges:

> o Código deve possuir a mesma característica de fidelidade na novidade e de novidade na fidelidade, conformando-se a ela em seu próprio campo e sua maneira especial de expressar-se (*SDL*, § 22).

---

30. "O costume canônico, como fonte do direito, tem uma longuíssima história, que data dos primeiros séculos da Igreja. As leis consistiam, então, na chamada práxis apostólica, enquanto determinavam o modo de agir dos fiéis com força obrigante como a lei escrita. Os primeiros sínodos e concílios várias vezes se limitavam a confirmar os costumes já existentes, enquanto lentamente se vem formando o Direito escrito, durante todo o primeiro milênio da vida da Igreja. A afirmação que consagrará para o futuro o costume como fonte válida do direito eclesial é aquela de Gregório IX (1170-1241), no famoso decreto *Quum Tanto*, o qual admite o costume porque era *rationabilis et legitime sit praescripta* (na linguagem se cunhou o neologismo *ortopráxis*) (MARCUZZI, Pier Giorgio. "Normativa canonica". In: VV.AA. *Il Diritto nel mistero della Chiesa...* Op. cit., p. 264).

31. Atualmente é de 30 anos, segundo o cân. 26.

Somente se distinguindo os fundamentos dogmáticos das diversas instituições canônicas, seu aparecimento limitado e entendido num contexto histórico, é que podemos ou não reconhecer o seu valor para o hoje da vida, da pastoral. Evitar-se-á, de certa forma, o juridicismo, que é a tentação histórica da Igreja de todos os tempos. Assim, duas coisas ficam claras: 1) "A organização jurídica não deve ser reduzida a um mero mecanismo de limites e de freios". Essa tem, antes de tudo, uma competência organizativa e propulsora" (BALDANZA, Giuseppe. Op. cit., p. 727); 2) Além disso, "o Direito Canônico não se encontra apenas num documento. Tão importante como o texto são as considerações políticas sobre o que é possível. Um novo Código dependerá da política de sua aceitação e implementação, tanto quanto das expectativas que orientarem sua elaboração" (PROVOST, James. Op. cit., p. 19).

Resumindo, pode-se dizer que a finalidade de uma educação jurídica, como também de uma formação canônica, está: a) Numa maturidade de consciência que sabe perceber e confrontar criticamente os valores jurídicos e suas aplicações, baseando-se sempre na lei e na justiça; b) Numa maior capacidade de compreensão para a historicidade da norma positiva; c) Numa assimilação das principais estruturas do direito; d) Na aquisição de mecanismos interpretativos, literais, lógicos, intersistêmicos e históricos; e) No caso do Direito Canônico em especial, há a necessidade de se conhecer profundamente os alicerces teológicos para se fazer uma boa interpretação jurídico-canônica; f) Temos também que nos preocupar com a dimensão pneumática da Igreja e as suas influências nas estruturas e instituições jurídicas; g) Enfim, conhecer bem o Direito Canônico para bem usá-lo, nos momentos precisos e certos[32].

---

32. "A Igreja renova a sua juventude, não tanto mudando as suas leis exteriores quanto dispondo interiormente o espírito dos seus para obedecer a Cristo, e por isso, para obedecer aquelas leis que a Igreja, com a intenção de seguir o caminho de Cristo,

estabeleceu. Aqui está o segredo da sua renovação [...]. As normas eclesiásticas poder-se-ão tornar mais práticas pela simplicidade de alguns preceitos, mais instruídos nos seus deveres, mais adultos e mais ponderados na escolha dos meios para os cumprir. Sempre a vida cristã, como a Igreja, os vai interpretando e codificando em prudentes disposições; exigirá fidelidade, esforço, mortificação e sacrifícios. Será sempre o caminho estreito de que Nosso Senhor nos fala (cf. Mc 7,13ss.) (PAULO VI. *Encíclica Ecclesiam Suam*, 06/08/1964, n. 53).

IV
Aspectos teológicos do Direito Canônico

O Direito da Igreja ao longo dos tempos recebeu diversos nomes: Sagrado, Divino, Pontifício, Eclesiástico etc. Porém, sempre esteve ligado ao seu alicerce, a Igreja. Isso não significa dizer que não tenha recebido a influência de outros sistemas jurídicos[1]. Por um lado mostra que a Igreja participa, é companheira de caminhada "do mundo" (sofre influências jurídicas), embora também influencie os diversos sistemas jurídicos existentes fora da Igreja[2].

---

1. "Que a Igreja haja assumido as formas jurídicas que encontrou nas civilizações com as quais entrou em contato e que continue a fazê-lo é ser coerente com a Economia da Encarnação, mas não por isto o Direito Canônico se deve modelar sobre o direito civil, considerando-o como *analogatum princeps*" (GHIRLANDA, Gianfranco. "Il diritto civile 'analogatum princeps' del diritto canonico?" *Rass. Teol.*, 16, 1975, p. 589). Para um aprofundamento, cf. VELA SÁNCHEZ, Luís. *DDC*, p. 719-721 [Verbete *Teologia do Direito*].

2. Até o final do século XVI, na Europa religiosamente unificada, Direito Canônico e Direito Civil coexistem pacificamente, como um único bloco. Somente com a Reforma protestante se começa a colocar o problema entre Lei e Evangelho, caridade e direito, Igreja da caridade e do direito. Com a Revolução Francesa, contra os regimes monárquicos, há a tendência racionalista, onde a Ciência do Direito acentua o positivismo reduzindo tudo ao direito e somente ao Direito do Estado (cf. LENER, Salvatore. "Il concetto di diritto e il Diritto Canonico – Norme, istituzioni, carità, carismi". *Civ. Catt.*, 132, 1981, p. 326-327).

1. As imagens da Igreja

Quando se fala de Direito Canônico, logo se coloca por detrás o conceito de Igreja[3]. Assim, podemos já perceber no Novo Testamento, logo após a morte-ressurreição de Jesus, a importância da "Tradição Apostólica". Fazer parte da comunidade cristã significa se identificar com a ação do Espírito Santo, sendo fiel ao Espírito, às tradições transmitidas pelos apóstolos.

Com os Santos Padres começam a ser muito mais acentuados os sinais sacramentais, quer realçando o Batismo, quer a Eucaristia, como ápice da vida cristã. O ponto de unidade será a práxis, que se expressa e encontra o seu auge nos sacramentos. A comunhão é o vínculo da comunhão (sacramental) de unidade (jurídica) entre o bispo e os fiéis (por exemplo, Santo Inácio de Antioquia, século I-II), dos fiéis entre si, que se efetua e se manifesta na Comunhão Eucarística (GHIRLANDA, Gianfranco. *Il diritto nel mistero della Chiesa*. Roma, 1983/ 1984, p. 15 [Apostila]). Por sua vez, a tradição apostólica será compreendida como sendo a Escritura, a hierarquia, os ritos litúrgicos, isso já no tempo de Justino (século II), Hipólito (II/III) e Tertuliano (II/III). Sempre mais a Igreja de Roma será o modelo pela sua Antiguidade e porque foi lá que morreram os Príncipes dos Apóstolos, Pedro e Paulo. Em outras palavras, a concepção do Direito Canônico depende do tipo de eclesiologia que está nele subjacente.

O Concílio Vaticano II sublinhou justamente a dimensão divina e humana da Igreja. Basta constatar a *LG* 1 e o belíssimo texto da *GS* 1:

> as alegrias e as esperanças, as tristezas e as angústias dos homens de hoje, sobretudo dos pobres e de todos os

---

[3]. "A Igreja não pode e não deve olhar para si mesma, à sua glória. Ela não é o centro, mas o sinal indicativo do único e verdadeiro centro: Cristo" (BALDANZA, Giuseppe. Op. cit., p. 719). Cf. tb. PIÉ-NINOT, Salvador. *Introdução à eclesiologia*. São Paulo: Loyola, 1998, p. 27-38.

que sofrem, são também as alegrias, as esperanças, as tristezas e as angústias dos discípulos de Cristo. Não se encontra nada verdadeiramente humano que não lhes ressoe no coração. Com efeito, a sua comunidade se constitui de homens que, reunidos em Cristo, são dirigidos pelo Espírito Santo, na sua peregrinação para o Reino do Pai.

Assim, torna-se pertinente perguntarmos: qual a Eclesiologia presente no atual Código de Direito Canônico? Contudo, para respondermos a esta pergunta, precisamos verificar qual é a Eclesiologia que está presente no Concílio. Na realidade, o Concílio tentou fazer uma síntese, que nem sempre foi homogênea. Assim, apresenta a Igreja como um redil do qual Cristo é a única e necessária porta; com frequência a Igreja é chamada de Casa de Deus na qual habita a sua família, ou de Jerusalém celeste ou mesmo de mãe (cf. *LG*, 6). Além dessas alegorias bíblicas muito caras às Igrejas Orientais, apresentam-se no texto conciliar também outras descrições[4].

A Igreja é *sacramento, sinal e instrumento* (*LG*, 1; 48, c; *SC*, 5, b)[5]. Na Igreja, entendida como sacramento, aparece o aspecto sacramental de Santo Agostinho, isto é, a Igreja manifesta a ação salvífica de Deus ao longo dos tempos. A Igreja é vista como "meio" de sal-

---

4. "O Direito Canônico depende, na sua estrutura e formulação, da eclesiologia, por conseguinte, pode receber direções, orientações diversas segundo a visão da própria Igreja. Isto não maravilha se se pensa que a Igreja é uma realidade misteriosa, dinâmica, na qual pode ser sempre melhor conhecida. A eclesiologia de fato é sempre in fieri" (BALDANZA, Giuseppe. Op. cit., p. 714).

5. Segundo a doutrina paulina, a união entre Cristo e a Igreja é um *mysterium* (ou sacramentum). Por volta do século VII, já serão 7 os "ritos sacramentais". Com a doutrina de Lutero que dizia existir só 3 sacramentos, ou melhor, um só, o Concílio de Trento formulou a doutrina: "se alguém afirma que os sacramentos da nova lei não foram instituídos por Cristo, nosso Senhor, ou que não são mais ou menos de sete [...], seja anátema" (c. 1, sobre os sacramentos em geral). O termo Sacramento empregado pela Igreja nos documentos conciliares difere, pois, dos sete sacramentos. Da Igreja sacramento nascem os sete sacramentos (cf. VITALE, Antonio. *Sacramenti e Diritto*. Freiburg/Roma: Herder, 1967).

vação. Contudo, é um instrumento peculiar, pois como tal Cristo está presente, vivo, mas é o Espírito Santo que congrega os cristãos. Assim, ambas as imagens se completam: a ordem sacramental não termina somente nos sete ritos, mas sim na ação pneumática.

Aplicando agora esta teoria, poderemos perceber que "o Direito Canônico encontra o seu fundamento na dupla realidade da Igreja: a realidade divina e humana. O elemento divino não vem colocado à sombra. O elemento humano não é absorvido pelo elemento divino, mantém a sua identidade e a função de sinal. A necessidade de coordenar os diversos elementos que constituem a Igreja, exige uma ordem que em parte já foi dada por Jesus Cristo, em parte é estabelecida pela própria Igreja segundo a sua natureza, o seu fim e a exigência cultural onde está inserida" (LONGHITANO, Adolfo. *La dimensione istituzionale della Chiesa...* Op. cit., p. 64).

A Igreja é *o Corpo místico de Cristo* (*LG*, 7). A união dos membros da comunidade entre si e com Cristo cabeça (cf. Rm 12; 1Cor 12) foi sempre reconhecida pela Tradição. Daí mostrar ao mesmo tempo em que a Igreja é santa (por causa de Cristo) e pecadora, isto é, sempre sujeita à conversão (por causa dos cristãos). Assim, o Direito Canônico é visto como algo sempre a ser realizado e aperfeiçoado, de acordo com a presença do Espírito que rege o corpo. Cristo é, pois, a verdadeira cabeça da Igreja. O aspecto positivo desta concepção eclesiológica está no dinamismo, na não estagnação.

A Igreja é *o Povo de Deus* (*LG*, 9-17). Para o Concílio significa: a) Que é o povo messiânico, que consigo possui um pacto; b) Jesus inicia um novo pacto, com um novo povo; c) O povo é fruto de uma conquista (com o sangue de Cristo) e é conduzido por Cristo; d) Todos os membros são iguais em dignidade, embora exerçam funções diferentes, pois agora não há mais "judeus ou estrangeiros"; e) Esse povo caminha pelo deserto da vida rumo à cidade celeste. Nesta concepção se privilegia muito mais a unidade dos cristãos do que as diferenças específicas. Assim, o Direito Canônico é compreendido enquanto regula as relações dos membros do Povo de Deus entre si, solidifica os seus direitos e deveres, além de deixar claro que a missão dos fiéis está intimamente ligada ao batismo[6].

A Igreja é *uma sociedade* (*LG*, 8; 9; 20; *GS*, 40). É uma doutrina que surgiu no século XVIII e que foi aplicada à Igreja. "Parte-se do conceito de sociedade (união moral estabelecida por diversas pessoas que procuram um mesmo fim e com os mesmos meios); depois passa-se ao conceito de sociedade perfeita (aquela sociedade que tem como fim um bem completo na sua ordem e todos os meios necessários para adquiri-los, portanto tem uma suficiente autonomia e independência. Conclui-se, reconhecendo à Igreja a qualidade de sociedade perfeita porque foi instituída por Jesus Cristo com a característica de uma sociedade perfeita" (LONGHITANO, Adolfo. *La dimensione istituzionale...* Op. cit., p. 61)[7]. É a chamada doutrina do Direito Público Eclesiástico. O Concílio Vaticano II não diz que a Igreja é uma sociedade "perfeita", mas apenas mostra que a Igreja é "fundada e organizada neste mundo como sociedade e provida de meios aptos de união visível e social" (*GS*, 40, b)[8]. Assim, o Direito Canônico assume o aspecto

---

6. "Com efeito, o Direito Canônico ao ser entendido como simples instrumento a serviço dos órgãos de poder há de passar a entender-se como elemento conformador da ordem social justa do Povo de Deus a serviço da missão da Igreja e da tutela e garantia dos direitos dos fiéis" (DEL RIO, Gregorio Delgado. "La función del Derecho canónico en la perspectiva conciliar". *Seminarium*, 27, 1975, p. 775).

7. Ainda segundo o mesmo autor: "a especificidade do Direito Eclesial deriva da típica realidade social da Igreja, que não pode ser considerada uma sociedade como tantas outras. Portanto, se queremos determinar as características da sua juridicidade, devemos começar da análise dos elementos que a constituem e estruturam-na como instituição de salvação. Estes elementos são múltiplos e de diversas naturezas. Propriamente porque a Igreja é uma realidade humana e divina, encontramos intimamente conexos na sua estrutura elementos humanos e elementos divinos" (ibid., p. 54).

8. É interessante percebermos que "em sua primeira intervenção no Concílio (Vaticano II), ainda como Vigário Capitular (Administrador diocesano) de Cracóvia, no dia 18 de outubro de 1963, na 51ª Congregação geral, Karol Wojtyla viu um perigo

de participação da eclesialidade da própria Igreja, isto é, não é um corpo estranho, ao mesmo tempo que mostra o aspecto visível social dessa mesma Igreja.

Com todas estas diferentes visões eclesiológicas quer-se apenas demonstrar uma coisa: *a Igreja é mistério*. Daí não se pode absolutizar esse ou aquele aspecto, embora num determinado momento histórico isso possa se realizar[9]. O mesmo ocorrerá com o Direito Canônico[10]. Em outras palavras, embora o aspecto da Igreja como Povo de Deus seja predominante, encontramos também o aspecto da Igreja como sociedade, como Corpo místico e como sacramento ou instrumento de salvação[11].

2. A Igreja Comunhão e a Igreja Instituição

Não podemos fugir da constatação de que a Igreja é uma "sociedade" e por isso mesmo possui também um caráter institucio-

---

em deixar a eclesiologia societária em segundo plano, e por isso frisava que o Povo de Deus como sociedade já possuía em si todos os meios necessários para a própria santificação e salvação" (FELICIANI, Giorgio. *As bases do Direito da Igreja*. São Paulo: Paulinas, 1994, p. 6 – Comentário do tradutor Pe. Francisco Machado Rocha).

9. "Mas o organismo social da Igreja, sendo um sinal, um instrumento, está a serviço do divino, do qual o elemento humano, organizativo da Igreja, não deve ofuscar ou, por certo, oprimir o elemento humano. Com esse deve sempre manter aquela relação que o próprio Cristo estabeleceu. Toda vez que esta se rompe, ou seja, quando um elemento exorbita de sua função, subjugando a função de outro, se estabelece a crise na Igreja. O milagre da Igreja está propriamente no perdurar, através dos séculos, do recíproco respeito de funções dos dois elementos: o divino e o humano" (BALDANZA, Giuseppe. Op. cit., p. 718).

10. "Certamente o novo Código não é fruto do trabalho de dois ou três canonistas: participaram desse trabalho pessoas pertencentes a diversas escolas; portanto, na melhor das hipóteses encontramo-nos diante de um texto legislativo pouco homogêneo" (LONGHITANO, Adolfo. "Chiesa, diritto e legge nella Cos. Apost. Sacrae Disciplinae Leges". *Mon. Eccl.*, 108, 1983, p. 412).

11. "Se, pelo contrário, queremos referir a linha diretiva da comissão e as ideias dos canonistas que tiveram um lugar destacado na revisão, devemos afirmar que na base do novo código existe uma concepção cristológica-societária da Igreja e normativística do direito" (LONGHITANO, Adolfo. *Chiesa, diritto e legge...* Op. cit., p. 409).

nal, com uma certa estrutura[12]. Assim, pode-se dizer que a Igreja é uma instituição[13], porém especial:

> caracteriza-se a Igreja de ser, a um tempo, humana e divina, visível, mas ordenada de dons invisíveis, operosa na ação e devotada à contemplação, presente no mundo e no entanto peregrina. E isso de modo que nela o humano se ordene ao divino e a ele se subordine, o visível ao invisível, a ação à contemplação e o presente à cidade futura, que buscamos (*SC*, 2).

Em outras palavras, o aspecto institucional e jurídico participa da mesma realidade pneumática da Igreja. Mais ainda, o invisível transcende ao aspecto social, pois na Igreja participamos também da "dimensão triunfante" (a Igreja triunfante, a comunhão dos santos, possui aspecto de sociedade). Assim, "a Igreja, enquanto instituição, se distingue de outras porque a sua organização não é determinada autonomamente pelos seus componentes, mas da vontade de seu fundador" (ibid., p. 48-49)[14]. Isto é, existem ele-

---

12. "Estrutura significa toda e qualquer disposição ou ordem já existente. [...] Falando de estruturas, pensamos imediatamente em organização, em graus de autoridade já estabelecidos, em leis, regras e prescrições. Na realidade, porém, qualquer sistema é uma estrutura: a nossa língua, a nossa habitação, a organização de um edifício, a sociedade e a cultura em que nascemos; tudo isso, e muito mais ainda, são estruturas [...]. Seria ilusão julgar que uma comunidade pudesse subsistir sem alguma estrutura" (VAN BAVEL, Tarcisius Jan. "Pequeno grupo e mundo grande: problemas de estrutura". *Concilium*, 7, 1974, p. 891-893).

13. "Instituição, embora seja um termo muito em uso na linguagem corrente e na ciência jurídica e social, nem sempre vem entendida com um significado claro e unívoco. Do latim *instituere*, se refere em geral a uma ação de instituir, de fundar, de estabelecer qualquer coisa durável. Mas indica também o efeito dessa ação (a coisa instituída, fundada e ordenada de modo estável) e a organização particular que faz de uma pluralidade de pessoas ou de coisas um ente unitário. Dessa linguagem genérica podemos deduzir dois significados fundamentais: um prevalentemente substancial (um ente formado de pessoas ou de coisas, ordenado de modo estável para servir a um certo fim); um outro prevalentemente formal (a organização que permite considerar de modo unitário uma pluralidade de pessoas ou de coisas antes consideradas individualmente ou uma massa sem forma)" (LONGHITANO, Adolfo. *La dimensione istituzionale...* Op. cit., p. 45-46).

14. Sobre a dimensão carismática e institucional da Igreja, cf. CORRAL SALVADOR, Carlos. *DDC*, p. 369-377 [Verbete *Igreja Católica*]; • GHIRLANDA, Gian-

mentos que são "eternos", "imutáveis", embora possam evoluir com o passar do tempo, e outros que têm um aspecto "momentâneo", de uma época[15]. Assim o "episcopado" é algo imutável, embora possa hoje ter uma dimensão mais participativa, de comunhão, "democrática" e não tanto autoritário ou principesco (como na Idade Média). Outra coisa é o instituto do 'asilo' ou dos "benefícios" presentes no Código de 1917 (cf. *CD*, 28, a; *PO*, 20, b e o cân. 1272). Por outro lado, o elemento institucional está a serviço da salvação (cf. cân. 1752), isto é, é relativo e funcional ao elemento carismático. Em outras palavras "a Igreja, enquanto realidade visível e institucional, não pode ser fim em si mesma; está em função da salvação que deve manifestar-se e atuar nos homens" (LONGHITANO, Adolfo. *La dimensione istituzionale*..., p. 50)[16].

Aqui se mostra claramente o aspecto jurídico do Estado e da Igreja. O Estado é uma organização jurídica e somente jurídica.

---

franco. *Introdução ao Direito Eclesial*... Op. cit., p. 112-114). "A Igreja como *communio* não se distingue da Igreja como instituição: ambos os aspectos se referem mutuamente e carecem-se entre si. Mas a Igreja de comunhão e a Igreja institucional – a Igreja inserida na realidade concreta – distinguem-se de uma administração burocrática centralizante da dimensão institucional, quando nessa ocorrem política eclesial míope e pouco inteligente, critérios não evangélicos, arbítrio e agravo à pessoa. Em sua forma fenomênica empírica, a 'Igreja de Deus e de Jesus Cristo' é e permanece fenômeno historicamente equívoco, o que faz parte do estatuto histórico da Igreja enquanto obra dos homens que creem. Sempre que a Igreja aponta ao reino de Deus, deve apontar em suas próprias fileiras também ao conceito bíblico de metánoia ou renovação de vida que nunca está acabada. Sem essa renovação de vida, que sempre se deve retomar de maneira nova, a Igreja deixa de ser um movimento originário de libertação, convertendo-se em instituição de poder que oprime, humilha e faz sofrer pessoas" (SCHILLEBEECKX, Edward. Op. cit., p. 206).

15. "A comunidade eclesial não pode e não deve ser concebida somente como uma ordem constituída, como execução de ordem; a vida da comunidade não pode ser reduzida ao binômio autoridade-obediência [...]. A lei não pode e não deve sufocar a vida da comunidade e de cada um, mas deve promovê-la" (BALDANZA, Giuseppe. Op. cit., p. 720).

16. Há, pois, a necessidade de olharmos para a Igreja não apenas numa relação cristológica, mas também pneumatológica, "no sentido de um laço de aliança entre o Espírito Santo e a instituição eclesial" (cf. CONGAR, Yves M.-J. "O Espírito Santo e o Corpo Apostólico". In: *Introdução ao mistério da Igreja*. São Paulo: Herder, 1966, p. 105-149; citação, p. 136).

Na Igreja existe o elemento jurídico, mas também o pneumático (é o elemento constitutivo). A riqueza da Igreja é regulada também pelo jurídico, isto é, o jurídico é apenas um instrumento que dá forma ao aspecto pneumático[17]. A Igreja é mais que os elementos jurídicos, pois o Espírito Santo não se deixa aprisionar pelas estruturas humanas, embora Ele as utilize. O próprio Papa João Paulo II, na Constituição Apostólica de promulgação do Código, diz:

> torna-se bem claro, pois, que o objetivo do Código não é, de forma alguma, substituir, na vida da Igreja ou dos fiéis, a fé, a graça, os carismas, nem muito menos a caridade. Pelo contrário, sua finalidade é, antes, criar na sociedade eclesial uma ordem que, dando primazia ao amor, à graça e aos carismas, facilite ao mesmo tempo seu desenvolvimento orgânico na vida, seja da sociedade eclesial, seja de cada um dos seus membros (*SDL*, § 16).

E ainda:

> este Código pode, de certo modo, ser considerado como grande esforço de transferir, para a linguagem canonística, a própria eclesiologia conciliar. Se é impossível que a imagem de Igreja descrita pela doutrina conciliar se traduza perfeitamente na linguagem canonística (*SDL*, § 18).

Fazendo-se uma analogia proporcional, se poderia dizer que o Direito do Estado está para o Estado como o Direito da Igreja está para a Igreja. O Estado é uma sociedade, pois tem autor próprio (homens, grupos de uma determinada nação, cidadãos), com um fim específico (o bem comum) e dentro de uma organização (divisão dos poderes, autoridades, órgãos de direção). Mas o que

---

17. "Não existe dúvida que a Igreja cairia numa desordem, ou por certo no caos, se não pudesse contar também sobre uma adequada legislação. Prescindir da instituição seria trair a mensagem de Cristo; como, de outra parte, 'formalizar-se' na instituição seria igualmente uma traição à mensagem evangélica" (BALDANZA, Giuseppe. Op. cit., p. 725).

caracteriza o Estado como tal são as três notas específicas: *ordem suprema* (fim): na sua própria ordem, não existe um superior, pois não há um governo universal de todos os países; daí dizermos que o Estado possui uma ordenação *primária; meios próprios*, para atingir os fins específicos, de maneira independente, plena, não subordinada a nenhuma autoridade. Assim o Estado tem o seu aspecto jurídico não por concessão de nenhuma autoridade (permissão), e ao mesmo tempo dá origem a outros seres jurídicos infraestatais e internacionais; daí dizer-se que o Estado possui uma ordenação *originária*.

Transportando este esquema para a Igreja, pode-se dizer que no seu aspecto de instituição a Igreja é também uma sociedade, embora tenha fins específicos: "a salvação das almas", como diz o Código; também se utiliza meios próprios: os sacramentos. Mais ainda, a Igreja na sua própria ordem possui uma *ordenação jurídica primária* (não recebe de nenhum ser humano o fato de poder existir ou não, mas somente do próprio Cristo (cf. cc. 113 § 1; 747 § 1; 1254 § 1) e também uma *ordenação originária*, pois dá origem e vida a outras instituições jurídicas: congregações, associações, instituições diocesanas... Quanto ao Estado, ele somente existe em função do seu aspecto jurídico. Daí ter que constantemente vigiar para não infringir as leis de sua própria Constituição. Já a Igreja transcende as dimensões jurídicas, por causa do seu elemento pneumático. Assim, numa linguagem mais técnica dizemos que o *Estado est ius* e a *Igreja habet ius*. A Igreja, no seu aspecto jurídico, é apenas um corpo normativo. Ela não é a soma nem a justaposição de dois elementos (pneumático e jurídico)[18]. Quanto ao Estado, embora possua sua or-

---

18. "Isto não significa que dentro de certos limites a Igreja não possa ser tratada e estudada como outras sociedades e ser objeto de experiências e de ciência histórica, sociológica e jurídica" (GHIRLANDA, Gianfranco. *Il diritto civile "analogatum princeps"*..., p. 592).

dem originária e também primária, deve estar baseado em alguns princípios fundamentais[19].

Podemos, pois, dizer que nem a afirmação *ubi societas, ibi ius*[20] nem o positivismo filosófico conseguem dimensionar e avaliar a grandeza da Igreja no seu aspecto jurídico e institucional. "Falta considerar um outro motivo, que em qualquer medida avizinha-se dos canonistas que sustentam a analogia com a 'teologia do Direito': a Igreja é um mistério – se diz muito depois do Vaticano II, portanto, a sua ordem não pode ser definida com um conceito filosófico ou naturalístico do direito, mas é necessário recorrer à teologia" (BALDANZA, Giuseppe. Op. cit., p. 742)[21].

---

19. Essas ideias sobre Igreja e Estado foram tratadas por CASTAÑO, José. Roma, 1986 [apostila]. Ghirlanda afirma: "assim, como sociedade humana histórica visível, a Igreja é uma ordenação jurídica primária autônoma, independente e soberana. Isso significa que ela determina por si mesma sua estrutura jurídica, não é destinatária de normas de outras ordenações e tampouco é condicionada por elas" (GHIRLANDA, Gianfranco. *Introdução ao direito eclesial...* Op. cit., p. 28). Por exemplo, "o dever de cada homem, que entra em relação com um ou mais de seus semelhantes, de respeitar antes de tudo e, sobretudo, a mesma igual dignidade humana; e isto como dever jurídico, como obrigação de justiça e não somente como dever moral, religioso, de costumes ou de interesses socioeconômicos" (LENER, Salvatore. *Il concetto de diritto...* Op. cit., p. 339).

20. "A Igreja certamente tem uma estrutura social por expressa vontade do seu fundador; terá, por conseguinte, sempre necessidade de seu próprio direito. Mas a regra, a função que essa deve exaurir na Igreja – e, por conseguinte, a finalidade da prescrição jurídica, a qualidade dos institutos jurídicos – está sujeita às variações segundo o contínuo desenvolvimento da eclesiologia" (BALDANZA, Giuseppe. Op. cit., p. 721).

21. Sobre a relação entre Eclesiologia e Direito Canônico, cf. o texto da Comissão Teológica Internacional: "Themata selecta de ecclesiologia occasione XX anniversarri conclusionis concilii oecumenici Vaticano II (07/10/1985)". *EV*, 9, 1983/1985, n. 1.668-1.765.

V
História das fontes do Direito Canônico

A História do Direito Canônico, como toda a história, é uma sistematização de fatos e no caso presente, no campo especial do Direito da Igreja. Podemos, pois, distinguir a História do Direito Eclesial ou Canônico em três ramificações: I) A *História das fontes* ou também chamada *Documental*; II) A *História da ciência canônica* como tal; III) A *História das Diversas Instituições Canônicas* (por exemplo: da paróquia, do conselho presbiteral etc.).

Agora nos interessa apenas a *História das fontes da ciência canônica*, que pode ser dividida em: 1) Idade Antiga (*Ius Antiquum*), das origens da Igreja até o Decreto de Graciano; 2) Idade Média (*Ius Novum*), do Decreto de Graciano (1140) até o Concílio de Trento; 3) Idade Moderna (*Ius Novissimum*), de Trento (1563) até o Código de 1917; 4) Idade Atual (*Ius Actuale* ou *Currens*), do Código de 1917 ao atual[1].

---

1. Outros autores dividem em mais partes. Aqui colocamos, de maneira simplificada, as fontes mais importantes. É claro que existem muito mais. Para um maior conhecimento, cf. GHIRLANDA, Gianfranco. *Introdução...*, Op. cit., p. 61-75. Sobre as fontes de Direito Canônico cf.: CESAR DE LIMA, Maurílio. Op. cit., p. 31-169.

1. Idade Antiga (século I até a metade do século XII)

Para melhor entendermos a Igreja no seu aspecto teológico-institucional é imprescindível colocá-la dentro da História de Israel[2]. Ou, no dizer do Papa João Paulo II:

> para responder devidamente (sobre a natureza do Código de Direito Canônico) cumpre recordar o antigo patrimônio de direito contido nos livros do Antigo Testamento e do Novo Testamento, de onde, como fonte primária, emana toda a tradição jurídico-legislativa da Igreja (*SDL*, § 14).

Tal fundamentação está na concepção bíblica da "Aliança" (*foedus*), que existe e que é fonte da concepção jurídico-canônica[3].

Praticamente a História de Israel gira em torno da *lei*. "O termo hebraico *Torah* tem um sentido muito mais amplo e não tão estritamente jurídico como o grego *nomos* com que os Setenta o traduziram. Designa um 'ensinamento' dado por Deus para regular a conduta do Povo de Deus. Aplica-se, antes de tudo, ao conjunto legislativo que a tradição do AT conecta com Moisés" (cf. *Vocabulário de Teologia Bíblica* (*VTB*). Petrópolis: Vozes, 1972, p. 513). Tal acervo de legislação (Código da Aliança – Ex 20,22-23.33) encerra materiais de toda ordem, pois a *Torah* regula a vida do Povo de Deus em diversos aspectos: *prescrições morais*, que se fazem notar particularmente no Decálogo (Ex 20,2-17; Dt 5,6-21),

---

2. "Grande parte dos estudiosos do Direito Canônico afirma a exigência de fundamentar teologicamente a normativa jurídica, conflua no Código de Direito Canônico [...]. De fato, porém, não existe um tratado sistemático fundado sobre o exame crítico dos textos bíblicos, em particular do NT" (FABRIS, Rinaldo. "Alcuni spunti per una fondazione biblica del Diritto Canonico". *Credereoggi*, 35, 1986, p. 19).

3. É um dado indiscutível que a lei, a instituição social e religiosa tem um lugar de destaque nos textos da primeira aliança. Basta recordar nesse sentido que os primeiros cinco livros da Bíblia (o Pentateuco) são designados pelo cânon hebraico de Torah, "lei". Porém, para se evitar equívocos, é necessário precisar que o termo Torah, traduzido como "lei", provém de uma raiz hebraica que significa "revelar" e "ensinar" (FABRIS, Rinaldo. Ibid., p. 20).

prescrições jurídicas, dispersas em vários Códigos, regulam o funcionamento das instituições civis, familiares, sociais (Ex 22,21-27; 23,1-9), econômicas, código de santidade (Lv 11–16; 17–26); *prescrições judiciais, disposições cultuais* (Ex 20,22-26; 22,28-31; 23,10-19) e até *higiênicas* (Dt 23,13-14)[4]. "De tudo isto nasceu um típico modo de vida jurídica e litúrgica ordenada, que deu unidade e coesão àquele povo na sua comunhão com Deus" (João Paulo II. *Discurso de apresentação do Código* (03/02/1983)[5].

Como afirma o Papa João Paulo II: "esse apego à Lei faz a grandeza do judaísmo". Inclui, contudo, também vários perigos. O primeiro é o de pôr no mesmo plano todos os preceitos, religiosos e morais, civis e cultuais, sem coordená-los corretamente em torno daquilo que sempre deveria constituir seu centro (Dt 6,4). Transformando num legalismo minucioso e entregue às sutilidades dos casuístas, o culto da Lei onera os homens com um jugo insuportável (Mt 23,4; At 15,10). O segundo perigo, mais radical ainda, está em basear a justiça do homem diante de Deus não na graça divina, mas na obediência aos mandamentos e na prática das boas obras, como se o homem fosse capaz de justificar a si próprio. Esses dois problemas deverão ser atacados frontalmente pelo NT" (cf. *VTB*, p. 518).

As obras de Jesus, suas palavras e atitudes serão, pois, a norma (tradição) que regerá o "novo Povo de Deus", que é a Igreja[6]. Assim,

---

4. "Observa-se a mesma variedade na formação literária das leis. Certos artigos, de forma casuística (por exemplo, Ex 21,18), pertencem a um gênero comum nos antigos Códigos orientais: o das decisões judiciais de que se originem" (*VTB*, p. 514-515). Para um estudo mais detalhado sobre o assunto, cf. GARCIA LOPEZ, Félix. *O Deuteronômio, uma lei pregada*. São Paulo: Paulinas, 1992 [Coleção Cadernos Bíblicos, vol. 53].

5. Cf. anexo, texto 13. Note-se no Código explicitamente a relação entre *foedus-leges* no que diz respeito ao matrimônio (cf. cân. 1055 § 1; 1057 § 2; 1063 § 4).

6. "No tempo de Jesus a função legislativa é limitada a interpretar a *Torah* com as várias tradições e as diversas escolas rabínicas; a competência executiva é absorvida em parte por Deus próprio com as suas sanções, em parte pelo rei, pelo sinédrio, pelo

são registradas de maneira teológica a "vida e obra" do Mestre. Neste sentido, é necessário pontualizar a relação que São Paulo faz da lei. Inclusive, existe toda uma interpretação no sentido de que na tradição paulina só existiria o "carisma" em oposição à lei.

Pode-se encontrar um antilegalismo por parte de Paulo (Gl 2,15-16; 3,10-12; Rm 3,19-20; 7,1-6), como, simultaneamente, uma valorização da lei (Rm 13,8-10; Gl 3,19-29). Em tudo isso, é importante vermos a extrema flexibilidade na linguagem do Apóstolo, isto "porque Paulo falando da lei (grego *nomos*) tem em mente toda a diversidade de sentidos que pode ter a palavra *Torah* em hebraico. O sentido fundamental de *Torah* não é "preceito jurídico", mas antes "instrução" (VANHOYE, Albert. "Legge, carismi e norme di diritto secondo San Paolo", *Civ. Catt.*, 1985/II, p. 122. • FABRIS, Rinaldo. *Alcuni spunti...* Op. cit., principalmente p. 22-30). Jamais Paulo é contra a *Torah* enquanto revelação, mas sim de um certo entendimento religioso da lei mosaica. "São Paulo polemiza contra a lei mosaica, porque era considerada como meio para construir a própria justiça diante de Deus, como base da justa relação com Deus" (VANHOYE, Albert. Op. cit., p. 123)[7].

Já o Papa João Paulo II afirmava na Constituição de promulgação do Código:

> embora São Paulo, ao falar sobre o mistério pascal, ensine que a justificação não se realiza pelas obras da lei,

---

povo; a atividade judiciária é realizada em modo diverso pelos anciãos das singulares comunidades e pelo sinédrio de Jerusalém" (GIACOBBI, Attilio. "La legislazione della Chiesa lungo i secoli". *Credereoggi*, 35, 1986, p. 120). Mas "em que consiste então o cumprimento da Lei trazida à terra por Jesus? Em primeiro lugar, numa reordenação dos vários preceitos. Esta é bem diferente da hierarquia de valores estabelecidos pelos escribas, que negligenciam o principal (justiça, misericórdia, boa-fé) para salvar o acessório (Mt 23,10-20)" (cf. *VTB*, p. 519).

7. E continua o autor: "o Direito Canônico pode apresentar-se não como a base da vida cristã, mas somente como instituição jurídica que pressupõe a existência da vida cristã, e que regula diversos aspectos de sua manifestação; esse não pretende substituir a graça de Deus com normas jurídicas, nem a fé em Cristo com comportamentos externos" (VANHOYE, Albert. Ibid., p. 124).

mas por meio da fé (Rm 3,28; Gl 2,16), não exclui, contudo, a obrigatoriedade do Decálogo (Rm 13,8-10; 5,13-25; 6,2), nem nega a importância da disciplina da Igreja de Deus (1Cor 5–6) (*SDL*, § 15).

O mesmo se diga a respeito dos "carismas". Paulo acentua a diversidade dos carismas (1Cor 12,4-11), que formam um corpo (1Cor 12,12-30). "Contudo, enquanto são fenômenos extraordinários e milagrosos, não pertencem à essência da Igreja: essa foi constituída institucionalmente sobre os apóstolos e a sua missão. São Paulo coloca o amor acima dos carismas (1Cor 13,13) e regula com autoridade apostólica o seu uso (1Cor 12,3; 14,26-39). Mas, de outra parte, é claro que São Paulo não admitia para a Igreja uma organização privada de inspiração. A Igreja para ele não poderá ser uma grande máquina administrativa. A Igreja é 'Corpo de Cristo' (1Cor 12,27), animada pelo Espírito Santo. Para assumir corretamente qualquer responsabilidade na Igreja, não basta a capacidade humana (2Cor 3,5-6), o sentido da organização das decisões, mas necessita-se da docilidade pessoal ao Espírito Santo" (VANHOYE, Albert. Ibid., p. 128).

Após as disposições normativas que encontramos no Novo Testamento (nas cartas pastorais, Concílio de Jerusalém – Atos dos Apóstolos, cap. 15), aparecem, nos primeiros séculos da Igreja, outras disposições que foram reunidas por diversos autores[8], e que de certa forma são fontes jurídicas[9]. Destas são importantes:

---

8. "A organização disciplinar, na vida social da comunidade apostólica, tem em germe aquelas características que se desenvolverão nas gerações seguintes: doutrinas e regras para conferir a vida em Cristo são determinadas e defendidas pelos apóstolos, sozinhos ou juntos, mas sempre em comunhão de vida" (GIACOBBI, Attilio. Op. cit., p. 32).

9. "Se deve logo recordar que a ordem interna da Igreja tem uma estrutura jurídica que não é somente positiva, isto é, criada pelos homens e, portanto, modificável ao arbítrio com critérios de pura eficiência, mas que é fundamentada sobre a natureza imutável da igreja querida por Cristo. Ele deu à Igreja uma constituição básica, que se pode encontrar no Evangelho, a qual se entende ficar fiel em cada atividade de reforma" (GIACOBBI, Attilio. Op. cit., p. 32).

a) *Carta de S. Clemente Romano aos Coríntios*: é um documento preciosíssimo, não só pela sua Antiguidade (ano 95), e por isso mesmo considerado o primeiro documento no sentido jurídico fora da Bíblia, como porque mostra o ministério do Bispo de Roma no primeiro século e também a sucessão apostólica. A causa dessa carta foi uma confusão surgida na comunidade de Corinto, na qual alguns agitadores substituíram os presbíteros porque não aceitam as suas condutas. Clemente na sua carta mostra o papel do Bispo de Roma de reconstruir a paz, ao mesmo tempo em que convida aos mesmos a fazerem penitência, intimando a comunidade a colocar novamente os presbíteros que foram destituídos (cf. "Coleção Fontes da Catequese", 3. Petrópolis: Vozes, 1971).

b) *Didaqué ou Doctrina duodecim Apostolorum*: não se conhece o autor, escrito provavelmente no início do século II ou no fim do mesmo. Foi descoberta em Constantinopla, em 1883. Consta de três partes: a primeira contém preceitos morais; a segunda parte, preceitos litúrgicos; a terceira trata da hierarquia extraordinária (carismáticos) e ordinária (bispos e diáconos) (cf. "Coleção Fontes da Catequese", 1. Petrópolis: Vozes, 1971).

c) *O pastor de Hermas*: escrito em Roma, talvez entre 140-150. Alguns estudiosos identificam o autor desta obra com o irmão do Papa Pio I. Está dividida a obra em três partes: cinco visões, doze mandamentos e dez "símbolos". Por usar muitas comparações figurativas, não é muito designado na maioria das obras canônicas como sendo um texto jurídico[10].

d) *Tradição Apostólica de Santo Hipólito*: foi escrito em Roma, por volta do ano de 218, em grego. Tinha como objetivo defender a tradição apostólica contra inovações de seu tempo. Consta

---

10. Para este texto do Pastor de Hermas e demais textos citados, pode-se encontrar na obra *Padres Apostólicos* (Clemente Romano, Inácio de Antioquia, Policarpo de Esmirna, O Pastor de Hermas, Carta de Barnabé, Papias e Didaqué). São Paulo: Paulus, 1995.

de duas partes: a primeira (cap. 1–9) é considerada o primeiro ritual romano; a segunda parte (cap. 12–32) trata de vários institutos eclesiásticos, como o catecumenato, o batismo, o jejum e a temperança, a Eucaristia, os cemitérios e sepultura e a oração. Além disso, apresenta como que os diversos ministérios existentes (cf. "Coleção Fontes da Catequese", 4. Petrópolis: Vozes, 1971).

e) *Didascalia dos Apóstolos*: provavelmente compilada na segunda metade do III século (± 250), contém uma síntese completa do direito eclesiástico em vigor. Trata da disciplina, liturgia, hierarquia, assistência, penitência, heresia e questões inerentes à perseguição da Igreja, no momento, bastante intensas.

f) *85 Cânones Apostólicos*: tratam das eleições, ordenação e obrigação dos clérigos. Várias das suas disposições legais parecem depender de sínodos regionais; entretanto, contêm erros de natureza teológico-dogmática, disciplinar e histórica. Parece que foram escritos no ano 400.

É claro que "as normas não são ainda formuladas tecnicamente em cânones, são antes costumes escritos, porém é já toda uma trama de instituições jurídicas que mostram uma organização peculiar na Igreja" (GIACOBBI, Attilio. Op. cit., p. 139)[11].

Não podemos também nos esquecer dos Concílios e Sínodos regionais, que produziram uma farta e ampla legislação canônica.

2. Idade Média (metade do século XII até o século XVI)

É a idade clássica do Direito Canônico, período rico e de grande evolução na teologia, na arte, no direito[12]. Para sistema-

---

11. "Sucessivamente, nos séculos IV-V, a práxis de celebrar periódicos concílios produziram várias séries de cânones, enquanto dos papas mais respeitáveis se conservaram muitas *decretais*; estas normas foram recolhidas em coleções parciais sempre mais complexas e pouco a pouco reorganizadas" (GIACOBBI, Attilio. Op. cit., p. 37).

12. "Com a 'paz constantiniana' nasce uma nova era também para a história do Direito Canônico, que vem colocado por escrito. A Igreja conhece e observa, antes

tizar as leis vigentes para toda a Igreja universal, surgem diversas coleções, como a denominada *Corpus Iuris Canonici*[13]. Tal título foi dado em 1580 pelo Papa Gregório XIII à obra onde apareciam compiladas seis coleções da época. Tinha a influência da antiga publicação jurídica civil romana, feita por ordem do Imperador Justiniano (527-565) e que recebeu o nome de *Corpus Iuris Civilis*, então estudada pelas universidades medievais com grande interesse. As seis coleções são:

a) *Decreto de Graciano* (*Decretum*): João Graciano (Giovanni Graziano), monge (camaldulense) e professor[14] (em Bolonha), terminou sua obra denominada *Concordia discordantium canonum* por volta de 1140-1142. Sua obra tem como objetivo fazer uma compilação coordenada e harmônica das leis[15]. O Decreto de Gra-

---

de tudo, o direito conservado nos próprios arquivos. Ao cuidado responsável do arquivo vai atribuído o mérito de ter-se conservado os cânones e as decretais, que eram notificados às várias igrejas em comunhão, com um sistema análogo àquele da burocracia imperial. Deles recordamos um por todos, Dionísio o Pequeno, monge sírio, arquivista em Roma no ano 500" (GIACOBBI, Attilio. Op. cit., p. 38). Sobre a história das fontes, cf.: GHIRLANDA, Gianfranco. *Introdução...* Op. cit., p. 61-75. • CORRAL SALVADOR, Carlos. *DDC*, p. 125-133 [Verbete *Código de Direito Canônico*].

13. "Nasce no século XI a Ciência do Direito Canônico por causa de diversos fatores: a polêmica da reforma gregoriana, o direito romano reproposto como *jus* (direito) comum pelo império, a aplicação do método escolástico usado nas novas universidades, o estudo monográfico de tema único; formulam-se, assim, as regras de interpretação e a teoria geral das leis canônicas e se distingue o Direito da Teologia" (GIACOBBI, Attilio. Op. cit., p. 41).

14. Praticamente nada sabemos sobre o gênio e o pai do Direito Canônico. Parece que nasceu em Carraria, perto de Ficielle (Orvieto) ou em Chiusi, Toscana. Supõe-se sua morte em 116, ou antes do III Concílio Lateranense (1179) (cf. CESAR DE LIMA, Maurílio. Op. cit., p. 105).

15. "O método que Graciano adotou vai muito além da mera justaposição de textos. [...] Primeiramente apresentou princípios de proposições do Direito (*distinctiones*). Depois, alegou casos práticos (*causae*). Daí deduziu temas jurídicos (*quaestiones*) cuja solução oferece (*capitula* ou *capita*), equivalente aos nossos cânones; em seguida, alegava a indicação das fontes dos textos e um sumário (*rubrica*); depois vinham os próprios textos como argumentos (*auctoritates* ou *decreta*). Por fim, Graciano ajuntou a própria opinião (*dicta*). [...] Ao todo, Graciano e sua equipe investigaram 3.458 textos" (cf. CESAR DE LIMA, Maurílio. Op. cit., p. 106-107).

ciano deu lugar a uma sistematização nova das leis[16]. Ela *não é uma coleção autêntica*, isto é, *oficial*: como coleção nunca recebeu aprovação legal por parte dos papas. As leis que inclui possuem valor enquanto reproduzem os originais de que provêm. Daí chamarmos de *coleção privada*. Todavia, pelo uso principalmente nas universidades, ganhou importância e autoridade[17]. Graciano foi o primeiro a considerar o Direito Canônico como ciência autônoma, sob o plano didático e científico, em relação à teologia prática e moral[18].

b) *Decretais de Gregório IX*: o Papa Gregório IX encarregou São Raimundo de Peñafort, então professor em Bolonha, de preparar uma nova coleção de toda a legislação eclesiástica anterior para lhe dar unidade[19], com poder mesmo para corrigir as leis,

---

16. "O Decreto de Graciano inaugurou uma nova época na evolução do Direito; reuniu o que de mais substancioso havia no assunto: normas, preceitos, dúvidas, sentenças, proposições e soluções; elaborou um sistema jurídico-científico com aplicações práticas; discriminou o Direito Canônico da Teologia, ambos, até então, tratados conjuntamente; fez nascer gêmeas, mas distintas, a ciência e a disciplina canônica, coerentes com o posterior desenvolvimento das leis eclesiásticas" (CESAR DE LIMA, Maurílio. Op. cit., p. 109). Confira o discurso do Papa Pio XII, *Voluistis, praeclari* (29/04/1952), no oitavo centenário do *Decretum* de Graciano. In: *Documentos jurídicos*. À cura de José Luis Gutierrez Garcia. Madri: BAC, 1960, p. 350-363.

17. Para citá-lo nas obras científicas segue-se o seguinte esquema: "Ius generale nomem est; lex autem iuris est species. Ius autem est dictum, quia iustum est. Omne autem ius legibus et moribus constat" (c. 2, D. 2) = cânon 2, distinção 2; "Aurum ecclesia habet, non ut seruet, sed ut eroget et subueniat in necessitatibus [...] Ornatus sacrorum redemptio captiuorum est, et uere illa sunt uasa preciosa, que redimunt animas a morte. Ille uerus est thesaurus Domini, qui operatur quos sanguis eius operatus est" (c. 70, C. 12, q. 2) = cânon 70, Causa 12, questão 2; Outros exemplos: c. 3, D. 7, De Poen. = cânon 3, distinção 7 do tratado sobre a penitência de Graciano (2ª parte); c. 1, D. 47. *De Cons.* = cânon 1, distinção 47, tratado sobre a Consagração (3ª parte).

18. "Entre as várias disciplinas teológicas, a canonística é a primeira a ser emancipada como ciência autônoma. A sua separação da teologia dogmática é comumente colocada na metade do século XIII, no tempo do *Decretum Gratiani* (GEROSA, Libero. Op. cit., p. 47). Os comentadores de Graciano receberam o nome de "decretistas". Entre eles temos Uguccione de Pisa, depois bispo de Ferrara (1190-1210).

19. "Quando, pois, os papas eram também doutores e canonistas, as suas decretais se elevavam acima dos casos particulares a serem decididos e ganhavam uma autoridade universal: fazia-se texto. De fato, no século XII se multiplicaram estes "Decretais": de Alexandre II conta-se quatro mil e de Inocêncio III outros cinco mil. Além disso se celebra o concílio Lateranense, que tomou importantíssimas decisões pastorais e práticas" (GIACOBBI, Attilio. Op. cit., p. 44).

quando elas eram opostas. Foi promulgada em *5 de novembro de 1234*, como *coleção autêntica*, pela bula *Rex Pacificus*[20].

c) *Livro Sexto*: é a coleção de leis posteriores às Decretais de Gregório IX e, como essas, estavam divididas em 5 livros. A nova coleção recebeu o nome de Livro VI das Decretais. Foi promulgada pelo *Papa Bonifácio VIII*, a *3 de março de 1298*[21].

d) *Constituições Clementinas*: são as Decretais de Clemente V; a publicação foi feita por João XXII, no dia *25 de outubro de 1317*, como *coleção autêntica*[22].

e) *Extravagantes de João XXII*: foi-lhes dado esse nome por não encontrar-se em nenhuma das coleções anteriores. É uma *coleção privada*. Contém 20 Decretais de João XXII (1316-1334)[23].

f) *Extravagantes Comuns*: é formada de Decretais de vários papas até 1498, não incluídas nas coleções anteriores. É também uma *coleção privada*. As duas últimas coleções seriam organizadas por João Chappuis (1500-1503). Reúnem mais de 70 Decretais, de Urbano IV (1261-1264) a Sisto IV (1471-1484)[24].

3. Idade Moderna (do século XVI até o século XIX)

Os séculos XIV e XV são épocas de profundas mudanças e crises que se interligam na cultura, na política, na disciplina eclesiástica. É

---

20. Cita-se da seguinte forma: "Omnibus servis Dei venationes et silvaticas vagationes cum canibus, et accipitres aut falcones interdicimus" (c. 2, X, V, 24 = cânon 2, *Decretais* de Gregório IX, livro V, título 24).
21. Cita-se do seguinte modo: c. 13, VIº, V, 2 = cânon 13 do *Livro Sexto de Bonifácio VIII*, Livro V, Título 2.
22. Cita-se do seguinte modo: c. 1, Clem., III, 1 = cânon 1, *Clementinas*, Livro III, Título 1.
23. Cita-se do seguinte modo: c. 1, *Extrav. Ion.*, XXII, VI = cânon 1, *Extravagantes de João XXII*, Título VI.
24. Cita-se do seguinte modo: c. 4, *Extrav. Com.*, III, 2 = cânon 4, *Extravagantes Comuns*, Livro III, Título 2.

o período do Cisma do Ocidente, do absolutismo real, da reforma e da contrarreforma. Nasce também a diplomacia pontifícia, com legados e núncios.

Neste período temos o Concílio de Trento (1545-1563) com as 25 sessões que se destinam também à reforma disciplinar. Estas sessões do Concílio são conhecidas sob a designação de "De Reformatione". Grande parte da legislação de 1917 tem como fonte direta e imediata (400 anos separam o Concílio do Código!) esse concílio, que marcou decididamente a vida da Igreja nesses últimos séculos[25].

Também ao longo desse período não faltaram aqueles que negavam, sobretudo dentro do pensamento da reforma, não só a necessidade da Igreja ter um Direito próprio, mas até da impossibilidade prática e teológica, pois se estaria contra a própria natureza da Igreja, entendida como "realidade espiritualista"[26]. Tal posição foi bem acentuada por Rudolph Sohm[27], teólogo protes-

---

25. "Diz-se que o Concílio de Trento deu um espírito pastoral ao direito dos decretais [...]. Característica foi a centralização e a uniformidade da reforma através das leis do papa e do controle da Cúria" (GIACOBBI, Attilio. Op. cit., p. 50). São muitas as publicações sobre o Concílio de Trento; cf., por exemplo, ALBERIGO, Giuseppe. "O sentido do Concílio de Trento na história dos concílios". *REB*, 58, 1998, p. 543-564.

26. A "contraposição entre lei e Evangelho, que tem sua origem no insanável dualismo entre *ecclesia abscondita* ou *spiritualis* e *ecclesia universalis* ou *visibilis*, impede a teologia protestante de reconhecer no Direito Canônico – tido como elemento humano cuja realidade eclesial não pode prescindir completamente – qualquer valor salvífico" (GEROSA, Libero. Op. cit., p. 11).

27. "A fragilidade da fé humana acreditou de poder garantir a permanência da Igreja de Cristo através de meios humanos, com colunas e as traves de madeira de uma ordenação jurídica humana [...]. O Direito Canônico, assim, demonstrou ser em todas as partes como um ataque à essência espiritual da Igreja [...]. A natureza da Igreja é espiritual, a natureza do direito é mundana. A natureza do Direito Canônico está em contradição com a natureza da Igreja" (SOHM, Rudolf. *Kirchenrecht – I*: Die geschichtlichen Grundlagen. Leipzing, 1892, apud GEROSA, Libero. *Diritto Canonico* – Fonti e metodo. Milano: Jaca Book, 1996, p. 11). Rudolf Sohm nasceu a 29 de outubro de 1841 em Rostock e morreu a 16 de maio de 1917, em Lipsia. Foi professor na Universidade de Gottinga e Friburgo (1870), Strasburgo (1872) e Lipsia (1887). Escreveu várias obras no campo jurídico e em especial sobre a relação entre a Igreja e o Estado. Fez parte também da Comissão de estudos do Código Civil alemão (1891-1896). Para um aprofundamento da influência de Sohm no Direito Canônico, cf. CONGAR, Yves. "R. Sohm nous interroge encore". *Rev. Sc. ph. th.*, 57, 1973, p. 263-294.

tante, que influenciou até mesmo o campo de reflexão da Igreja Católica e ajudou a manter a distinção já feita por Lutero da Igreja visível-invisível[28].

Todavia, após Trento, aumenta sempre mais a atividade da Cúria Romana com os seus diversos dicastérios (Congregações, Tribunais e Ofícios)[29]. Estes, em nome e com a autoridade papal, emanam diversos documentos sobre vários assuntos, documentos esses não apenas exortativos, mas contendo verdadeiras normas jurídicas.

Assim, já no Concílio Vaticano I (8 de dezembro de 1869 a 20 de outubro de 1870) tenta-se uma nova reforma disciplinar. Queria-se que na Igreja houvesse também um Código, no sentido exato do termo, semelhante aos que existiam nas diversas nações. Contudo, isso não ocorreu, por causa da guerra franco-alemã.

4. Idade Atual (século XX)

Se no Concílio Vaticano I se sente a necessidade de uma organização nas leis, nos anos seguintes a situação torna-se cada vez mais dramática. O exemplo do Código napoleônico estimula as

---

28. "A sua tese é assim expressa: 'A essência do direito está em contradição com a essência da Igreja'. A Igreja é uma organização puramente carismática e não jurídica, um mistério visível no qual age somente Deus, através da sua palavra, que se impõe à livre aceitação do homem somente graças à sua força interior. Portanto, não pode tolerar nenhum direito que tenha um valor formal, isto é, obrigatório. O ordenamento jurídico do Estado é necessário, porém, para a vida temporal, não para a salvação. A conclusão a que chega R. Sohm se explica somente a partir de suas premissas: uma concepção positivista do direito" (LONGHITANO, Adolfo. *La dimensione istituzione...* Op. cit., p. 58). "Hoje, como ontem para Sohm, este duplo engano metodológico é o resultado de um espiritualismo eclesiológico e de um positivismo jurídico. O espiritualismo eclesiológico, que concebe a Igreja essencialmente como obra exclusiva do Espírito Santo [...]. O positivismo jurídico, pelo qual não existe outro Direito senão aquele univocamente concebido da experiência jurídica do Estado" (GEROSA, Libero. Op. cit., p. 13-14).

29. Somente Sisto V criou 15 dicastérios na Cúria Romana no dia 22 de janeiro de 1533 através da Constituição Apostólica "Immensa Aeterni Dei".

outras nações e também a Igreja a codificar sua legislação, somados às necessidades práticas.

Assim, poucos meses após sua eleição São Pio X (1903- 1914), mais precisamente no dia 19 de março de 1904, pelo Motu Proprio *Arduum sane munus*, decide proceder à codificação das leis. Para tal evento, foi designado para presidir a Comissão o Cardeal Gasparri. Com a ajuda de vários bispos e recolhidas as suas opiniões, foi promulgado o Código pio-beneditino por *Bento XV* (27/05/1917), através da bula *Providentissima mater ecclesia* e passou a vigorar a 19 de maio de 1918[30].

O Código de 1917 divide-se em 5 livros, seguindo como fundamento central, o direito romano: normae generales, de personis, de rebus, de processibus, de delictis et poenis. Contém 2.414 cânones. É um Código somente para a Igreja latina.

Com a entronização do Papa João XXIII, se inicia uma nova etapa da História Eclesiástica. Em *25 de janeiro de 1959*, João XXIII faz uma convocação geral para a celebração de um Concílio Ecumênico; simultaneamente, anuncia seu desejo de realizar uma revisão do Código de Direito Canônico e de um sínodo para a Igreja de Roma. Em 28 de março de 1963, vem instituída, assim, a *Comissão Pontifícia para a Revisão do Direito Canônico*, que na

---

30. "Os anos nos quais foi preparado e promulgado o Código de 1917 não foram certamente pacíficos para a Igreja; basta pensar no modernismo, condenado por Pio X em 1907, isto é, três anos após o início dos trabalhos de codificação. O modernismo colocou não poucas interrogações sobre o modo de entender a natureza e a missão da Igreja, o poder da hierarquia, o sentido e o valor do direito e da lei [...]. No campo eclesiológico e jurídico se consolidou, portanto, a doutrina que considerava a Igreja como *societas inaequalis* (sociedade desigual) e como *societas perfecta* (sociedade perfeita) e o direito como norma emanada pela autoridade eclesiástica por força do poder de jurisdição recebido de Cristo" (LONGHITANO, Adolfo. *Chiesa, Diritto e legge...* Op. cit., p. 402). Cf. tb. NAZ, R. *Dictionnaire de Droit Canonique*. Paris: Letouzey et Ané, 1949 [Verbete *Droit Canonique*, col. 1446-1485, e verbete *Codex Juris Canonici*, col. 909-940]. • TOCANEL, Petrus. *Dictionarium Morale et Canonicum*. Vol. II [Verbete *Ius Canonicum*, p. 865-872].

verdade só começou a atuar após o término do Concílio[31]. Foram criados 14 grupos de consultores que tinham como missão estudar as diversas partes do futuro Código. Vindo a falecer durante o Concílio, o novo Papa Paulo VI é escolhido, cabendo também encerrar o Concílio iniciado pelo seu predecessor e continuar os trabalhos da codificação.

Na primeira reunião com a comissão (20 de novembro de 1965), o Papa Paulo VI particulariza cinco pontos que considera importantes: a) A Igreja é um corpo social que tem necessidade de leis; b) Concepções errôneas do Direito da Igreja; c) O poder da Igreja; d) Revisão do Direito Canônico no espírito do Concílio; e) Direito Canônico latino e o das Igrejas orientais (Alocução de Paulo VI (20/11/1965)[32].

O presidente da Comissão foi inicialmente o Cardeal Pedro Ciriaci (28/03/1963 a 30/12/1966) e posteriormente o Cardeal Péricles Felici (†22/03/1981). Durante todo o tempo de trabalho participaram 105 cardeais, 77 arcebispos e bispos, 73 presbíteros seculares, 47 presbíteros religiosos, 3 religiosas e 12 leigos dos 5 continentes e de 31 nações. Do Brasil, participaram o Cardeal D. Jaime de Barros Câmara (Rio de Janeiro) e D. Agnello Rossi (na época Prefeito para a Evangelização dos Povos), o Cardeal D. Eugênio de Araújo Sales (Rio de Janeiro), o atual Cardeal D. José Falcão (então arcebispo de Teresina), além dos Pe. José de Castro Nery, Mons. José Maria Tapajós e Pe. Tarcísio Ariovaldo Amaral, C.SS.R. Em 29 de junho de 1980 estava pronto o chamado *Schema Codicis Juris Canonici*. O Papa João Paulo II então pede para

---

31. Na verdade, foram três as fases de reforma que o Código de Direito Canônico passou: a) De 1965 a 1977 para preparar os esquemas, que foram enviados aos bispos, conferências episcopais, universidades e outros organismos de consulta; b) Reelaboração dos esquemas num único projeto, levando-se em conta as respostas recebidas. Já em junho de 1980 estava pronta esta parte; c) Em outubro de 1981 (com 74 membros) a Comissão Plenária dos cardeais aprovou que o texto fosse entregue ao papa (22/04/1982), completando-se, assim, a 3ª fase. Logo após, o papa assume o terceiro esquema para estudo pessoal e com um grupo de especialistas por ele mesmo escolhido, completa a quarta e última revisão.

32. Cf. anexo, texto 7.

que seja feita uma nova análise do *Schema*; este é então estudado por um grupo, formado por Cardeais da então Comissão e de 36 novos membros. O texto revisto é impresso; o próprio papa estuda-o pessoalmente ajudado por mais 7 peritos. Uma última Comissão, agora pequena (3 cardeais e 1 arcebispo) dão os últimos detalhes. Com a *Constituição Apostólica Sacrae Disciplinae Leges*, de 25 de janeiro de 1983, é promulgado o atual Código de Direito Canônico da Igreja latina, entrando em vigor no primeiro Domingo do Advento daquele ano, isto é, *27 de novembro de 1983*[33].

E as Igrejas Orientais (católicas) com ritos, tradições e com disciplinas próprias seriam, então, obrigadas a seguir a mesma legislação codificada para a Igreja latina?

A Codificação do Direito dos Orientais, que já fora discutido no Vaticano I, foi se tornando realidade no pontificado de Pio XI (1929). Já em 1943 temos um primeiro esboço e em 1945 é impresso para uso interno. Foram, aos poucos, sendo promulgadas partes do Código: Motu proprio *Crebrae allatae sunt* (22/02/1949, sobre o matrimônio), Motu proprio *Sollicitudinem nostram* (06/01/1950, sobre os julgamentos), Motu proprio *Postquam apostolicis* (09/02/1952, sobre os religiosos e bens temporais), Motu proprio *Cleri sanctitati* (02/06/1957, sobre os ritos e as pessoas). Com a morte de Pio XII (9 de outubro de 1958) também cessam os trabalhos. Em 10 de junho de 1972, era criada por Paulo VI a Comissão Pontifícia para a revisão do Código Oriental. Mas foi o *Papa João Paulo II* (18 de outubro de 1990) quem promulgou o *Codex Canonicum Ecclesiarum* Orientalium (*CCEO*)[34].

---

33. Para uma história mais completa, cf. D'OSTILIO, Francesco. *La Storia del nuovo Codice di Diritto Canonico:* Revisione – Promulgazione – Presentazione. Città del Vaticano, 1983.

34. No discurso pontifício de 27 de outubro de 1990, o papa pede que seja estudado de maneira comparativa o CIC e o *CCEO* (cf. *L'Osservatore Romano*, 27/10/1990, p. 4). É muito interessante a comparação feita pelo papa em relação aos dois Códigos, são como que dois pulmões (Oriente e Ocidente) da Igreja de Cristo (cf. *Sacri Canones*, 18/10/1990. In: *EV*, 12, 1990, n. 516).

O atual Código das Igrejas Orientais possui 1.546 cânones distribuídos em 30 títulos[35]. Com este Código se legisla para 5 tradições litúrgico-disciplinares diferentes, que nasceram em Alexandria, Antioquia, Armênia, Caldeia e Constantinopla[36]. "Diversamente do CIC, que é o Código de uma Igreja singular, a Igreja latina, o *CCEO* não é um Código da Igreja Oriental (no singular), mas o Código comum para *21 Igrejas Católicas Orientais*" (GEROSA, Libero. Op. cit., p. 42)[37].

---

35. Embora se devam guardar as diferenças, comparando o CIC (Igreja latina) e o *CCEO* (Igrejas orientais), pode-se notar alguns avanços feitos pelo *CCEO*; o espaço reservado à missão (título 14 do *CCEO*) e ao ecumenismo (título 18) é mais detalhado. "Sob o aspecto material se pode notar [no *CCEO*] uma visão mais teológica e bíblica do matrimônio como aliança (cân. 776), um maior equilíbrio entre poder pessoal e poder colegial, uma especial valorização dos religiosos, mas também dos teólogos (cân. 606). A partir desses acentos particulares é legítimo perguntarmos se o *CCEO* não constitui uma alternativa católica ao CIC" (GEROSA, Libero. Op. cit., p. 44).

36. Sobre o Código Oriental, cf. VELA SÁNCHEZ, Luís & HORTAL, Jésus. *DDC*, p. 270-273 [Verbete *Direito Oriental*]. Respeitando as diversas Igrejas Orientais, o *CCEO* remete 150 vezes para o direito particular, próprio de cada Igreja.

37. As 21 igrejas estão assim distribuídas: a) Tradição Alexandrina: rito cópta e etiópico; b) Tradição Antioquena: rito siríaco, maronita e sírio-malankarense; c) Tradição Armena; d) Tradição Caldaica: rito caldeu e sírio-malabarense; e) Tradição Constantinopolitana ou Bizantina: rito albanês, bielo-russo, búlgaro, grego, húngaro, ítalo-albanês, iugoslavo, greco-melquita, romeno, russo, eslavo, ruteno e ucraniano. Cf. tb.: "Igrejas de Rito Oriental". *Comunicado mensal da CNBB*, 1995, p. 1971-1973.

VI
Orientações para a leitura do Código atual

1. A sistematização do Código e seus questionamentos

O Papa João Paulo II, na qualidade de legislador, deixou claro na Constituição que promulgou o atual Código que este tem como princípio básico o Concílio Vaticano II:

> se se perguntar por que João XXIII percebera a necessidade de reformar o Código em vigor, talvez a resposta se encontre no próprio Código promulgado em 1917. No entanto, existe outra resposta, que é mais importante: a reforma do Código de Direito Canônico parecia claramente exigida e desejada pelo próprio Concílio, cuja maior atenção se tinha voltado para a Igreja (*SDL*, § 3).

Se há uma consequência lógica no tempo, pois o Concílio antecede ao Código, há também uma consequência importantíssima quanto à sua interpretação. Em outras palavras, o Código deverá ser lido à luz do Concílio e não inversamente. Como muito bem se acena no prefácio (cf. *SDL*, § 10):

> primeiramente, não se tratava apenas de nova ordenação das leis, como se fizera na elaboração do Código Pio-benedinino, mas também e, principalmente,

de uma reforma das normas que se deviam adequar à nova mentalidade e às novas necessidades, muito embora devesse o direito antigo fornecer o fundamento. Em seguida, nesse trabalho de revisão, se deveriam ter, diante dos olhos, todos os Documentos e Atas do Concílio Vaticano II.

Querer ler o Concílio com os olhos fixos no Código é limitar a ação do Espírito[1]. A união entre o Código e o Concílio é também bem expressa no discurso de apresentação do Código pelo papa (cf. João Paulo II (03/22/1983))[2].

Um segundo aspecto a ser considerado trata da relação entre o Código da Igreja Latina e das Igrejas Orientais. Amadureceu durante os esquemas, a ideia de uma única lei que resumisse a própria essência da Igreja, fosse como que a "carta constitucional da Igreja". Essa começou a ser denominada *Lex Ecclesiae Fundamentalis* (*LEF*). Assim, ambas as igrejas (ocidental e oriental) teriam como base essas normas, para que, à luz delas, cada uma concretizasse, segundo suas tradições específicas, os diversos institutos jurídicos[3]. Tal *LEF*, na visão de Paulo VI, faria o papel de

---

1. No discurso de 3 de fevereiro de 1983 feito por Dom Rosalio Lara, ele diz que foram dois os critérios fundamentais para a reforma: "o primeiro [critério] é a fidelidade ao Concílio, onde se procurou traduzir, o mais fiel possível, as normas jurídicas [...]. Não se pensou aprisionar o Concílio em fórmulas jurídicas. Os documentos conciliares de caráter doutrinal conservam todo o seu valor e vigor; porém, depois se deve ter presente que documentos conciliares e Código, Teologia e Direito, pertencem a gêneros literários muito diferentes, e cada um deve permanecer fiel à própria peculiaridade. O Direito Canônico, como todos sabem, se apoia sobre a Teologia, que o fundamenta e justifica as prescrições. Não pode existir contraste entre eles, mesmo que se trate de duas disciplinas diversas [...]. O outro critério [segundo], não menos importante, é a fidelidade à tradição jurídico-legislativa da Igreja" (D'OSTILIO, Francesco. *La storia del nuovo Codice di Diritto Canonico* – Revisione, promulgazione, presentazione. Città del Vaticano: Libreria Editrice Vaticana, 1983, p. 84-85).

2. Cf. anexo, texto 13.

3. Sobre o assunto, cf. CORRAL SALVADOR, Carlos. *DDC*, verbete "Lei fundamental da Igreja", p. 438-442. O primeiro texto da *LEF* foi apresentado aos bispos em 1971. Posteriormente foi feito um segundo texto.

"ponte" entre a Teologia e o Direito (PAULO VI, Audiência aos Congressistas Internacionais de Direito Canônico (19/01/1970) – Cf. anexo, texto 8):

> antes de tudo, veremos surgir desta introspeção místico-ética da Igreja uma necessidade, de que a Igreja tem de se definir numa *Lex Fundamentalis*, que a Teologia, mais ainda que o Direito, tem aprofundado, e que, ao ser formulada em cânones explícitos, resolveria, ou ao menos suscitaria muitas e graves questões relacionadas com a vida católica no nosso tempo.

As ideias de Paulo VI trouxeram muitos debates e versavam duas questões: é possível ter na Igreja uma Constituição, uma "Carta Constitucional"? E, caso positivo, somente deve conter leis de direito divino ou também de direito eclesiástico? Para responder a tais perguntas, é necessário ver o que se entende por "Carta Constitucional".

Pode-se entender por esse termo, dentro de um quadro tríplico de referência: *sentido sociológico*: são todos os elementos fundamentais da ordem social e do poder; *sentido político*: são as estruturas, organizações de uma sociedade e que inclui a forma de governo; *sentido jurídico*: são os fundamentos de todas as outras leis; as leis integrativas não podem contradizer a Constituição e apenas elas aplicam as leis constitucionais às diferentes realidades.

Além do mais, as finalidades de uma "Constituição" são: a) Organizar uma sociedade; b) Justificar e legitimar os diversos poderes; c) Assinalar as diversas funções; d) Converter o poder sociológico em poder político; e) Determinar o modo de entrar e de sucessão de quem está no poder; f) Equilibrar a relação dialética de tensão entre as diversas forças; g) Fundar e tutelar os direitos dos cidadãos. Aplicando-se esses princípios à Igreja, pode-se dizer que ela possui uma estrutura, ao mesmo tempo em que também tem leis (princípios dogmático-constitutivos). As duas correntes significativas possuíam variações: *negação de uma lei fundamental*: isso por causa do aspecto carismático da Igreja; é impossível recolher esses elementos e também não é necessário, já que estão presentes no Código e na Tradição; *é possível uma lei fundamental*: porém, não é conveniente ou não é necessário; ou se é possível e conveniente, deve ter apenas elementos de direito divino; ou apenas alguns elementos; ou ainda também elementos de direito eclesiástico.

Certo é que, na revisão final do Código, tais "leis fundamentais", como bloco, não foram aprovadas; o Papa João Paulo II, em março de 1981, não aceitou tal proposta. Todavia, foram incorporadas em diversas partes do Código. Basicamente são cânones que falam "dos direitos dos fiéis" (cân. 204-223), "dos leigos" (cân. 224-231), bem como os cânones introdutórios do múnus de ensinar (cân. 747 e seguintes).

Na sistematização do Código, além dos dois aspectos apontados para uma devida interpretação (isto é, o Concílio e a Lei Fundamental), é importante observarmos também a própria orientação sistemática dos diversos temas. Assim, dentro do sistema organizativo se podem perceber a evolução do Código anterior e o atual. Basicamente os esquemas são:

Código de 1917[4]

I – *Normas gerais*

II - *Das pessoas*

Os clérigos em geral
Os clérigos em particular (hierarquia)
Os religiosos
Os leigos
As associações de fiéis

Código de 1983[5]

I – *Das normas gerais*

II – *Do Povo de Deus*

Fiéis
Leigos
Ministros sagrados
Prelatura pessoal

Associação de fiéis
Hierarquia
Vida Consagrada

---

4. As críticas ao Código de 1917, feitas principalmente durante o Concílio, foram muitas: "se lamentava o excessivo centralismo romano e a mentalidade juridicista, se desejava dar um fundamento teológico às normas eclesiais; refutava-se a introdução do direito profano na vida da Igreja; queria-se mais ágil e eficaz o sistema judiciário e a proteção dos direitos pessoais; enfim, se considerava superado o sistema de benefícios eclesiásticos e, em geral, o modo como era colocado o problema econômico na Igreja" (DAL LAGO, Luigi. "Dal vecchio al nuovo codice". *Credereoggi*, 35, 1986, p. 56. • GEROSA, Libero. Op. cit., p. 33).

5. As características do Novo Código são: "a) Um marcado acento teológico [...]; este acento aparece claro a partir da crítica feita por alguns juristas civis, segundo os quais o código é 'um tratado espiritual mais que uma rigidez normativa'. De outra parte, para quem lamenta que exista pouca teologia, se deve recordar que o código é um texto legislativo e não um compêndio de teologia; b) Uma tendência à descentralização, aplicando o assim chamado princípio de subsidiariedade e o respeito pela autonomia das igrejas particulares: existem mais de 700 (cânones) reenviando ao direito particular [...]; c) Uma tendência à valorização dos leigos; d) Uma atenção ao ecumenismo; e) Uma dimensão de pastoralidade; f) Uma maior simplicidade e clareza [...]; antes o Direito Canônico tinha a tendência a invadir tudo e a fixar norma sobre cada detalhe da vida eclesial, enquanto agora iniciou-se uma nova fase de maior largueza e elasticidade" (DAL LAGO, Luigi. Op. cit., p. 66-68). Como curiosidade, o Livro II foi o que mais obteve consultores (63 pessoas), seguido depois do Livro IV (49 consultores); por sua vez também é o Livro II a parte do Código que mais exigiu número de horas de trabalho (1860 horas) e o Livro IV (1440 horas) (cf. D'OSTILIO, Francesco. Op. cit., p. 36).

III – Das coisas
Os sacramentos
Os sacramentais
Os lugares e tempos sagrados
Os dias de festa
Os dias de penitência
O culto divino
O magistério eclesiástico
Os benefícios
Os benefícios eclesiásticos

IV – Dos processos
Os juízos
As causas de beatificação e de canonização

VI – Dos delitos e das penas

Total: 2.414 cânones

III – Do múnus de ensinar da Igreja
IV – Do múnus de santificar da Igreja
Os sacramentos
Outros atos de culto
Lugares e tempos sagrados

V – Dos bens temporais da Igreja

VI – Das sanções na Igreja

VII – Dos processos

Total: 1.752 Cânones

Para a sistematização do novo Código, foram apresentados diversos esquemas, que por sua vez sofreram grandes críticas. Uma dessas propostas estava em seguir a sistematização da *Lumen Gentium*: livro I (Os fiéis e o seu estado na Igreja); livro II (O múnus de ensinar); livro III (O múnus de santificar); livro IV (O múnus de reger); livro V (O múnus patrimonial); livro VI (O direito disciplinar).

Outra opinião seria uma sistemática sacramentária: 1º livro (Batismo/Crisma): Estado dos fiéis, em particular dos leigos e religiosos; 2º livro (Ordem): A estrutura hierárquica; 3º livro (Eucaristia): Bens patrimoniais; 4º livro (Penitência): Direito Disciplinar e processos; 5º livro (Enfermos); 6º livro (Matrimônio) e família.

Assim, Jean Beyer dá o seu parecer: "como se pode observar, o novo Código não escolheu os três múnus como divisão dos três livros principais. Sabemos por quais razões não foi mencionada a função de governo: o Código era expressão de tal competência pastoral. Todavia, a Lei fundamental havia seguido aquela divisão e não se vê por que o Código não poderia fazê-lo. Ao invés de mencionar somente duas funções, seria melhor não conservar nenhuma. A outra proposta, aquela do 'sistema sacramentário', não parece melhor. Tinha como base os dois elementos: a palavra e o sacramento. O sacramento fundamental era o Batismo, mas a fórmula não se referia aos outros sacramentos" (BEYER, Jean. *Dal Concilio al Codice*. Bologna: Dehoniane, 1984, p. 103).

2. Os dez princípios que nortearam a revisão do Código

A equipe central dos consultores, para que todas as comissões tivessem uma linha única de trabalho, resolve elaborar alguns princípios orientadores para a revisão do novo Código. Após a aprovação da comissão cardinalícia, depois de consultado o Papa

Paulo VI e por disposição explícita dele, é apresentado no primeiro Sínodo dos Bispos (30 de setembro a 4 de outubro de 1967) os 10 princípios. Se esses "princípios" foram os marcos usados para a codificação, também serão de grande ajuda para se entender o novo Código, bem como para interpretá-lo.

1º princípio – Pode-se subdividir em dois aspectos que se completam: *a) A índole jurídica do código deve permanecer*: embora tenha sido incorporado à *LEF*, que possui uma formulação mais teológica, permanece o aspecto jurídico. Basta constatar o livro I (Normas Gerais), o livro VII (Dos Processos), o livro VI (Das sanções na Igreja) e o livro V (Dos Bens Temporais – pelo menos alguns aspectos). Pela sua característica peculiar, o menos jurídico seria talvez o livro II (Do Povo de Deus); *b) A finalidade do Código seja conduzir à salvação eterna*: o direito deverá ser apenas um instrumento (como a Igreja o é) (cf. cân. 210; 748 § 2; 843 § 1 etc.).

2º princípio – *Evitar o conflito entre o foro interno e externo*: é uma dedução que emerge da eclesiologia do Vaticano II. Basta observarmos as mudanças que existem entre o antigo e o novo Código, especialmente no campo do direito sacramental e do direito penal (cf. cân. 37; 64; 74; 130; 142 § 2; 982; 984; 1079 § 3; 1387; 1388 etc.).

3º princípio – Também aqui podemos subdividir em dois aspectos distintos: *a) Leve-se em conta não só a justiça, mas a caridade, temperança, humildade, moderação, como característica da cura pastoral*: é sem dúvida um grande avanço do atual Código. O Concílio assim descreve estas características:

> o ministério dos bispos consiste em ensinar todos os povos e pregar o Evangelho a toda criatura, a fim de que os homens todos, pela fé, pelo Batismo e pelo cumprimento dos mandamentos, alcancem a salvação (*LG*, 24, a).

Todavia,
> como é dever da Igreja estabelecer o diálogo com a sociedade humana na qual vive, é principalmente tarefa dos bispos irem ao encontro dos homens, procurarem e promoverem o diálogo com eles. A fim de que sempre andem unidas a verdade e a caridade, a inteligência e o amor; este diálogo de salvação se distinga pela perspicácia da palavra e, simultaneamente, pela humildade e afabilidade, e, ao mesmo tempo, pela devida prudência unida, contudo, à confiança, porquanto esta, ao favorecer a amizade, se destina a unir os ânimos (*CD*, 13, b).

E ainda:
> no exercício de seu ofício de pai e pastor, estejam os Bispos no meio dos seus como quem serve. Sejam bons pastores que conheçam suas ovelhas; pois também elas os conhecem. Verdadeiros pais, em espírito de dileção e solicitude se consomem por todos (*CD*, 16, a).

Assim, os bispos, como os primeiros responsáveis da Igreja, têm a obrigação de serem "solícitos com todos os fiéis" (cf. cân. 383; 384; 398 etc.), o mesmo ocorrendo com os párocos (cf. cân. 529 § 1; 978; 979). *b) Evitar normas rígidas e, onde possível, se recorra de preferência à exortação e à persuasão*: no próprio modo de redigir muitos cânones se sente isso (cf. cân. 781; 785; 795). Geralmente usam-se fórmulas impessoais: "sejam educados", "tenham estima", "procure-se". Diferentemente se aplica também a fórmula imperativa: "compete", "tem o dever", "tem a obrigação".

4º princípio – Revisão do sistema de faculdades dadas aos bispos. Já que os bispos possuem a "índole e o caráter colegial da ordem episcopal, em vínculo de comunhão entre si e com o bispo de Roma" (*LG*, 22, a), as faculdades que historicamente passaram para o papa ao longo dos séculos deveriam ser revistas; é o desejo expresso no Concílio: "concede-se a todos os bispos diocesanos a faculdade de dispensar, em casos particulares, de uma lei geral da Igreja aos fiéis sobre os quais, segundo a norma do direito, têm autoridade, sempre que julgarem que isto contribua ao bem espiritual deles a não ser que tenha sido feita especial reserva pela Suprema Autoridade da Igreja" (*CD*, 8, b)[6].

5º princípio – Princípio de subsidiariedade enquanto descentralização do poder decisório: Talvez o melhor resultado produzido pelo novo Código seja a tentativa de deixar e dar margem às diferentes realidades eclesiais. Tal sintoma é percebido quando se legisla e define-se o papel das Conferências Episcopais (cân. 447), embora seu poder esteja limitado (cân. 455 § 1). Mesmo assim, as suas atribuições são grandes (FEITOSA, Antonio. Ibid., p. 111-113)[7]. Contudo, existem impasses a serem vencidos. Basta percebermos a tensão que aparece quando se discute a função dos bispos e a competência das Conferências Episcopais. Outra coisa importante observamos nos dois cânones (cân. 12 e 13) que abordam a relação entre leis universais e leis particulares. Evitando-se o centralismo, o Vaticano II faz a seguinte afirmação:

> como vigários e legados de Cristo, os bispos governam as Igrejas particulares que lhes foram confiadas, com conselhos, exortações, exemplos, mas também com autoridade e com o sacro poder (*LG*, 27, a).

Portanto,

> não devem ser [os bispos] considerados como vigários do Romano Pontífice. Seu poder não é diminuído pelo poder universal e supremo, antes pelo contrário, é assegurado, consolidado e defendido (*LG*, 27, b).

---

6. Tal princípio é visto nos cânones 85-93; é reservada à Sé alguma dispensa (ex.: celibato, cân. 291; readmitir ao estado clerical o clérigo que o perdeu, cân. 293). Outros exemplos, cf. FEITOSA, Antonio. *Elementos de legislação canônica* – Confrontos entre o Código de 1917 e o de 1983. São Paulo: Loyola, 1984. Importante para essa mudança, além do Concílio, foi a Carta Apostólica de Paulo VI, *De Episcoporum muneribus* (18 de junho de 1966).

7. Cf. tb. GHIRLANDA, Gianfranco. *Introdução ao Direito Eclesial...* Op. cit., p. 83-86.

A "legislação complementar" que cada Conferência deverá ter, de acordo com o direito e aprovadas pela Santa Sé, é um sinal já bastante claro da aplicação e do valor da subsidiariedade[8].

6º princípio – Definir e assegurar os direitos das pessoas. O objetivo desse princípio é, pois, fazer "com que o exercício do poder apareça mais claramente como serviço, seu uso se consolide mais e se removam os abusos". Tal princípio encontra eco na maior precisão entre os direitos e obrigações dos fiéis, dos leigos e dos clérigos[9]. Este princípio está contemplado, por exemplo, no cân. 221 § 2, que assegura o direito dos fiéis de "reivindicar e defender legitimamente os direitos de que gozam na Igreja, no foro eclesiástico competente, de acordo com o direito" (cân. 221 § 2; cf. também os direitos dos fiéis – cân. 208-223); dos leigos (cân. 224-231); dos clérigos (cân. 273-289).

A proteção dos direitos e obrigações de cada um dos membros do Povo de Deus foi refletido no Concílio[10]:

> em virtude desta catolicidade cada uma das partes traz seus próprios dons às demais partes e a toda a Igreja. Assim, o todo e cada uma das partes aumentam, comunicando entre si todas as riquezas e aspirações à plenitude na unidade. Daí resulta que o Povo de Deus não é só a reunião dos diversos povos, mas em sua estrutura interna é também composto de várias ordens. Pois há diversidade entre seus membros, quer de ofícios, enquanto alguns exercem o sagrado ministério

---

8. Sobre o tema da pluralidade, cf.: *O diálogo na Igreja*. Petrópolis: Vozes [Documentos Pontifícios, 185] e *Unidade e pluralidade na Igreja*. São Paulo: Paulinas [A Voz do Papa, 78]. A legislação complementar para o Brasil se encontra no apêndice ao nosso Código.

9. "O Direito Canônico é personalista e ao mesmo tempo social. Seu estudo fará aparecer a solicitude constante da Igreja de respeitar a fé e a liberdade dos filhos de Deus" (WAGNON, Henri. "L'étude du Droit Canonique dans la formation du futur prêtre". *Seminarium*, 27, 1975, p. 332).

10. "Com efeito, o Direito Canônico, após ser entendido como simples instrumento a serviço dos órgãos de poder, deve passar a entender-se como elemento conformador da ordem social justa do Povo de Deus a serviço da missão da Igreja e da tutela e garantia dos direitos dos fiéis" (DEL RIO, Delgado G. Op. cit., p. 775).

a bem de seus irmãos, quer de condição de modo de vida, enquanto um maior número no estado religioso, tendendo à santidade por um caminho mais estreito, estimula aos irmãos com o seu exemplo (*LG*, 13, c).

7º princípio – Defesa dos direitos subjetivos, com determinação precisa de funções legislativas, administrativas e judiciais. Embora esteja clara no Código a divisão dos poderes eclesiásticos (cân. 135 e em particular os bispos, cân. 391), como também a afirmação do múnus (três aspectos) de todos os fiéis (cân. 204), a comissão redatora "parece ter optado por uma solução salomônica. Reafirmando, em princípio, a capacidade dos que receberam o sacramento da ordem para possuir e exercitar esse poder, deixa aberta a porta para que os leigos possam 'cooperar' no seu exercício" (cf. comentário de Hortal ao cân. 129). Está aqui em jogo o problema não resolvido no Concílio sobre a conceituação entre ofício (munera) e poderes (potestates) (cf. nota explicativa da *LG*, 2). Quanto aos órgãos de defesa dos direitos subjetivos, o poder judicial está bem-organizado e simplificado em relação ao Código de 1917. Contudo, a defesa propriamente dita, onde deixar-se-iam tutelar os "direitos de que gozam na Igreja os fiéis" (cân. 221 § 1) é apenas colocada no nível de recursos administrativos ao superior hierárquico (cân. 1737).

8º princípio – Princípio de territoriedade e sua aplicação à divisão na Igreja. Já o Concílio tocava no problema das grandes e pequenas dioceses, pedindo sua revisão (*CD*, 22, c). Porém apresentava como "regras que devem ser observadas": 1) Para a delimitação, leve-se em conta o caráter psicológico, geográfico, econômico (*CD*, 23); 2) As extensões das dioceses sejam suficientemente equilibradas; 3) Que tenham uma estrutura mínima de possibilidade para funcionar, inclusive atender casos especiais: línguas, ritos diversos.

O Código aprova o princípio de territoriedade como elemento normal, mais prático e, via de regra, para determinar a porção do Povo de Deus (cf. cân. 372). Contudo, deixa margem para outros critérios (cf. cc. 294; 297; 369; 372; 374; 431; 447; 518).

9º princípio – Princípio da coação na Igreja. O termo coação usa-se de dois modos no Código: uma coação que não pode existir na Igreja e que tira o direito dos fiéis de escolherem o seu estado de vida (cf. cân. 219). E a outra acepção da palavra está na linha das "sanções". A Igreja como "sociedade externa, visível, independente", isto é, enquanto exige a sua própria natureza teológico-pastoral de usar o poder coativo para melhor tutelar os valores da comunhão eclesial (para a unidade e não para a uniformidade), pode infligir sanções penais aos fiéis (cân. 1311). E aqui se pode notar a grande mudança acontecida no Código. É sempre acentuado o caráter pastoral das penas (cân. 1317; 1319 § 2; 1339 § 1; 1341; 1350 § 1). "A maioria das vezes a pena é *ferendae sententiae*" (cân. 1314), isto é, não são automáticas (como as *latae sententiae*). Também as penalidades foram muito reduzidas em relação ao Código anterior.

10º princípio – Princípio de unidade técnico-jurídico. Este princípio deve ser considerado em todo o Código[11]. Quanto a uma revisão final do conjunto, alguns se manifestaram por um Sínodo extraordinário para estudar todas as leis esboçadas naquilo que seria o Código depois promulgado. Porém, tal evento não aconteceu.

Conclusão

De tudo o que foi comentado, merece acentuarmos alguns aspectos:

a) A tentativa, embora às vezes falha, de ser um Código que tivesse como expressão não só o Concílio, mas que fosse também fruto da participação do Povo de Deus.

---

11. Para um pequeno comentário dos princípios, cf. FAGIOLO, Vincenzo. *Il codice del post-concilio*. Vol. 1. Roma: Città Nuova, 1984, p. 58-61. • GHIRLANDA, Gianfranco. *Introdução ao Direito Eclesial...* Op. cit., p. 77-109.

b) A demora na "confecção" do Código (20 anos) certamente trouxe prejuízos. Porém, "devido às rapidíssimas transformações da sociedade hodierna, se alguma coisa se tornou imperfeita, já no tempo mesmo da elaboração do direito e, em seguida, precisa de nova revisão, a Igreja já possui tamanha riqueza de energias que, não diversamente dos tempos passados, pode retornar ao caminho de renovar outra vez as leis de sua vida" (Prefácio, § 39).

c) O medo que se tem está no modo como se lê o Código. Em outras palavras, seria uma volta à grande disciplina (cf. LIBÂNIO, João Batista. *A volta à grande disciplina*. São Paulo: Loyola, 1984).

Em outras palavras, "o Código de Direito Canônico será aquilo que dele fizer a vida da Igreja. O Código será aquilo que dele fizerem os que o aplicam" (BEYER, Jean. Op. cit. Bologna, 1984, p. 32)[12].

---

12. "Oxalá seja ele [o Código] o que augurava o saudoso Papa Paulo VI, a saber: 'um Código de comunhão, um Código do Espírito, um Código da Caridade'. Isto exige que o Direito Canônico seja Teologia e desemboque numa Espiritualidade. Nessas condições, serenamente observadas, a Igreja conseguirá aquela 'volta à grande disciplina', que o papa-sorriso, João Paulo I, pôde apenas anunciar, como uma das metas do seu Pontificado. Não será a 'pequena disciplina' do legalismo, do servilismo, da falta de criatividade, mas 'a grande disciplina' que é feita duma grande capacidade de superar as próprias preferências, para mergulhar nas profundezas do Plano de Deus e do Seu Reino" (LORSCHEITER, Ivo. "O novo Código de Direito Canônico: um acontecimento eclesial". *Anuário Católico de Santa Maria*, 1984, p. 14). Ainda sobre os dez princípios, pode-se ver em KLOPPENBURG, Boaventura. "O Sínodo dos Bispos de 1967". *REB*, 27, 1967, especialmente p. 913-915.

VII
Alguns elementos de legislação canônica

O primeiro livro do Código Latino (*Das normas gerais*), com seus 203 cânones, quer ser como que uma base para todo o Código. Embora tenha uma estrutura semelhante ao Código anterior, possui também grandes novidades (DE PAOLIS, Velasio & MONTAN, Agostino. "Il libro primo del codice: norme generali (cann. 1-203)". In: VV.AA. *Il Diritto nel mistero della Chiesa*. Roma: PUL, 1986, p. 217-438).

Código de 1917 (cân. 1-86)	Código de 1983 (cân. 1-203)
Livro I: NORMAS GERAIS	Livro I: DAS NORMAS GERAIS
Título I: Das leis eclesiásticas	Título I: Das leis eclesiásticas
Título II: Do costume	Título II: Do costume
	*Título III: Dos decretos gerais e instruções
	*Título X: Da prescrição
Título III: Do cômputo do tempo	Título XI: Do cômputo do tempo
	*Título IV: Dos atos administrativos singulares
	**Cap. I: Normas comuns
	**Cap. II: Dos decretos e preceitos singulares
Título IV: Dos rescritos	Cap. III: Dos rescritos
Título V: Dos privilégios	Cap. IV: Dos privilégios
Cap. VI: Das dispensas	Título V: Das dispensas
	*Título V: Dos estatutos e regimentos
	*Título VI: Das pessoas físicas e jurídicas
	**Cap. I: Da condição canônica das pessoas físicas
	**Cap. II: Das pessoas jurídicas
	*Título VII: Dos atos jurídicos

Livro II: DAS PESSOAS
PRIMEIRA PARTE: DOS CLÉRI-
GOS
Seção I: Dos clérigos em geral
Título I: Da adscrição dos clérigos numa diocese
Título IV: Dos ofícios eclesiásticos
Cap. II: Da perda dos ofícios eclesiásticos

Título V: Do poder ordinário e delegado
Título VI: Da redução dos clérigos ao Estado laical

Título IX: Dos ofícios eclesiásticos
Cap. II: Da perda do ofício eclesiástico
***Art. 1: Da renúncia
***Art. 2: Da transferência
***Art. 3: Da destituição
***Art. 4: Da privação
**Cap. I: Da provisão do ofício eclesiástico
***Art. 1: Da livre-colação
***Art. 2: Da apresentação
***Art. 3: Da eleição
***Art. 4: Da postulação
Título VIII: Do poder de regime

Já o Código das Igrejas Orientais (*Codex Canonum Ecclesiarum Orientalium – CCEO*), promulgado pelo Papa João Paulo II e que entrou em vigor a partir de 1º de outubro de 1991, é muito diferente do *CIC*. Não está dividido em livros, mas em títulos (30). Com relação aos temas de nosso estudo, estão espalhados em diversos títulos:

Título XIX: Dos Ofícios
    Cap. I: Da provisão canônica dos ofícios
        Art. I: Da eleição
        Art. II: Da postulação
    Cap. II: Da perda do ofício
        Art. I: Da renúncia
        Art. II: Do translado
        Art. III: Da remoção
        Art. IV: Da provisão
Título XXI: Da potestade de regimento
Título XXII: Dos recursos contra os decretos administrativos

Título XXIX: Da lei, dos costumes e dos atos administrativos
   Cap. I: Das leis eclesiásticas
   Cap. II: Dos costumes
   Cap. III: Dos atos jurídicos
      Art. 1: Do procedimento para dar decretos extrajudiciais
      Art. 2: Da execução dos atos administrativos
      Art. 3: Dos rescritos
Título XXX: Da prescrição e do cômputo do tempo
   Cap. I: Da prescrição
   Cap. II: Do cômputo do tempo

O livro I do Código latino tem algumas particularidades, a saber, dentre elas a *generalidade* e o seu aspecto *técnico*[1]. Além do mais, não podemos esquecer que a estrutura jurídico-canônica sofreu influência do direito hebraico, do direito helênico, do direito romano, do direito dos povos germânicos e até do direito civil mais recente (cf. DE PAOLIS. Op. cit., p. 221). Pelo seu caráter técnico, pode-se perceber que a influência do Concílio Vaticano II é pouco perceptível neste livro[2].

Não é nosso objetivo estudar todo o livro I (*de normis generalibus*) do Código de 1983. Queremos apenas assinalar e fazer algumas considerações sobre alguns cânones enquanto necessários e suficientes para uma formação geral.

---

1. Utilizamos basicamente no nosso estudo as seguintes obras: CHIAPPETTA, Luigi. *Il Codice di Diritto Canonico* – Commento giuridico-pastorale. Vol. I. Napoli: Dehoniane, 1988, p. 1-264. • *Codigo de Derecho Canónico*. BAC. Madri, 1986, p. 1-134.

2. Todavia, podemos confrontar: *cân. 2* (*CD*, 19); *cân. 22* (*CD*, 19, b; *GS*, 74, d); *cân. 79* (*CD*, 28); *cân. 87 § 1* (*CD*, 8, b); *cân. 90 § 1* (*CD*, 8, b); *cân. 94 § 1* (*UR*, 8; *CD*, 38: 2, 3: *GE*, 11); *cân. 96* (*LG*, 11, 14; *UR*, 3, 4; *AG*, 7); *cân. 129 § 2* (*LG*, 33; *AA*, 24); *cân. 135 § 1* (*LG*, 27); *cân. 145 § 1* (*PO*, 20, b); *cân. 157* (*CD*, 28).

Esquema

1) Destinatário do Código (cân. 1)
2) Direito Canônico e Direito Litúrgico (cân. 2)
3) Convenções Concordatárias (cân. 3)
4) Direitos adquiridos e privilégios (cân. 4)
5) Costumes jurídicos (cân. 5)
6) Código e legislação anterior (cân. 6)

Fontes

Cân. 1 – cân. 1 (*CiC*); **Cân. 2** – cân. 2 (*CiC*); **Cân. 3** – cân. 3 (*CiC*); Bento XV, alocução 21/11/1921 (*AAS*, 13, 1921, p. 521-524); *CI*, resposta ao cân. 404 (*CiC*), 26/11/1922 (*AAS*, 15, 1923, p. 128); *CD* 20; Paulo VI, *Ecclesiae Sanctae* (06/08/1966), I, p. 18 § 2; **Cân. 4** – cân. 4 (*CiC*); Resposta 29/05/1918; *CI*, resposta, IV: 6, 02-03/06/1918 (*AAS*, 10, 1918, p. 346); *CI*, resposta 2, 16/10/1919 (*AAS*, 11, 1919, p. 476); SCSO, resposta, 26/11/1919; *CI*, resposta IV, 14/07/1922 (*AAS*, 14, 1922, p. 527); *CI*, resposta IV, 12/11/1922 (*AAS*, 14, 1922, p. 662); *CI*, resposta, 26/11/1922 (*AAS*, 15, 1923, p. 128); *CI*, resposta I, 30/12/1937 (*AAS*, 30, 1938, p. 73); Pio XII, Carta Apostólica *Litteris Suis* (11/11/1939) (*AAS*, 32, 1940, p. 41); Paulo VI, alocução (14/01/1964) (*AAS*, 56, 1964, p. 193-197); Paulo VI, Motu proprio *Romanae Diocesis*, 30/06/1968, 10 (*AAS*, 60, 1968, p. 379); **Cân. 5 § 1** – cân. 5 (*CiC*); *SCConc.*, resolução, 08/02/1919 (*AAS*, 11, 1919, p. 280-284); *CI*, resposta 6, 16/10/1919 (*AAS*, 11, 1919, p. 477); *SCConc.*, 14/01/1920 (*AAS*, 12, 1920, p. 163-166); *SCConc.*, resolução, 13/11/1920 (*AAS*, 13, 1921, p. 43-46); *SCConc.*, resolução, 11/12/1920 (*AAS* 13, 1921, p. 262-268); *SCConc.*, resolução, 11/12/1920 (*AAS*,

14, 1922, p. 42-46); *SCR*, 18-20/03/1922 (*AAS*, 14, 1922, p. 352-353); *CI*, resposta 26/11/1922 (*AAS*, 15, 1923, p. 128); *SC-Conc.*, resolução 13/06/1925, III (*AAS*, 17, 1925, p. 538-540); *SCDS*, Instrução *Plures petitiones*, 30/06/1932 (*AAS*, 24, 1932, p. 271-272); **Cân. 5 § 2** – cc. (*CiC*) 106, 5º e 6º; 136 § 1; 171 § 2; 346; 417 § 3; 441, 1º; 462, 6º; 463 § 1; 471 § 4; 476 § 5; 547 § 1; 730; 740; 831 § 2-3; 1041; 1100; 1234 § 1; 1251 § 1; 1290 § 2; 1410; 1444 § 1; 1455, 3º; 1482; 1502; 1519 § 2; 1535; 1555 § 1; 1805; 2080; *SCConc.*, resolução, 14/02/1920 (*AAS*, 12, 1920, p. 163-165); **Cân. 6 § 1** – cc. (*CiC*) 6, 1º, 5º e 6º; 489; *CI*, resposta II, 03/01/1918; *CI*, resposta III, 17/02/1918 (*AAS*, 10, 1918, p. 170); *SCSO*, Decreto *Cum in Codice*, 22/03/1918 (*AAS*, 10, 1918, p. 136); *CI*, resposta 30/03/1918; *SCC*, Decreto *Proxima Sacra*, 25/04/1918 (*AAS*, 10, 1918, p. 190-192); *SCR*, Decreto *Ad normam canonis*, 26/06/1918 (*AAS*, 10, 1918, p. 290); *SCC*, resposta, 22/02/1919 (*AAS*, 11, 1919, p. 75-76); *SCSO*, resposta 26/11/1919; *CI*, resposta II, 24/11/1920 (*AAS*, 12, 1920, p. 573); *SCR*, declaração 26/10/1921, III (*AAS*, 13, 1921, p. 538); *CI*, resposta, 26/11/1922 (*AAS*, 15, 1923, p. 128); *SCConc.*, resolução, 09/06/1923 (*AAS*, 17, 1925, p. 508-510); *CI*, resposta, 13/12/1923 (*AAS*, 16, 1924, p. 609); *SCSO*, Decreto *Supremae Sacrae*, 13/06/1930 (*AAS*, 22, 1930, p. 344); *Princ. Proemium*; **Cân. 6 § 2** – cân. 6, 2º-4º (*CiC*).

Cânones complementares

Cân. 20 – Ab-rogação e derrogação das leis

Cân. 21 – Dúvida sobre a vigência da lei

Cc. 23-28 – Leis sobre o costume

Cc. 396 § 2; 423 § 1; 526 § 2; 1076; 1287; 1425 § 1 – Costumes expressamente reprovados

a) Cânones preliminares (cc. 1-6)

Os seis primeiros cânones contidos no atual *CIC* são como que uma "ponte legal" entre o Código anterior e o atual.

1) Destinatário do Código (cân. 1)

O primeiro cânon do nosso Código é claro: "os cânones deste Código se referem unicamente à Igreja Latina". Tal cânon já estava presente no Código de 1917 (*CiC*). Contudo, parece mais claro, agora, que temos o Código das Igrejas Orientais (*CCEO*)[3].

"Historicamente a divisão da Igreja em Oriental e Ocidental é de origem política e remonta à divisão do Império Romano feita por Diocleciano em 293. As Igrejas Orientais eram aquelas que vinham da parte oriental do Império" (cf. PINTO, Pio Vito. *Commento al Codice di Diritto Canonico*. Roma: PUU, 1985, 1))[4].

2) Direito Canônico e Direito Litúrgico (cân. 2)

Diz o cânon: "o Código geralmente não determina os ritos que se devem observar na celebração das ações litúrgicas; por isso, as leis litúrgicas até agora vigentes conservam sua força, a não ser que alguma delas seja contrária aos cânones do Código". Portanto, "entre as fontes normativas que regulam a vida da Igreja, o Código não é a única, embora seja a mais importante"

---

3. O Código (latino) menciona diretamente dois cânones sobre os católicos orientais (cc. 350 §§ 1 e 3 e 1015 § 2). Implicitamente se refere também em outros lugares: cc. 111-112; 214; 372 § 2; 383 § 2; 450 § 1; 476; 479 § 2; 518; 846 § 2; 923; 991; 1021; 1109; 1248 § 1.

4. "O cânon resulta completamente modificado com relação ao cân. 1 do *CiC* 17. A forma afirmativa *latinam respiciunt* diz total exclusão das Igrejas Orientais. Em obséquio ao espírito e à norma do Concílio, se entende, neste caso, manifestar respeito pelas Igrejas do Oriente, em comunhão com Roma; mas existe também a forte atenção ao diálogo ecumênico longo e difícil com as Igrejas separadas, encorajado sobretudo pelos decretos conciliares *UR* e *OE*" (ibid., 1).

(DE PAOLIS, Velasio. Op. cit., p. 227). As normas litúrgicas, como tal, encontram-se nos livros litúrgicos. Com relação ao atual Código, o Livro IV (cc. 834-1253) trata mais diretamente do múnus de santificar.

O cân. 2 não fala de liturgia, mas de rito. O *Direito Litúrgico* está expresso nos documentos emanados pelas diversas autoridades eclesiásticas: a Sé Apostólica, as Conferências Episcopais e o Bispo Diocesano, de acordo com o cân. 838. A afirmação do Papa Pio XII na Encíclica *Mediator Dei* (1947) é muito significativa: "estão completamente errados no que diz respeito à verdadeira noção e natureza da Liturgia aqueles que a consideram apenas como uma parte externa e sensível do culto divino ou como cerimonial decorativo; da mesma maneira estão errados os que a consideram como uma soma de leis e preceitos com os quais a hierarquia eclesiástica regula a realização dos ritos" (apud CIVIL, R. "A Liturgia e suas leis". In: VV.AA. *A Liturgia*: momento histórico da salvação. São Paulo: Paulinas, 1987, p. 236).

O atual Código mantém a distinção ou separação entre o *CIC* e o Direito Litúrgico. "Ficam, portanto, excluídas – por princípio – do novo Código as normas estritamente litúrgicas (normas que são mais rituais do que disciplinares), ao passo que continuam a fazer parte dele as normas litúrgicas em sentido lato (normas de preferência disciplinares e mais disciplinares do que rituais). O novo Código, pois, contém menor número de normas litúrgicas se comparado ao anterior" (CUVA, Armando. *Dicionário de Liturgia*. São Paulo: Paulinas, 1992 [Verbete "Direito Litúrgico", p. 300]). Fica também claro que "as normas litúrgicas não são reguladas pelo Código, mas estão contidas em outros livros: *Missal, Livro das Horas, Rituais*" (PINTO, Pio Vito. *Commento al Codice...* Op. cit. 2)[5].

---

5. A harmonia entre as normas litúrgicas e a disciplina canônica foi preocupação da Congregação para os Sacramentos e o Culto Divino – Cf. Decreto *Promulgato Codice* (12/09/1983) e "Variationes in novas editiones librorum liturgicorum ad normam Codicis Iuris Canonici nuper promulgati introducendae approbantur".

3) Convenções Concordatárias (cân. 3)

Reza o cânon: "os cânones do Código não ab-rogam nem derrogam as convenções celebradas pela Sé Apostólica com nações e outras sociedades políticas; elas, portanto, continuarão a vigorar como até o presente, não obstante prescrições contrárias deste Código".

Já o Concílio Vaticano II colocava como ponto de partida as diferentes realidades da Igreja e do Estado. Ou, utilizando uma linguagem comum, a Igreja não se pode trancar simplesmente num conjunto de leis (*ecclesia non est ius*), pois o Espírito Santo presente e atuante nela não se deixa aprisionar por normas (*ecclesia habet ius*), como já vimos (no cap. IV). Contudo, o Concílio não nega ou coloca em segundo plano o Estado:

> O Concílio considera com muito respeito o que há de bom, verdadeiro e justo nas instituições tão diversas que o gênero humano criou e sem cessar continua a criar. E a Igreja declara querer ajudar e promover todas essas instituições, na medida em que isso dela dependa e seja compatível com a sua missão. Ela nada deseja mais ardentemente do que, servindo o bem de todos, poder desenvolver-se livremente sob qualquer regime que reconheça os direitos fundamentais da pessoa e da família e os imperativos do bem comum (*GS*, 42, e).

Na prática, a Igreja tem seus "fins e meios que se encontram na origem e na essência da Igreja, considerando-a no seu conjunto [...], assume no campo jurídico [...] a figura de corporação institucional, não territorial, dotada de soberania originária e autônoma e de capacidade subjetiva, pública e privada, que tende a conseguir o bem comum sobrenatural da santificação dos fiéis" (CIFUENTES, Rafael Llano. *Relações entre a Igreja e o Estado*. Rio de Janeiro: José Olympio, 1989, p. 42)[6]. Assim, através de protocolos, acordos,

---

6. "A Igreja entende respeitar os princípios do direito concordatário; entende-se, isto é, manter fidelidade aos pactos realizados entre duas sociedades autônomas. Não se trata

convenções, concordatas⁷ a Igreja define as suas relações jurídicas com o Estado. No curso da história, parece ser o acordo entre o Papa Calisto II e Henrique V (23 de setembro de 1122) o mais antigo registrado pela História Eclesiástica. O fundamento da obrigatoriedade, do respeito aos pactos, está resumido no princípio do Direito Internacional: "pacta sunt servanda, rebus sic stantibus".

4) Direitos adquiridos e privilégios (cân. 4)

Este cânon aplica o princípio geral da irretroatividade da lei (cf. cân. 9) aos direitos adquiridos: "os direitos adquiridos, bem como os privilégios concedidos até o presente pela Sé Apostólica a pessoas físicas ou jurídicas, que estão em uso e não foram revogadas, continuam inalteradas, a não ser que sejam expressamente revogadas por cânones deste Código". É fácil entendermos o que isso significa; "o motivo é óbvio: os efeitos jurídicos derivados da

---

de privilégios concedidos à Sede Apostólica, mas de normas que regulam, por mútuo empenho, algumas matérias mistas, as quais sem um mútuo ordenamento recíproco seriam fontes de conflitividade permanentes. Nota-se o termo *sociedade política*, em relação aos novos organismos internacionais (ONU, FAO, Unesco, OUA), quando não também governativos, mas em nível internacional" (PINTO, Pio Vito. *Commento al Codice...* Op. cit., 2). Além dessa relação em instituições governativas, a Igreja participa também de outras instituições não governamentais: Comitê Internacional de Ciências Históricas, de História da Arte, de Restauração de Patrimônio Cultural. O Concílio Vaticano II fala da necessidade de uma sã cooperação (*LG*, 36, d; *AG*, 21, b; *AA*, 5 e 7; *GS*, 75-76; 88-90; *CD*, 19-20; *DH*, 13; *GE*, 1, 3 e 6-10) (cf. BAC, cân. 3).

7. Para aprofundamento, cf. CORRAL SALVADOR, Carlos. In: *DDC* [Verbetes: "Concordata", p. 149-158, "Concordatas vigentes no mundo", p. 158-171, e "Relações entre Igreja e Estado", p. 650-658]. • DALLA TORRE, Giuseppe. Orientações e problemas sobre as relações entre Igreja e Estado depois do Vaticano II. In: VV.AA. *Problemas e perspectivas de Direito Canônico...* Op. cit., p. 287-317. • CORRAL SALVADOR, Carlos. *Concordatas vigentes*: textos originales. Madri, 1981 [Vol. 1: Alemanha, Áustria e Suíça – Vol. 2: Europa, África, América e Ásia). De acordo com o Anuário Pontifício, atualizado até 28 de fevereiro de 2001, foram estabelecidas "relações diplomáticas com o Estado de Barhein e com a República do Djibuti, elevando para 174 os Estados com os quais mantém normais relações diplomáticas" (cf. *L'Osservatore Romano*, edição portuguesa). • NAVARRO, Jaime Bonet. "La expansión universal de las relaciones diplomáticas de la Santa Sede". *Sedoc*, 54, 1997, p. 701-718. • DE AGAR, José T. Martin. *Raccolta di concordati, 1950-1999*. Città del Vaticano: Libr. Ed. Vaticana.

aplicação da lei não podem vir anulados ou modificados por leis sucessivas, a menos que requeira o bem comum. Se assim não fosse, ocorreria uma mudança contínua que ocasionaria instabilidade às relações sociais, turbando profundamente a ordem e a segurança, que as mesmas leis entendem assegurar" (CHIAPPETTA, Luigi. *Il Codice...* Op. cit. Vol. 1, 9. Cf. cc. 36; 38; 50; 121; 122; 123; 192; 326 § 2; 562; 616 § 1; 1196).

O cânon fala também dos privilégios: "são particulares faculdades concedidas pela autoridade competente à pessoa física ou jurídica, de modo que esta esteja autorizada a pôr determinados atos que, diversamente, não poderia pô-los. O escopo de tal privilégio é o bem da pessoa, enquanto esse vem concedido propriamente para prover a determinada situação, através de pessoas particularmente adequadas" (DE PAOLIS, Velasio. Op. cit., p. 233).

5) Costumes jurídicos (cân. 5)

O cânon 5 trata dos costumes e assim está redigido:

§ 1 – "Os costumes, universais ou particulares, vigentes até o presente, contra as prescrições destes cânones e que são reprovados pelos próprios cânones deste Código, estão completamente supressos e não se deixem reviver no futuro; os outros também sejam considerados supressos, a não ser que outra coisa seja expressamente determinada pelo Código, ou sejam centenários ou imemoriais, os quais podem ser tolerados se, a juízo do Ordinário, em razão de circunstâncias locais e pessoais, não possam ser supressos".

§ 2 – "São mantidos os costumes à margem do direito e vigentes até agora, quer universais, quer particulares".

Chama-se costumes "a 'lei não escrita' (*ius non scriptum*), as práticas vivas da comunidade, que surgem dentro da própria comunidade. O costume desempenhou, no ordenamento da comunidade cristã, um papel muito maior na Igreja primitiva e medieval do que na época moderna, quando tem predominância a legislação" (HUELS, John M. "Da prática à lei". *Concilium*, 1996/267, p. 33-34)[8].

Nos primeiros séculos da Igreja, "as leis consistiam, então, na assim chamada praxe apostólica, em uso nas primitivas comunidades, e tinham uma grande importância, enquanto determinavam o modo de agir dos fiéis com força obrigante como as leis escritas. Os primeiros sínodos e concílios muitas vezes se limitavam a confirmar os costumes já existentes, enquanto lentamente se vem formando o direito escrito, ao longo de todo o primeiro milênio de vida da Igreja. A afirmação que consagra para o futuro o costume como fonte válida do direito eclesial é aquela de Gregório IX (1170-1241) no famoso Decretal *Quum tanto* (X, I, 4, 11), na qual admite o costume conquanto seja *rationabilis et legitime sit praescripta*. O motivo pelo qual desde sempre na Igreja foi admitida tal fonte de direito vigente é próprio da sua natureza particular, que leva em conta as exigências psicossociológicas do Povo de Deus na comum busca da salvação" (MARCUZZI, Pier Giorgio. Normativa Canonica. In: VV.AA. *Il Diritto nel mistero...* Op. cit., p. 264)[9].

---

8. E continua o autor: "o costume é um mecanismo-chave para a inculturação do Direito Canônico" (ibid., p. 36). Sobre a instituição jurídica dos costumes, cf. VELA SÁNCHEZ, Luís. *DDC*, verbete "Costume", p. 219-220. "Os atos que introduzem um costume devem ser: externos e públicos, frequentes, ininterruptos, uniformes, acompanhados da intenção da comunidade de obrigar-se com tais atos" (PINTO, Pio Vito. *Commento al Codice...* Op. cit., p. 25).

9. Um famoso canonista do Código de 1917 diz que o Costume é o direito objetivo não escrito, introduzido mediante prolongado costume (hábito repetitivo, algo que pela sua utilização frequente durante longo tempo cria uma "tradição", uma "prática" que se torna habitual) do Povo de Deus com o consentimento do legislador eclesiástico (cf. MICHIELS, Gommar. *Normae generales iuris canonici*. Vol. II. Paris, 1949, p. 6). Cf. tb.: HÉROUX, Simon & HERKEL, Gerald. "La couteme et les douze premiers siècles de l'Église". *Studia Canonica*, 5, 1971, p. 77-105.

6) Código e legislação anterior (cân. 6)

Diz o cânon 6:

§ 1 – "Com a entrada em vigor deste Código são ab-rogados:
- 1º) Código de Direito Canônico promulgado em 1917;
- 2º) Igualmente as outras leis, universais ou particulares, contrárias às prescrições deste Código, a não ser que a respeito de leis particulares se disponha expressamente outra coisa;
- 3º) Quaisquer leis penais, universais ou particulares, dadas pela Sé Apostólica, a não ser que sejam acolhidas neste Código;

4º) Também as outras leis disciplinares universais referentes a uma matéria inteiramente ordenada por este Código".

§ 2 – "Os cânones deste Código, enquanto reproduzem o direito antigo, devem ser apreciados levando-se em conta também a tradição canônica".

Pode-se afirmar que o cân. 6 é um cânon transitório ou um cânon ponte na medida em que determina a passagem e o valor jurídico entre o Código de 1917 e o Código de 1983.

b) Fontes de Direito (cân. 7-95)

Como da nascente nasce o rio, assim também temos diversas "fontes", donde nascem as normas jurídicas (direito). O Código trata, nos primeiros cinco títulos do Livro I, destas fontes:

Título I – Das leis eclesiásticas (cc. 7-22)

Título II – Do costume (cc. 23-28)

Título III – Dos decretos gerais e instruções (cc. 29-34)

Título IV – Dos atos administrativos singulares (cc. 35-93)

Título V – Dos estatutos e regimentos (cc. 94-95)

Contudo, é necessário precisar o conceito de "fonte". Não se trata aqui da chamada "fonte material", que produz o Direito Canônico, a saber: a revelação-direito divino, a tradição canônica, os atos conciliares etc. Os primeiros cinco títulos tratam das "fontes formais". Essas cinco maneiras da atividade legislativa da Igreja se expressar também são, ao mesmo tempo, cinco maneiras de se exercer o poder de governo da Igreja (cf. cân. 135 § 1). Assim, "o poder legislativo está na origem da lei, aquele executivo a aplica, o judiciário assegura, através do processo, os eventuais transgressores da lei e os pune. No Livro I do Código se encontra o desenvolvimento da normativa sobre o poder legislativo e executivo, enquanto o poder judiciário se desenvolve no Livro VII. O poder de governo está, portanto, sobre a base, como requisito prévio fundamental, dos cinco títulos que predispomos a estudar, tornando-se, assim, elemento unificador" (DE PAOLIS, Velasio. Op. cit., p. 241).

Título I – Das leis eclesiásticas (cc. 7-22)

Das diversas fontes do direito formal, a *lei* ocupa um lugar determinante. Contudo, não podemos nos esquecer do direito divino natural e do direito divino positivo. "Chama-se *direito divino natural* aquele que é deduzível da própria dignidade do homem, *direito divino positivo* aquele que deriva da revelação. A este direito positivo se unem também as normas, que, colocadas por Cristo ou reconduzíveis à sua intenção, são relativas à constituição da Igreja. O segundo grupo de leis surge da vontade, expressa ou tácita, da autoridade constituída na Igreja pelo seu governo e forma o *direito humano*. Trata-se daquelas leis que a Igreja, na sua peregrinação no mundo e ao longo do curso dos séculos, se deu, determinando o formar-se de uma ampla e articulada legislação, dita lei eclesiástica. Este direito positivo humano ou eclesiástico tem, entre outras peculiaridades, de configurar-se como desenvolvimento do direito divino, natural e positivo, em relação ao tempo e ao lugar. Pode-se, portanto, afirmar que o direito divino, natural e positivo, constitui o fundamento do Direito Canônico [...]. Em síntese: o Direito Canônico deriva os seus conteúdos de Deus criador (direito divino natural) de Deus redentor (direito divino positivo) e da legislação da Igreja (direito humano eclesiástico). Esta última se configura como um serviço, não arbitrário, mas vinculante à norma suprema da Palavra de Deus escrita ou transmitida. Daqui deriva a dignidade e a peculiaridade da ordenação canônica colocada a serviço e tutela daquela original sociedade que é a Igreja" (ibid., p. 242-243)[10].

Esquema

1) Instituição e promulgação da lei canônica (cân. 7)

2) Publicação da lei canônica (cân. 8)

3) Princípio de irretroatividade das leis (cân. 9)

4) Classificação das leis canônicas (cc. 10-13)

5) Fatores determinantes na aplicação das leis (cân. 14-15)

6) Interpretação das leis (cc. 16-18)

7) Princípio de equidade canônica e epiqueia (cân. 19)

8) Morte da lei: ab-rogação e derrogação (cc. 20-21)

9) Relação entre as leis da Igreja e do Estado (cân. 22)

Fontes

Cân. 7 – cân. 8 § 1 (*CiC*); **Cân. 8 § 1** – cân. 9 (*CiC*); *Pastor aeternus*, 27; **Cân. 8 § 2** – cc. (*CiC*) 291 § 1; 335 § 2; 362; **Cân.**

---

10. Cf. VELA SÁNCHEZ, Luis. *DDC*, verbete "Direito natural (*ius naturale*)", p. 267-270.

9 – cân. 10 (*CiC*); *CI*, resposta, IV: 6-8, 02-03/06/1918 (*AAS*, 10, 1918, p. 346); *SCCon.*, 17/05/1919 (*AAS*, 11, 1919, p. 349-354); *SCC*, declaração 01/08/1919, I (*AAS*, 11, 1919, p. 346); *SCR*, resposta 06/10/1919 (*AAS*, 11, 1919, p. 420); *CI*, resposta 2, 16/10/1919 (*AAS*, 11, 1919, p. 476); *CI*, resposta 03/12/1919; *CI*, resposta V, 24/11/1920 (*AAS*, 12, 1920, p. 575); *CI*, resposta IV, 14/07/1922 (*AAS*, 14, 1922, p. 527); *SCSO*, Decreto *Post editam*, 15/11/1966 (*AAS*, 58, 1966, p. 1186); **Cân. 10** – cân. 11 (*CiC*); **Cân. 11** – cân. 12 (*CiC*), resposta I, 03/01/1918; *SCConc.*, Instrução *Saepenumero* 14/06/1941, 2 (*AAS*, 33, 1941, p. 390); *DCG*, *Addendum Inter alia*, 11/04/1971, p. 1 (*AAS*, 64, 1972, p. 173); *SCSCD* e *SCpC*, carta circular, 31/03/1977; **Cân. 12 § 1** – cân. 13 §1 (*CiC*); **Cân. 12 § 2** – cân. 14 § 1, 3º (*CiC*); **Cân. 12 § 3** – cân. 13 § 2 (*CiC*); **Cân. 13 § 1** – cân. 8 § 2 (*CiC*); **Cân. 13 § 2** – cân. 14 § 1, 1º-2º (*CiC*); *CI*, resposta 2, 17/08/1919; *CI*, resposta 24/11/1920 (*AAS*, 12, 1920, p. 575); *SCConc.*, resolução 09/02/1924 (*AAS*, 16, 1924, p. 94-95); *SCConc.*, resolução 15/11/1924; *SCConc.*, carta circular 01/07/1926 (*AAS*, 18, 1926, p. 312-313); *SCR*, carta circular 15/06/1926; *SCConc.*, Decreto *Prudentissimo*, 28/06/1931 (*AAS*, 23, 1931, p. 336-337); **Cân. 13 § 3** – cân. 14 § 2 (*CiC*); **Cân. 14** – cân. 15 (*CiC*) **Cân. 14** – cân. 15 (*CiC*); **Cân. 15 § 1** – cân. 16 § 1 (*CiC*); **Cân. 15 § 2** – cân. 16 § 2; **Cân. 16 § 1** – cân. 17 § 1 (*CiC*); Bento XV, Motu proprio *Cum iuris canonici*, 15/09/ 1917 (*AAS*, 9, 1917, p. 483-484); *CI*, resposta 09/12/1917 (*AAS*, 10, 1918, p. 77); *CI*, resposta 09/12/1917 (*AAS*, 11, 1919, p. 480); Paulo VI, Motu proprio *Finis Concilio*, 03/01/1966, 5 (*AAS*, 58, 1966, p. 37-40); Secretaria de Estado, notificação, 99766, 11/06/1967; Secretaria de Estado, carta circular 115121, 25/03/1968; Secretaria de Estado, carta 134634, 14/04/1969; **Cân. 16 § 2** – cân. 17 § 2 (*CiC*); **Cân. 16 § 3** – cân. 17 § 3 (*CiC*); **Cân. 17** – cân. 18 (*CiC*); **Cân. 18** – cân. 19 (*CiC*); **Cân. 19** – cân. 20 (*CiC*); Bento XV, Constituição Apostólica *Providentissima Mater Ecclesia*, 27/05/1917 (*AAS*, 09/02, 1917, p. 5); *SCCon.*, resolução 10/01/1920 (*AAS*, 12, 1920, p. 43-47); *SCR*, resposta 20/06/1923 (*AAS*, 15, 1923, p. 457-458); *REU*, 1 § 1; Paulo VI, alocução 08/02/1973 (*AAS*, 65, 1973, p. 95-103); **Cân. 20** – cân. 22 (*CiC*); **Cân. 21** – cân. 23 (*CiC*); **Cân. 22** – cc. (*CiC*) 255; 547 § 2; 581 § 2; 987, 5º; 1016; 1059; 1063 § 3; 1080; 1186; 1301 § 1; 1508; 1529; 1553 § 2; 1770 § 2, 1º; 1813 § 2; 1926; 1933 § 3; 1961; 2191 § 3, 3º; 2198; 2223 § 3, 2º-3º; *SCDS*, resposta 02/06/1917; *CI*, resposta 23/03/1919; *SCDS*, resposta 20/06/1919; *SCR*, rescrito 03/02/1921; *SCDS*, indulto 16/06/1922; *SCDS*, resolução 25/01/1927; *SCConc.*, carta circular 20/01/1929 (*AAS*, 21, 1929, p. 384- 399); *SCR*, Instrução *Questa Sacra Congregazione*, 06/02/1930 (*AAS*, 22, 1930, p. 138-144); Secretaria de Estado, carta circular 05/09/1935; *SCSO*, resposta 28/06/1939; Secretaria de Estado, carta circular 10/08/1941; *SCC*, Instrução *Solemne Semper*, 23/04/1951, XVI (*AAS*, 43, 1951, p. 564); *SCR*, rescrito, 01/04/1955; *SCR*, resposta 26/03/1957; *SCR*, resposta 01/03/1958; *SCR*, rescrito 22/08/1959; *SCSO*, resposta, 01/03/1961; *CD*, 19; *GS*, 74, Secretaria de Estado, notificação 22/08/1966; Secretaria de Estado, notificação 16/02/1967; *CM*, II.

Cânones complementares

Cân. 1315 § 1; 1399 – Lei Divina ou Canônica e Sanção Penal

Cân. 22, 105 § 1; 110; 1284 § 2, n. 2-3 , 1500, 289 § 2, 1290, 1286 – Leis Civis

Cân. 331, 336, 337, 341, 391, 445, 455, 466 – Leis Eclesiásticas

Cân. 1401, 2º, 1311, 1319 – Violação da Lei

Cân. 8 § 2, 13 § 1, 20, 527 § 2, 1470 § 1, 1509 § 1, 1520, 1561 – Leis Particulares

1) Noção, instituição e promulgação da lei canônica (cân. 7)

EXISTE UMA SÉRIE DE DEFINIÇÕES QUE QUEREM DESCREVER O QUE SÃO AS LEIS[11]. As duas mais divulgadas são as de Santo Tomás de Aquino (1225-1274) e a de Suarez:

> • *Ordinatio rationis ad bonum commune ab eo qui curam habet communitatis promulgata* (I-II, q. 90, a. 1). – Lei é uma ordenação da razão para o bem comum, promulgada por aquele que tem o cuidado da comunidade.
>
> • *Iussum legitimi principis propter bonum subditorum, commune, perpetuum, sufficienter promulgatum* (*De legibus,* l. I, c. 12, 5). – É um preceito justo em vista do bem dos súditos, comum e estável, suficientemente promulgado[12].

Já aqui podemos assinalar alguns conceitos importantes. Em primeiro lugar, a *lei como tal é uma ordenação* (*ordinatio*), um preceito, uma norma, ou, na linguagem de Isidoro, uma espécie de

---

11. "Mais do que a observância da lei, jamais considerada como critério de santidade, o direito não é um fim em si mesmo; Yves de Chartres, o grande canonista do século XI, mestre sem rodeios, acrescentava que o amor transcende toda lei. O Direito Canônico não é nada mais do que um meio à disposição da Igreja, para assegurar seu fim. É um servidor do Povo de Deus: auxilia a comunidade eclesial a se converter no Povo de Deus; ajuda a comunidade eclesial a se edificar na caridade" (WAGNON, Henri. Ibid., p. 628). Embora o Código atual, como também o anterior, não dessem uma definição de lei canônica ou eclesiástica, "o cân. 7 do esquema de 1980 e de 1982, do Código, dava a seguinte definição: 'norma scilicet generalis ad bonum commune alicui communitati a competenti auctoritate data'. Ela não mais se encontra no Código promulgado" (GHIRLANDA, Gianfranco. *Introdução ao Direito eclesial...* Op. cit., p. 42, nota 17).

12. "Segundo a célebre definição de lei de Montesquieu (1689-1755), ela é a relação necessária que resulta da natureza das coisas. Ele inicia *O espírito das leis,* afirmando: "as leis, no seu sentido mais amplo, são relações necessárias que derivam da natureza das coisas e, nesse sentido, todos os seres têm suas leis; a divindade possui suas leis; o mundo material possui suas leis; as inteligências superiores ao homem possuem suas leis; os animais possuem suas leis; o homem possui suas leis" (POLLETTI, Ronaldo. Op. cit., p. 85). Todavia, devemos ter sempre presente o adágio: *omnis definitio in iure periculosa*. Sobre uma visão global do direito (concepção integral do Direito) e em especial um resumo do que se entende por lei, cf. AMOROSO LIMA, Alceu. *Introdução ao Direito Moderno.* Rio de Janeiro: Agir, 1978, p. 67-107.

direito ("lex iuris est species" – Cf. Liv. V, Etymol., cap. III): estritamente falando, *direito e lei se diferenciam*. Para explicar tal diversidade, Santo Tomás afirma:

> Assim como o artista tem na mente o plano do que faz com a sua arte, e que se chama a regra dela, assim também na mente preexiste uma ideia da obra justa que a razão determina, ideia que é como que a regra da prudência. E esta, quando redigida por escrito, chama-se *lei*; pois a lei, segundo Isidoro, é uma constituição escrita. Por onde a lei, propriamente falando, *não* é o direito mesmo, mas uma certa razão do direito (I-II, q. 57, a. 1).

Santo Tomás usa elementos do direito romano e de Isidoro (conceituação do bem comum), do direito de Graciano (promulgação) e a "ordenação da razão" (analisado por Agostinho e Aristóteles).

Na atualidade, alguns autores fazem críticas à definição tomista de lei, aplicada às leis canônicas. Em outras palavras, após toda a evolução acontecida na "Ciência do Direito Canônico" pós-conciliar, onde há uma aproximação entre Direito e Teologia, não se pode continuar a usar essa definição. "Particularmente se diz que tal definição é generalíssima: vale para as leis humanas e para aquelas divinas; vale não só para as leis da Igreja, como também para todas as leis" (DE PAOLIS, Velasio. Op. cit., p. 244).

A lei canônica deve ser definida, propõem esses autores, como *ordinatio fidei*, porque "não é produto de um legislador humano qualquer, mas da Igreja, em que o critério epistemológico decisivo não é a razão, mas a fé" (CORECCO, Eugenio. "Ordinatio rationis o ordinatio fidei? Appunti sulla definizione della legge canonica". *Communio*, 1977, p. 68). Isto significa dizer que a lei divina é a suprema lei da Igreja e dos cristãos. Contudo, "o homem conhece a 'lei divina', declinando-a historicamente e encarnando-a no tempo, não pela força da lógica obrigada pelos silogismos elaborados pela própria razão, mas da motivação divina, isto é, autoridade formal da Palavra de Deus, que o impulsionando pela graça lhe faz aceitar no ato de fé" (ibid., p. 65)[13].

Em segundo lugar, trata da *finalidade da lei, que é o bem comum*[14]. Aqui o Concílio incorpora a visão descrita na Encíclica *Mater et Magistra*, definindo o bem comum como sendo o "conjunto daquelas condições da vida social que permitam aos grupos e a cada um de seus membros atingirem de maneira mais completa e desembaraçadamente a própria perfeição" (*GS*, 26, a – Cf. tb. *GS*, 74, a; *DH*, 6, a). O bem comum possui como fundamento a lei divina:

---

13. "A lei é formalmente um ato da vontade do Superior, com o qual ele impõe de fazer ou omitir qualquer coisa. Próprio segundo a mente do Angélico [Santo Tomás], esse não é fruto de um ato totalitário e autoritário do Superior, pois deve ser a conclusão de um exame inteligente e ordinário daqueles meios que devem, nas circunstâncias e nos casos específicos, dispor o homem a conseguir o bem comum. [Eis por que não pode encontrar aplicação no Direito da Igreja o princípio 'quod principi placuit, legis habet vigorem' (aquilo que agrada o príncipe, tem valor de lei), D l, 4, 1] (PINTO, Pio Vito. *Commento al Codice...* Op. cit., p. 5). Ibid., p. 65. "A lei é formalmente um ato da vontade do Superior, com o qual ele impõe de fazer ou omitir qualquer coisa. Próprio segundo a mente do Angélico [Santo Tomás], esse não é fruto de um ato totalitário e autoritário do Superior, pois deve ser a conclusão de um exame inteligente e ordinário daqueles meios que devem, nas circunstâncias e nos casos específicos, dispor o homem a conseguir o bem comum. [Eis por que não pode encontrar aplicação no Direito da Igreja o princípio 'quod principi placuit, legis habet vigorem' (aquilo que agrada o príncipe, tem valor de lei), D l, 4, 1] (PINTO, Pio Vito. *Commento al Codice...* Op. cit., p. 5).

14. "O *objeto* das leis eclesiásticas é, em geral, tudo aquilo que, direta ou indiretamente, se relaciona com o fim e a missão da Igreja, em particular com a fé, os costumes, a disciplina. Amplíssima é a matéria do código, como se pode perceber com uma simples verificação no índice. Deve-se ter presente, ainda, que a lei – qualquer lei, eclesiástica ou civil – olha somente para os atos externos. Os atos *puramente internos*, segundo a doutrina mais provável, que se apoia em Santo Tomás (I-II, 91; II-II, 104, 5) e de Suarez (*De legibus*, 4, 12), não podem ser objeto *direto e imediato* de nenhuma lei, nem mesmo daquela eclesiástica. O *fim* é a tutela e a difusão do Reino de Deus, a edificação do Corpo de Cristo, a promoção da vida e da comunhão eclesial, a santificação da alma e a sua salvação; indiretamente também a perfeição e o progresso do homem e da sua vida terrena" (CHIAPPETTA, Luigi. *Il Codice...* Op. cit. Vol. 1, p. 15-16). Com relação ao *bonum commune, bonum Ecclesiae, bonum omnium Ecclesiarum*, cf.: cc. 212 § 1; 223 §§ 1, 2; 264 § 2, 282 § 2; 287 § 2; 323 § 2; 334; 345; 357 § 1; 360; 618; 819, 1299 § 2 (GHIRLANDA, Gianfranco. *Introdução ao Direito Eclesial...* Op. cit., p. 45-48).

embora o bem comum do gênero humano seja moderado em seus princípios fundamentais pela lei eterna, em suas exigências concretas fica sujeito a contínuas mudanças, no decorrer dos tempos (*GS*, 78, a).

Pergunta-se: não seria melhor definir a lei eclesiástica como "instrumento de comunhão na Igreja", que é bem mais exigente que o bem comum? Esta comunhão (unidade) se fundamenta na própria natureza trinitária, na medida em que Deus chama "os homens não só individualmente, sem qualquer conexão mútua, à participação de sua vida, mas os constitui num só povo, no qual seus filhos, antes dispersos, se congregam num corpo" (*AG*, 2). De tudo isso resulta que a lei canônica não é algo extrínseco à própria concepção da Igreja, mas faz parte desta, à proporção que se encarna nas diferentes épocas e realidades, cumprindo sempre o objetivo de "escutar" a voz do Espírito, como aconteceu na era apostólica, no Concílio de Jerusalém.

Sobre a função da lei eclesiástica, assim colocava Paulo VI: "por isso, a lei canônica não impede, mas incentiva; não enfraquece, mas sustenta; não suprime, mas impulsiona e conserva o perene crescimento da vida cristã, sob o influxo indefectível da graça do Espírito Santo" (PAULO VI. Alocução de 25/05/1968. *Sedoc*, 2, 1968, p. 136. Cf. tb. MALLMANN, Lodomilo. "Reflexões sobre a Lei Eclesiástica". *REB*, 27, 1967, p. 875-888).

Em terceiro lugar *a autoridade da lei vem de sua promulgação*. Tal princípio já fazia parte do Decreto de Graciano: "leges instituuntur, cum promulgantur, firmantur, cum moribus utentiam approbantur" (c. 3, D. 4, Gr. p.).

No cân. 7 está resumida essa formulação[15]. A natureza própria da lei, o seu nascimento: "a lei é instituída, quando é promulgada".

---

15. "O cânon 7 cita a primeira parte de um texto do Decreto de Graciano (c. 3, D. 4, Gr. p.) e descarta a segunda parte: 'firmatur, cum moribus utentiam approbantur' –

Já Santo Tomás explicava a necessidade de promulgação dizendo:

> A lei é imposta aos que lhe estão sujeitos, como regra e medida. Ora, a regra e a medida impõem-se se aplicando aos regulados e medidos. Por onde, para a lei ter força de obrigar – o que lhe é próprio – é necessário seja aplicada aos homens, que por ela devem ser regulados. Ora, essa aplicação se faz por chegar a lei ao conhecimento deles, pela promulgação. Logo, a promulgação é necessária para a lei vir a ter força (I-II, q. 90, a. 4).

Portanto, pode-se definir a promulgação como sendo "o instituto jurídico com o qual a lei vem apresentada ao conhecimento daqueles que são obrigados a observá-la". Contudo, há uma diferença: uma coisa é *promulgar* uma lei e outra é *publicá-la*. É claro que se o legislador promulga uma lei e não a publica, está usando o seu poder de maneira autoritária. Etimologicamente "promulgar" significa colocar diante do povo (= *ponere pro vulgo*).

Em quarto lugar, trata do sentido que deve ter a lei. Segundo a definição de Soares, a *lei é um preceito justo*. Mas, na realidade, o que se entende por esse termo? Uma vez que quem promulga a lei é a autoridade competente, essa poderá promulgar uma lei injusta

---

elas (as leis) são confirmadas quando aprovadas por aqueles que as aplicam" (VALDRINI, Patrick. "Exercício do poder e princípio de submissão". *Concilium*, 1988/3, p. 371, nota 3). "De acordo com esta definição [de Santo Tomás], a lei alcança sua perfeição 'essencial' com o ato da promulgação. Torna-se válida e obrigatória: nada mais pode ou deve ser-lhe acrescentado. Mas há vida após a promulgação. Quando uma lei é recebida na comunidade, torna-se uma força vital que conduz, que configura e até transforma a comunidade. [...] Sem dúvida há uma diferença real entre a norma abstrata e a força vital. Por esta razão, deveríamos ter duas definições, a de Tomás de Aquino (válida num mundo abstrato das essências) e outra acrescentando as palavras 'e recebida' (válida no mundo da existência concreta) (ORSY, Ladislas. "Filosofia clássica e vida canônica na Igreja". *Concilium*, 1996/267, p. 26). Ou ainda: "a promulgação da lei é a intimação autêntica da mesma, para que levada ao conhecimento da comunidade torne-se obrigatória. Não se trata, portanto, de uma simples comunicação informativa, mas da transmissão de uma ordem, de um comando, de uma disposição, que vincula juridicamente" (PINTO, Pio Vito. *Commento al Codice...* Op. cit., p. 16).

por força de sua autoridade? Aqui, pois, se confrontam dois problemas: a lei enquanto "reproduz" um direito (*ius*) e o significado de "autoridade" na Igreja.

De acordo com o pensamento de Isidoro, "a lei há de ser honesta, justa, possível, natural, conforme aos pátrios costumes, convenientes ao lugar e ao tempo, necessária, útil e também clara, de modo a não iludir pela obscuridade; escrita, não para a utilidade privada, mas para a utilidade comum dos cidadãos" (c. 2, D. 4); "erit autem lex honesta, iuxta, possibilis, secundum naturam, secundum consuetudinem patriae, loco temporique conveniens, necessaria, utilis, manifesta quoque, ne aliquid por obscuritatem inconveniens contineat, nulo privato commodo, sed pro communi utilitate civium conscripta".

Seguindo essa determinação, Santo Tomás diz: "a forma de um ser, que tende para um fim, há de, necessariamente, ser determinada por proporção com esse fim. Assim, a forma de uma serra há de ser tal que sirva para cortar, como está claro em Aristóteles. Assim também, tudo o que é reto e medido há de, necessariamente, ter forma proporcional à sua regra e medida. Ora, uma e outra coisa se encontra na lei humana; pois, ordena-se a um fim; e é uma regra ou medida, regulada ou medida por uma medida superior [....]. Assim, a denominação de honesta se refere a ser concorde com a religião; o que acrescenta – justa, possível, natural, conforme os costumes pátrios, convenientes ao lugar e ao tempo, tudo se reduz a ser conveniente à disciplina. Pois, a disciplina humana se refere, primeiro, à ordem da razão que está incluída na palavra justa. Segundo, à faculdade do agente. Pois, a disciplina deve convir a cada um segundo a sua possibilidade, observada a possibilidade da natureza. Assim, não se pode impor às crianças o mesmo que se impõe aos homens perfeitos. E deve ela ser conforme aos costumes humanos, pois o homem não pode só viver em sociedade, sem conformar os seus costumes com os outros. Terceiro, quanto às circunstâncias devidas, Isidoro diz – 'conveniente ao lugar e ao tempo'. E o que acrescenta –'necessária, útil etc.' – se refere à remoção dos males; a utilidade, à consecução dos bens; a clareza acautela contra danos que poderiam provir da própria lei. E, ordenando-se a lei para o bem comum, como já dissemos (q. 90, a. 2), esta mesma condição está exposta na última parte da enumeração" (I-II, q. 95, a. 3).

Embora Santo Tomás deixe claro que "os meios sejam adaptados aos fins", contudo, precisamos verificar a competência da Igreja, para assim podermos limitar o próprio conteúdo das leis eclesiásticas.

De acordo com a doutrina conciliar, "a missão própria que Cristo confiou à sua Igreja, por certo não é de ordem política, econômica ou social. Pois a finalidade que Cristo lhe conferiu é de ordem religiosa. Mas, na verdade, desta mesma missão religiosa decorrem benefícios, luzes e forças que podem auxiliar a organização e o fortalecimento da comunidade humana segundo a Lei de Deus" (*GS*, 42, b; cf. tb. *GS*, 42, d; 76, b)[16]. "Ao mesmo tempo a Igreja, enviada a todos os povos de qualquer época e região, não está ligada de maneira exclusiva e indissolúvel a nenhuma raça ou nação, a nenhuma forma particular de costumes e a nenhum hábito antigo ou recente" (*GS*, 58, c). "Além disso, é justo que possa, sempre em toda a parte, pregar a fé com liberdade verdadeira, ensinar a sua doutrina social, exercer livremente a sua missão entre os homens e ainda emitir juízo moral, também sobre as realidades que dizem respeito à ordem política, quando exijam os direitos fundamentais da pessoa ou a salvação das almas" (*GS*, 76, e).

Portanto, pode-se afirmar que as leis eclesiásticas não podem ser promulgadas de maneira arbitrária, segundo os gostos pessoais

---

16. Observe-se a nota 11 da *GS*, 42, b: "Pio XII – discurso aos historiadores e artistas: 'a Igreja jamais pode perder de vista essa finalidade estritamente religiosa, sobrenatural. O sentido de todas as suas atividades, *até o último cânone de seu Código*, não pode ser senão concorrer para ela *direta ou indiretamente*'".

de cada um. Cabe aos legisladores saberem ler os "sinais dos tempos", em primeiro lugar. Já aqui, há uma diferença com as leis estatais na medida em que, sociologicamente falando, entram em confronto com os poderes econômicos e os privilégios pessoais. Por princípio, as leis eclesiásticas estão intimamente unidas ao seu Fundador. Em outras palavras, caberá aos legisladores interpretar a voz do Espírito Santo, visto que não se poderá dividir a Igreja Instituição e a Igreja Carismática. As leis eclesiásticas são como que "deduções" (se assim podemos dizer) da tradição teológica magisterial no hoje da Igreja. São instrumentos de comunhão entre o homem e Deus[17].

Além do mais, embora as leis eclesiásticas estejam na esfera religiosa, estas são também a manifestação do Reino. Daí que possam existir leis eclesiásticas que normatizem as relações que vão além das "quatro paredes" da Igreja, enquanto essas podem estar "direta ou indiretamente" unidas à missão religiosa. Assim acontece, por exemplo, com as leis que disciplinam os bens (cân. 1254 § 1). Os bens na Igreja têm, contudo, funções próprias (cân. 1254 § 2). O fato dos administradores de bens serem justos e honestos na retribuição salarial aos que prestam trabalhos nos ambientes eclesiais (cf. cân. 1286, 2º), deve ir além de observação escrupulosa e exata das leis trabalhistas (cân. 1286, 1º), pois deverá também dispor "de modo que lhes seja possível prover às necessidades próprias e de seus familiares"[18].

---

17. "Cada lei tem como primeiro efeito a obrigatoriedade moral; em outras palavras, a lei, quando foi legitimamente promulgada, tem a força de obrigar em consciência diante de Deus e da comunidade organizada socialmente, que é a Igreja Povo de Deus (cf. *LG*, 8). Esta obrigação de consciência não é somente direta, isto é, vincula imediatamente o fiel; mas é também indireta, enquanto obriga terceiros a respeitar o direito concedido pela lei ao fiel singularmente" (MARCUZZI, Pier Giorgio. *Normativa canonica...* Op. cit., p. 250).

18. "Em sentido positivo, a matéria da lei eclesiástica é tudo aquilo que é honesto e justo, física e moralmente possível, tenha correlação ao menos remotamente com o fim espiritual da Igreja e que resulte de acordo com a natureza profética, sacerdotal e

Um quinto aspecto (lugar) a ser considerado trata de um assunto muito discutido no mundo de hoje: a autoridade e o exercício do poder. Certo é que o papa, como sucessor dos apóstolos, e os bispos, como sucessores dos apóstolos (cf. *LG*, 24, a; cân. 330), possuem uma missão que é um verdadeiro serviço, que nas sagradas escrituras *significativamente* se chama diaconia ou ministério:

> como vigários e *legados de Cristo*, os bispos governam as Igrejas particulares que lhes foram confiadas com conselhos, exortações e exemplos, mas também com *autoridade e sacro poder*. Deste poder não usarão senão para edificar sua grei na verdade e santidade, lembrados de que quem é o maior deve portar-se como o menor, e o que manda como quem serve (cf. Lc 22,26-27). Este poder que eles pessoalmente *exercem em nome de Cristo* é próprio, ordinário e imediato, embora seu exercício seja, em última instância, regido pela autoridade suprema e possa ter certos *limites* segundo a *utilidade da Igreja ou dos fiéis* (*LG*, 27, a).

Em outras palavras, existe na Igreja uma autoridade que é de origem divina e que, portanto, é indestrutível. Porém, as formas concretas dessa autoridade nem sempre participam desta incorruptibilidade[19].

Aplicando ao nosso caso aqui estudado, pode-se afirmar que, embora os bispos (e os demais autores das leis eclesiásticas) tenham

---

real do Povo de Deus (cf. *LG*, 17). Não parece possa se excluir também os atos internos, enquanto a autoridade magisterial e sacra da Igreja se autoanalisa. Relembramos que a autoridade de governo eclesiástico é somente semelhante àquela civil: existe uma analogia entre os dois, mas não uma igualdade" (MARCUZZI, Pier Giorgio. *Normativa canonica...* Op. cit., p. 248).

19. "De fato, o problema não pode ser posto nem em termos de ideologia de luta de classe nem naqueles mais tipicamente políticos do equilíbrio de forças. No interior da Igreja o problema de uma necessária e ordenada repartição de competências não pode jamais coincidir, como ultimamente acontece internamente no âmbito estatal, com o problema de posse de uma porção mais ou menos grande de poder, porque o poder, se por poder se entende a responsabilidade última e, portanto, o serviço específico dos bispos defronte à vida da Igreja, não é divisível" (CORECCO, Eugenio. "Parlamento ecclesiale o diaconia sinodale?" *Communio*, 1972, p. 33).

uma verdadeira autoridade para promulgar leis, todavia esses têm como norma suprema a "lei divina" ou a "diaconia". A autoridade existente na Igreja está a serviço e à "utilidade da Igreja e dos fiéis".

Finalmente, um sexto aspecto (lugar), a ser por nós considerado, quer ter presente que a lei canônica não é uma simples admoestação, algo opcional, uma exortação que necessariamente pode-se aceitar ou não.

As leis, propriamente ditas, pressupõem algumas características: *a estabilidade, a universalidade, a obrigatoriedade.*

"A *estabilidade* consiste no fato que as leis possuem um valor duradouro, contínuo, pelas quais a sua validade não é limitada a um tempo determinado: as leis permanecem em vigor e continuam a obrigar, até que não sejam revogadas ou não cessem, de acordo com os modos legítimos.

A *universalidade* é a relação com o sujeito, que é toda a coletividade, seja quanto ao fim, que diretamente é um bem comum e não o bem particular das pessoas singularmente, ou de grupos. Ulpiano: 'A lei se institucionaliza não para as pessoas singularmente (individualmente), mas em geral' (para todas)" (Digesto, 1, 3, 8). Papiano: "A lei é uma disposição de caráter comum" (Digesto, 1, 3, 1).

"A *obrigatoriedade* é a propriedade formal da lei: esta cria na comunidade social, como nos indivíduos singularmente, uma necessidade de caráter ético-jurídico (dever) ao qual todos estão vinculados" (cf. CHIAPPETTA, Luigi. *Il Codice...* Op. cit. Vol. 1, p. 14).

As leis na Igreja possuem essas mesmas características, isto é, também possuem um caráter *coercitivo*, no sentido de que os membros do Povo de Deus podem sofrer censuras e penalidades de acordo com as leis canônicas (cf. Livro VI, Das Sanções na Igreja). Para a Igreja, as penalidades têm um caráter terapêutico e não somente punitivo "porque têm em vista realizar a conversão do pecador. Todas as leis na Igreja têm a verdade e a caridade como os seus elementos constitutivos e os seus primordiais princípios inspiradores"[20].

2) Publicação da lei canônica (cân. 8)

O cânon 8 determina o modo, a publicação da lei na Igreja:

§ 1 – "As leis eclesiásticas universais são promulgadas pela publicação na Revista Oficial *Acta Apostolicae Sedis*, a não ser que, em casos particulares, tenha sido prescrito outro modo de promulgação; entram em vigor somente após três meses, a contar da data que é colocada no fascículo de *Acta*, a não ser que pela natureza da matéria obriguem imediatamente, ou na própria lei tenha sido especial e expressamente determinada uma vacância mais breve ou mais prolongada".

§ 2 – "As leis particulares são promulgadas no modo determinado pelo legislador e começam a obrigar um mês após a data da promulgação, a não ser que na própria lei seja determinado outro prazo".

Olhando-se a lei no seu aspecto formal, "não existe dúvida que a promulgação pertence à essência da lei (cf. CHIAPPETTA, Luigi. *Il Codice...* Op. cit. Vol. 1, p. 17)[21]. Para as leis eclesiásticas, universal é a publicação feita pela *AAS*, após três meses da data

---

20. "Discurso de sua Santidade João Paulo II a um grupo de bispos dos Estados Unidos". *D&P*, 38, 1999, p. 80 (cf. o texto completo no anexo).

21. E ainda: "a promulgação da lei não coincide com a sua aplicação, ou seja, a sua entrada em vigor. Em todos os ordenamentos jurídicos, entre uma e outra intercorre um certo período de tempo, dito 'vacância', em que a lei 'vacat', isto é, permanece sem eficácia, para dar oportunidade aos destinatários de conhecê-la e de disporem-se à sua observância" (CHIAPETTA, Luigi. Ibid., p. 17). "Por si a lei obriga desde o momento de sua promulgação, porém, habitualmente se dá um espaço de tempo necessário à divulgação e ao conhecimento da parte dos súditos" (PINTO, Pio Vito. *Commento al Codice...* Op. cit., p. 9).

do fascículo. Assim, uma lei publicada no dia 29 de novembro, se começa a contar o *termino a quo* no dia 30 de novembro, e entrará em vigor no dia 30 de fevereiro. Como não existe, será dia 28 ou 29 de fevereiro, pois, "o mês deve ser tomado como está no calendário, se o tempo é contínuo" (cân. 202 § 2). Na prática, geralmente se determina o tempo quando a lei começará a vigorar. Foi o que ocorreu, por exemplo, com o próprio Código: com a Constituição Apostólica *Sacrae Disciplinae Leges*, o Papa João Paulo II promulgou o atual Código, porém suas leis tornaram-se obrigatórias apenas a partir do primeiro dia do Advento de 1983, isto é, no dia 27 de novembro. O tempo entre a publicação e a sua entrada em vigor (vigência) chama-se *vacatio legis*.

Para as leis particulares, é necessário um mês após a promulgação, num determinado órgão de comunicação devido (cân. 8 § 2). Tais prazos têm a finalidade pedagógica para que a lei seja divulgada e também devidamente conhecida.

Só quem pode publicar uma lei como tal é aquele que está investido de um poder na comunidade. Assim, *para as leis universais*: o romano pontífice (*LG*, 22; cân. 331); Colégio dos Bispos (*LG*, 22; *CD*, 4; cân. 336); Concílio Ecumênico (*LG*, 22; cân. 337 § 1); em determinados casos: Sínodo dos Bispos (cân. 343), com o mandato e a ratificação do Romano Pontífice; a Cúria Romana, com a aprovação do papa.

Já *para as leis particulares*, as autoridades para criar leis são: o bispo diocesano (cân. 381 § 1); o Concílio particular, tanto os plenários (para toda as Igrejas particulares da mesma Conferência), como também os provinciais, isto é, da mesma província eclesiástica (cf. cân. 445; 439 § 1 e cân. 440 § 2); as Conferências dos Bispos (em questões que o direito prescreve (cf. cân. 455 § 1 – *CD*, 38, d); o Sínodo diocesano (cân. 466); os equiparados ao bispo (cân. 381 §2): o prelado territorial ou abade territorial, o vigário apostólico, prefeito apostólico, administrador apostólico. *Para os que têm direitos próprios*: os superiores e o capítulo geral (cân. 631) e outros capítulos (cân. 632).

3) Princípio de irretroatividade das leis (cân. 9)

Diz o cân. 9: "as leis visam o futuro, não o passado, a não ser que explicitamente nelas se disponha algo sobre o passado". Por esse princípio se entende que a lei sempre se refere àquilo que vai acontecer[22]; geralmente as leis não podem ser critérios ou modelos a disciplinar fatos já acontecidos anteriores à lei. É, pois, "um princípio exigido pela segurança dos membros de qualquer comunidade" (cf. Hortal, comentário ao Código no cân. 9). Contudo, o Código reconhece três importantes derrogas a este princípio (cf. a diferença entre ab-rogação e derrogação no cân. 20):

a) O *cân. 9* completa: "a não ser que explicitamente nelas se determinem coisas passadas;

b) O *cân. 1313 §§ 1-2*: nas leis penais, deve-se aplicar a lei mais favorável e caso sejam suprimidos a lei ou a pena, esta cessa imediatamente. A razão de tal retroatividade é porque o direito penal é público. Ora, se tal "delito" não é considerado como tal numa nova legislação, deixa de atrapalhar o bem comum público, e não tem mais sentido essa lei ou delito;

c) O *cân. 16 § 2*: uma interpretação autêntica promulgada, se esclarece palavras da lei já por si certas, tem valor retroativo. Na

---

22. "Uma lei velha torna-se nociva ou simplesmente inútil, perdendo toda força obrigatória. 'Ius ecclesiasticum, semper reformandum': sua verdade consiste em sua eficácia" (WAGNON, Henri. "L'étude du droit canonique dans la formation du futur prêtre". *Seminarium*, 27, 1975, p. 828-829). Este princípio tem sua aplicação no Direito em geral e também no Direito Canônico, e tem sua origem no Direito Romano (Cod. 1, 14, 7). "O Direito Canônico deriva, neste ponto, daquilo que foi estabelecido nos Decretais de Gregório IX (c.13, X, 1, 2), aceitos e seguidos por toda tradição dos canonistas, segundo os quais a irretroatividade seria a norma, a retroatividade seria, ao invés, a exceção" (PINTO, Pio Vito. *Commento al Codice...* Op. cit., p. 9).

realidade, essas já estão contidas na lei que está em vigor, embora de maneira obscura. A rigor científico, pode-se dizer que essa retroatividade, de certa forma, é mais aparente que real.

A irretroatividade da lei tem apenas uma única preocupação: tutelar e respeitar os chamados direitos adquiridos (cf. cân. 4) em razão do bem comum precedente. É o caso, por exemplo, das prescrições (cf. cân. 1270).

4) Classificação das leis canônicas

Podemos, assim, elencar os diversos tipos de leis:

Cân. 10 – Devem ser consideradas irritantes ou inabilitantes, unicamente as leis pelas quais se estabelece expressamente que um ato é nulo ou uma pessoa é inábil.

Assim: a) *Leis irritantes* (cân. 10): quando se diz expressamente que um ato é nulo. Portanto, a nulidade toca o fato como tal (ex.: dolo); b) *Leis inabilitantes* (cân. 10): quando torna a pessoa inábil para um determinado ato (cf. cân. 1073 e 1083-1094).

Cân. 11 – Estão obrigadas às leis meramente eclesiásticas os batizados na Igreja Católica ou nela recebidos, que têm suficiente uso da razão e, se o direito não dispõe expressamente outra coisa, completaram sete anos de idade.

Portanto, *leis meramente eclesiásticas* são as que têm como fonte uma fundamentação eclesial, da tradição da Igreja. É o caso, por exemplo, da lei do jejum, contrapondo-se às *leis eclesiais*, isto é, aquelas que possuem um fundamento divino (exemplo, o episcopado é uma lei eclesial; enquanto suas qualidades, idade e outros requisitos, são leis meramente eclesiásticas).

Cân. 12 § 1 – As leis universais obrigam em todos os lugares a todos aqueles para os quais foram dadas.

§ 2 – Estão, porém, isentos das leis universais, que não vigoram em determinado território, todos os que se encontram de fato nesse território.

§ 3 – As leis emanadas para um determinado território estão sujeitas àqueles para os quais foram dadas, que aí tenham domicílio ou quase-domicílio e, ao mesmo tempo, aí estejam morando de fato, salva a prescrição do cân. 13.

O cânon estabelece o que são *leis universais*, isto é, aquelas que obrigam em todos os lugares e para todas as pessoas. Contrariamente, são *leis particulares*, aquelas que obrigam a todos os que estão num determinado lugar. É o caso das leis diocesanas, da Conferência Episcopal, de um Sínodo diocesano.

Cân. 13 § 1 – As leis particulares não se presumem pessoais, mas sim, territoriais, a não ser que conste diversamente.

§ 2 – Os forasteiros não estão obrigados:

1º) Às leis particulares do seu território enquanto dele estiverem ausentes, a não ser que a transgressão delas redunde em prejuízo no próprio território, ou que as leis sejam pessoais;

2º) Nem às leis do território em que se encontram com exceção daquelas que tutelam a ordem pública, ou determinam as formalidades dos atos, ou se referem a imóveis situados no território.

§ 3 – Os vagantes estão obrigados às leis universais e particulares vigentes no lugar em que se encontram.

As *leis pessoais* são aquelas que atingem apenas a uma classe de pessoas. É o caso das leis que tocam somente para os religiosos, os leigos ou para os clérigos. Em geral, as leis usam como critério o princípio da territorialidade, seja para todos os lugares (leis universais) ou para um lugar determinado (leis particulares). Todavia, uma lei universal pode ser pessoal (é o exemplo das leis que obrigam todos os presbíteros do mundo), como também as leis particulares podem ser pessoais (para todos os que têm domicílio num determinado território e pertencem a um determinado grupo ou classe, como os religiosos). Às leis meramente eclesiásticas estão obrigados (cân. 11) todos os batizados na Igreja Católica ou nela recebidos, os que têm suficiente uso da razão e que tenham completado 7 anos de idade.

O cân. 18 estabelece ainda um outro tipo de lei, as chamadas leis penais: "as leis que estabelecem pena ou limitam o livre-exercício dos direitos ou contêm exceção à lei, devem ser interpretadas estritamente".

As formas como as leis da Sé Apostólica são apresentadas variam: Constituições Apostólicas, Rescritos, Cartas Apostólicas, Motu Proprio, bulas, breves etc.

5) Fatores determinantes na aplicação das leis (cc. 14-15)

Para uma exata aplicação da lei é necessário que esta seja clara. Podemos, pois, ter a *dúvida de direito* (*dubium iuris*) quando esta trate diretamente sobre a lei, isto é, seus elementos, sua validade, sua promulgação, sua legitimidade e obrigatoriedade, seu conteúdo ou até mesmo sua extensão; já a *dúvida de fato* (*dubium facti*) que não contempla propriamente a lei emanada, mas a sua aplicação concreta, até que ponto uma determinada lei pode ser usada para resolver uma determinada realidade (cf. CHIAPPETTA, Luigi. *Il Codice...* Op. cit. Vol. 1, p. 30).

Assim reza o cân. 14: "As leis, mesmo as irritantes ou inabilitantes, na dúvida de direito, não obrigam; na dúvida de fato, os Ordinários podem dispensá-las, desde que, se se tratar de dispensa reservada, essa dispensa costume ser concedida pela autoridade à qual está reservada".

Já o cân. 15 trata da ignorância da lei:

§ 1 – "A ignorância ou o erro a respeito de leis irritantes ou inabilitantes não impedem o efeito delas, salvo determinação expressa em contrário".

§ 2 – "Não se presume ignorância ou erro a respeito de lei, de pena, de fato próprio ou de fato alheio notório; presume-se a respeito de fato alheio não notório, até que se prove o contrário".

Embora possam transparecer uma certa afinidade, ignorância, erro, inadvertência, esquecimento são termos que possuem significados diferentes. A *ignorância,* no sentido jurídico, é a "falta da devida consciência" (*carentia scientiae* debitae). Já o *erro* é um conhecimento inexato, imperfeito: um falso juízo (*falsum iudicium*). Finalmente, a *inadvertência* é a falta de atenção; e o *esquecimento,* a perda de um conhecimento adquirido" (cf. Ibid., p. 32).

6) Interpretação das leis canônicas (cc. 16-18)

Reza o cân. 16:

§ 1– "Interpreta autenticamente as leis o legislador e aquele ao qual for por ele concedido o poder de interpretar autenticamente".

§ 2 – "A interpretação autêntica, apresentada a modo de lei, tem a mesma força que a própria lei e deve ser promulgada; se unicamente esclarece palavras da lei já por si certas, tem valor retroativo; se restringe ou estende a lei, ou se esclarece uma lei duvidosa, não retroage".

§ 3 – "A interpretação, porém, dada a modo de sentença judicial ou de ato administrativo para um caso particular, não tem força de lei e somente obriga as pessoas e afeta os casos para os quais foi dada".

Em princípio, se entende por interpretação a explicação do sentido da lei (*lex dubia, lex nulla*). No sentido estrito, é a explicação de algo duvidoso ou obscuro, já contido desde o início na lei. Embora na maioria das vezes a lei não precise de interpretação (que é diferente da aplicação da lei!), todavia, muitas vezes acontece "que alguma lei requeira uma qualquer explicação ou uma declaração sobre ela, para dar ao fiel uma certeza maior da prática concreta: a generalidade e juntamente a brevidade e concisão da lei, as palavras usadas, que podem com o andar do tempo modificar seu significado, às vezes a inabilidade daqueles que estilizam a fórmula verbal da lei, fazem com que a interpretação torne-se uma operação extremamente útil" (MARCUZZI, Piero Giorgio. *Normativa canonica...*, 255)[23].

As interpretações são classificadas com relação à sua autoridade em:

a) *Interpretação autêntica (cân. 16 §§ 1-2)*: feita por aquele que deu origem à lei, e tem efeitos jurídicos. Para efeito de praticidade, o Papa João Paulo II instituiu o Conselho Pontifício para a Interpretação dos Textos Legislativos[24]. Esse Conselho deverá, contudo,

---

23. "Segundo o significado comum do termo, fundamentado sob seu sentido etimológico, a interpretação não é outra coisa que a explicação adequada de uma palavra ou de uma expressão mediante algo mais claro; portanto, a interpretação da lei consiste na manifestação do seu significado genuíno ou da sua compreensão intelectiva, a extração e a explicação, ou, melhor dizendo, a explicitação de tudo o que está contido e incluído na lei, para se poder perceber claramente e, consequentemente, aplicar adequadamente a lei aos diversos casos concretos, por dispor aos quais essa foi instituída" (MARCUZZI, Piero Giorgio. "Le forme dell'interpretazione canonica tra diritto ed equità". In: VV.AA. *Il Diritto della Chiesa...* Op. cit., p. 37).

24. Para um maior conhecimento deste assunto, cf.: PUJOL, Enrique Pérez. *O Conselho Pontifício para a Interpretação dos Textos Legislativos* – antecedentes históricos e funções [Tese doutoral do Centro Acadêmico Romano da Santa Cruz, Roma, 1992]. Este autor faz uma afirmação interessante: "diferentemente do Papa Bento XV, que não queria que o Código por ele promulgado fosse deturpado, e por isso instituiu a Comissão Pontifícia, o Papa João Paulo II tem outra preocupação: que o Código ora promulgado se interprete 'veluti complementum magisteri a Concilio Vaticano II propositi' e como elemento orientador da verdadeira reforma pretendida pela

se ater a determinadas "regras", pois não pode interpretar as leis contra aquilo que é o seu "ius", isto é, o seu espírito como tal. Alguns cânones já receberam uma interpretação autêntica (por exemplo, cc. 502; 917; 1127 etc.);

b) *Interpretação doutrinal*: a que é dada pelos peritos. Aqui também deverá ter como "regra", quer o estudo do contexto (dentro do mesmo tratado), quer dos lugares paralelos (onde aparece o mesmo vocábulo, porém fora do tratado específico);

c) *Interpretação usual*: é dada pelo uso do costume, pois é "o melhor intérprete da lei" (cân. 27). As regras jurídicas resumem uma sabedoria milenar: "lex semper loquitur" (A lei sempre fala); e "ubi lex non distinguit, nec nostrum est distinguere" (Quando a lei não distingue, nós não temos o direito de distinguir).

Quanto ao seu conteúdo podemos ter dois tipos de interpretação:

a) *Interpretação estrita*: é apresentado o sentido mais rigoroso, tanto da letra da lei como da sua aplicação. É o caso das leis penais (cf. cân. 18);

b) *Interpretação lata*: apresenta um sentido mais amplo, quando as palavras ou o contexto tenham um sentido duplo ou, na aplicação, segundo a mente do legislador, se constata ser esse seu sentido. Por exemplo, por "clérigo", nas coisas favoráveis, estão também compreendidos os religiosos ordenados.

Diz o cân. 17: "As leis eclesiásticas devem ser entendidas segundo o sentido próprio das palavras, consideradas no texto e no contexto; mas, se o sentido continua duvidoso e obscuro, deve-se recorrer aos lugares paralelos, se os houver, à finalidade e às circunstâncias da lei, bem como à mente do legislador".

Magna Assembleia Episcopal e, seguindo os passos de seu predecessor Bento XV, 'certa atque matura deliberatione', erige uma Comissão [depois transformada em Conselho] que, interpretando a lei, incentive a obediência a ela" (PUJOL, Enrique Pérez. Ibid., p. 34).

Assim, o cân. 17 pontualiza de maneira hierárquica o modo como deve ser interpretada a lei:

a) *Segundo o sentido próprio das palavras*: não é o sentido etimológico ou filológico que é importante, embora às vezes possa trazer alguma "luz" na hora de entendermos um termo; no nosso caso, o sentido próprio se opõe ao sentido impróprio ou também chamado metafórico[25] (por exemplo, a palavra "sacrifício" tem diferentes conotações – cf. cân. 607 § 1; 674; 897; 898);

b) *Considerado no texto e no contexto*: pelo texto se percebe a diferença entre o "voto" como promessa, "voto" como eleição e "voto" como ato de profissão religiosa (cf. cân. 1191-1198).

c) *Lugares paralelos*;

d) *Finalidades e circunstâncias da lei*;

e) *Mente do legislador*: o termo "ordinário", por exemplo, pode receber uma interpretação mais restritiva ou mais larga de acordo com a situação da lei exposta (cf. cân. 134 §§ 1-2). Todos os presbíteros são clérigos, mas nem todos os clérigos são presbíteros (cân. 266 § 1), como é o caso dos diáconos.

Finalmente, diz o cân. 18: "As leis que estabelecem pena ou limitam o livre-exercício dos direitos ou contêm exceção à lei devem ser interpretadas estritamente". Assim, por exemplo, não são todas as pessoas que são passíveis de sanções penais, mas somente aquelas estabelecidas por lei (cf. cân. 1323).

---

25. "O significado próprio das palavras possui três acepções: *significado etimológico*, ou natural, do termo; *significado usual*, que se fundamente sobre o modo comum de falar; *significado jurídico*, que vem determinado, ou da própria lei, ou do uso dos juristas ou, enfim, da jurisprudência" (MARCUZZI, Piero Giorgio. *Normativa Canonica...* Op. cit., p. 258). Este mesmo autor lembra algumas máximas ou axiomas já consagrados pela tradição canônica: "verba clara non admittunt interpretationem nec voluntatis coniecturam; verba generalia generaliter sunt intelligenda; ubi lex non distinguit, neque nos debemus distinguere; indefinita locutio aequi pollet universali" (WERNEZ, F.X. *Ius Decretalium*. Prati, 1913, p. 152. • Cf. MARCUZZI, Piero Giorgio. *Normativa Canonica...* Op. cit., p. 258, nota 71).

7) Princípio da equidade canônica e epiqueia (cân. 19)

Pelo princípio da *equidade* se quer expressar uma noção em que, de um lado, se contempla a ordem (*bonum*) e, de outro, a justiça (*æquum*). Assim, se poderia dizer que a equidade consiste em analisar as diversas circunstâncias práticas de um fato e simultaneamente verificar o espírito da lei que se aplica a este caso determinado "leges cum æquitate canonica aplicandæ sunt" (*antigo aforismo jurídico*). Daí se afirma que a equidade é "a aplicação da justiça objetiva a um caso concreto" (LEFEBVRE, Charles. Verbete "equité". In: *Dictionnaire de Droit Canonique*. Tomo IV. Paris, 1953, col. 394)[26].

- Æquitas est, quæ de iure multum remittit (Tert. Ad. 1,1) – A equidade é aquela que atenua muito o rigor da lei.
- Æquitas præfertur rigori (R.J.) – A equidade prefira-se que o rigor.
- In omnibus quidem, maxime tamen in iure, æquitas spectanda sit (R.J. 50, 17) – Em todas as coisas, e especialmente no direito, se tenha em vista a equidade.
- Ubi æquitas evidens poscit, subveniendum est (Marcel) – Quando a equidade evidente o requer, é necessário vir em ajuda.
- Summum ius, summa iniuria (Cícero, De officiis, I, 10) – O supremo direito, a suprema injustiça.
- Noli esse iustus multum (Ecl 7,17) – Não seja demasiadamente injusto.

Contudo, a equidade para ser aplicada exige determinadas condições: não pode ser efetuada a qualquer custo, mas deverá

---

26. "Se estudarmos a formação e o desenvolvimento histórico do conceito de æquitas canônica, vemos que nela confluem três componentes: o conceito romano da æquitas, entendida em seu sentido pregnante de perfeita justiça; o conceito patrístico da misericórdia ou 'charitas' cristã, que abranda o rigor da lei; o conceito aristotélico de 'epicheia', isto é, a não aplicabilidade da lei no caso de sua aplicação mostrar-se claramente iníqua" (CARON, Pier Giovanni. "A equidade canônica". *Concilium*, 1977/7, p. 33).

estar "informata a iure" (LEFEBVRE, Charles. *DDC*, col. 408)[27]. Em outras palavras: "a æquitas não deve significar a obliteração do Direito Canônico. O Direito é estritamente necessário à vida da Igreja, e todo apelo à 'charitas' que servisse de pretexto para furtar-se ao cumprimento dos próprios deveres e ao respeito dos direitos do próximo, não passa de sofisma" (CARON, Pier Giovanni. Op. cit., p. 41)[28].

Semelhante ao conceito de equidade temos o da *epiqueia*. Embora não apareça explicitamente no Código, está contudo presente no seu bojo (cf. *Código de Direito Canônico*. São Paulo: Loyola, 1983, nota do Pe. Jésus Hortal ao cân. 19. Cf., por exemplo, cân. 1323, n. 4 e 1324 § 1, n. 5). Se os autores da renascença, como Santo Tomás, traduzem epiqueia por "æquitas", contudo existem diferenças: "a equidade canônica é aplicada pela autoridade pública, judiciária ou administrativa; epiqueia, ao contrário, somente por pessoas privadas [...]; a primeira é um julgamento objetivo que se atém diretamente à regra de direito em si mesma; a segunda não é, senão, uma decisão subjetiva privada; uma cria um novo direito objetivo aplicado a casos particulares, a outra não é um ato de jurisdição" (LEFEBVRE, Charles. Op. cit., col. 371-372)[29]. A epiqueia é justificada quando: "a observância da lei aparece difícil ou moralmente impossível; seja certo ou ao menos objetivamente duvidoso que a lei seja iníqua, e seja difícil o recurso ao legislador para a dispensa. Ao contrário, a epiqueia não pode ser invocada: nos casos nos quais está envolvida a lei divina seja natural seja

---

[27]. Além dos cc. 19 e 1752 que tratam mais diretamente da equidade, pode-se verificar no Código o uso do termo em outros cânones: a *aequitas naturalis* (cc. 271 § 3; 1148 § 3); a *aequitas*, sem mais especificação (cân. 221 § 2); equidade e caridade (cc. 686 § 3; 702 § 2); • cf.: GHIRLANDA, Gianfranco. *Introdução ao Direito Eclesial...* Op. cit., p 52-54).

[28]. Cf. tb. *Summa Theologica*, I-II, q. 96, a. 6; I-II, q. 120, a. 1.

[29]. Segundo alguns autores, a epiqueia está mais relacionada com a Moral do que propriamente com o Direito (cf. CHIAPPETTA, Luigi. *Il Codice...* Op. cit. Vol. 1, p. 41).

positiva; no caso das leis irritantes ou inabilitantes, a menos que a observância da lei não se oponha ao exercício do direito natural e não ponha o súdito no perigo contínuo de pecar gravemente; quando se trata de leis penais; quando é fácil o recurso ao superior para a dispensa" (PINTO, Pio Vito. *Commento al Codice...* Op. cit., p. 20).

De qualquer forma, porém, permanece a mesma ideia, entre equidade e a epiqueia, embora com nuanças diferentes[30] (cf. tb. o princípio terceiro aprovado em 1967 pelo Sínodo – Prefácio, XXVIII).

O que está em jogo é o direito em si mesmo, que deverá sempre ser preservado: "a epiqueia não se afasta do justo em si, mas do que é determinado por lei" (I-II, q. 120, a. 1)[31].

Diz o cân. 19: "Se a respeito de uma determinada matéria falta uma prescrição expressa da lei, universal ou particular, ou costume, a causa, a não ser que seja penal, deve ser dirimida levando-se em conta as leis dadas em casos semelhantes, os princípios gerais do direito aplicados com equidade canônica, a jurisprudência e a praxe da Cúria Romana, a opinião comum e constante dos doutores".

Pela análise do próprio cân. 19 se percebe os limites de aplicação da equidade canônica:

a) Analogia da lei ou recurso às leis semelhantes (*analogia legis*);

---

30. "Sob este aspecto, a ideia da *æquitas* entendida no sentido pregnante de perfeita justiça – e integrada pelo elemento da charitas cristã – deverá adquirir enorme importância na reforma do Codex e na aplicação da norma ao caso concreto. A *æquitas* transcenderá, assim, o rigor da lei, que também é necessária, e da qual não se pode prescindir em uma sociedade perfeita, como a Igreja Católica, para realizar a ideia da *charitas*, do amor divino" (CARON, Pier Giovanni. Op. cit., p. 41-42).

31. "Se considerarmos como justiça legal só a que nos faz obedecer às palavras da lei, então a *epiqueia* não faz parte dessa justiça, mas da justiça considerada em sentido geral, que se divide, por oposição, da justiça legal, como o que excede a esta" (I-II, q. 120, a. 2). E ainda: "é próprio da epiqueia introduzir moderação na obediência à letra da lei" (I-II, q. 120, a. 2).

b) Analogia do direito ou recurso aos princípios gerais do direito (*analogia iuris*).

c) *A jurisprudência* (da chamada Rota Romana) e praxe da Cúria Romana;

d) O comum e constante *ensinamento dos peritos*;

e) Enfim, no caso de aplicação de penas, não se pode suprir, pois se a lei faz silêncio, não se pode aplicar nenhuma pena (cf. cân. 6, 3º).

A aplicação da equidade canônica é, pois, de extrema necessidade na Igreja. Isso porque nela se manifesta a natureza essencialmente dinâmica e não estática que o ordenamento eclesial exige, o espírito da lei e não a lei como algo absolutista, ao mesmo tempo em que impede às normas se tornarem um obstáculo ao progresso da comunidade (cf. FAGIOLO, Vincenzo. Op. cit., p. 22-23)[32].

8) Morte da lei: ab-rogação e derrogação (cân. 20-21)

O cân. 20 diz o seguinte: "a lei posterior ab-roga ou derroga a anterior, se expressamente o declara, se lhe é diretamente contrária, ou se reordena inteiramente toda a matéria da lei anterior; a lei universal, porém, de nenhum modo derroga o direito particular ou especial, salvo determinação expressa em contrário no direito".

Parece-nos um fato natural que a lei tenha uma relativa vida. Relativa no sentido de poder servir à comunidade, mas nem sempre ela será necessária. Aliás, a necessidade de uma lei ou norma é diretamente proporcional aos objetivos daquela norma ou lei[33]. "A lei eclesiástica, como qualquer outra lei humana, possui um caráter de estabilidade, mas não de absoluta imutabilidade.

---

32. "O legislador não pode prever e ordenar toda a vida social nas indefinidades de suas manifestações, nem prever casos futuros, que dependem de tantas circunstâncias. Eis aí a origem da lacuna das leis" (PINTO, Pio Vito. *Commento al Codice...* Op. cit., p. 22).

33. "Diante das leis é preciso evitar dois extremos: o primeiro é a sua rejeição simples. [...] O segundo consiste em ater-se somente à *letra da lei*, caindo no legalismo. É a

Essa pode e deve modificar-se e ainda deixar de existir totalmente, adequando-se continuamente à real exigência do Povo de Deus, para poder desenvolver a sua função e conseguir o seu fim" (CHIAPPETTA, Luigi. *Il Codice...* Op. cit. Vol. 1, p. 43). Mais ainda, "a Igreja não é uma realidade acabada, que nos é oferecida de antemão. Ela é uma realidade permanente perseguida e buscada, pelo esforço da comunidade de fé, em sua tentativa sempre viva de expressar e experimentar o Reino de Deus" (PEGORARO, José. "Igreja: sacramento do Reino de Deus – Perspectivas jurídicas". *Vida Pastoral*, 111, 1983, p. 27)[34].

O cân. 20 fala de *ab-rogação* (tornar sem efeito, desfazer completamente, não ter validade de maneira absoluta) e da *derrogação* da lei canônica (ou seja, a invalidade da lei de maneira parcial)[35].

Se os conceitos acima são claros, na realidade e na hora de aplicá-los podem aparecer alguns problemas. É o que analisa o cân. 21: "na dúvida, não se presume a revogação de lei preexistente, mas leis posteriores devem ser comparadas com as anteriores e, enquanto possível, com elas harmonizadas".

9) Relação entre as leis da Igreja e as do Estado (cân. 22)

Diz o cân. 22: "as leis civis, às quais o direito da Igreja remete, sejam observadas no Direito Canônico, com os mesmos efeitos, desde que não sejam contrárias ao direito divino, e não seja determinado o contrário pelo Direito Canônico".

---

observância ou a imposição das leis sem espírito" (GRINGS, Dadeus. *A ortopráxis da Igreja* – O Direito Canônico a serviço da pastoral. Aparecida: Santuário, 1986, p. 28).

34. "Apesar da promulgação do novo Código de Direito Canônico, continua de pé a necessidade de uma contínua renovação de nossas leis. As implicações práticas da doutrina do Concílio Vaticano II não foram imediatamente óbvias. Precisamos de tempo para sua compreensão" (ORSY, Ladislas. "Filosofia Clássica e vida Canônica da Igreja". *Concilium*, 1996/267, p. 20).

35. Esses conceitos são tirados do Direito Romano: "derogatur legi aut abrogatur: derogatur legi, cum pars detrahitur; abrogatur legi, cum prorsus tollitur" (D. 50, 16, 102) (cf. CHIAPPETTA, Luigi. *Il Codice...* Op. cit. Vol. 1, p. 43, nota 8).

Já de antemão é preciso dizer que, quando se usa o termo "lei civil", não se refere somente ao Código Civil, no nosso caso, o Código Civil Brasileiro (o anterior de 1916 e o atual, sancionado pela Lei n. 10.406, de 10 de janeiro de 2002, e que entrou em vigor em 11 de janeiro de 2003), mas também ao Código Trabalhista e outros, de acordo com a matéria. Aqui, o direito (lei) civil se opõe ao direito da Igreja; portanto, poder-se-ia usar uma terminologia mais ampla, como "Direito secular".

Antes do Código de 1917, quando se falava em leis civis, se pensava quase que exclusivamente no Direito Romano, que teve uma grande influência em todos os ramos do Direito e também sobre o Direito Canônico.

O atual cân. 22 quer ser um princípio geral no sentido de se valorizar o direito civil, não apenas em si mesmo, mas na medida em que o Direito Canônico como que "canoniza", em alguns casos, a sua competência legal[36].

Se há uma "canonização" de algumas "leis civis", contudo, não se está dizendo que as leis da Igreja são as mesmas do "Direito secular", em seus diversos Códigos (Penal, Trabalhista, Civil etc.). Pelo contrário, as leis da Igreja são próprias e independentes do poder civil (cf. cân. 1254; 1311), inclusive, possuem uma série de instituições jurídicas próprias, que no poder civil não existem. Em outras palavras: "a norma canônica prevê, não tanto como

---

36. "A razão deste reenvio é a oportunidade que, em certas matérias comuns à Igreja e ao Estado, e relativamente à esfera temporal, não surjam conflitos entre os dois ordenamentos, mas se determine, ao invés, uma frutuosa cooperação. Por outro lado, a legislação eclesiástica, valendo-se daquela civil, poderá adaptar-se melhor às exigências dos vários povos e às diversas circunstâncias de tempo e lugar. É óbvio por outro lado que, canonizando a norma civil, a Igreja, sociedade originária e plenamente autônoma, não renuncia ao seu direito de emanar próprias leis, diferentes daquelas civis e também contrárias àquelas" (CHIAPPETTA, Luigi. *Il Codice...* Op. cit. Vol. 1, p. 46). Sobre o assunto, cf. PÉREZ LLANTADA, Jaime. *DDC*, verbete "Direito Civil", p. 256-258. Cf., por exemplo: cc. 110; 197; 231 § 2; 365 § 1; 1274 § 5; 1284 § 2, n. 2 e 3; 1286, n. 1; 1290; 1296; 1299 § 2; 1558 § 2; 1714; 1716.

possibilidade técnica ou como capacidade dos entendidos na matéria, mas como alguma coisa que emana da natureza própria do direito da Igreja e faz parte da vida jurídica cotidiana, a adaptação da lei geral aos casos concretos, mediante uma série de institutos cuja ordenação canônica dispõe e se serve largamente, e que a ordenação civil ou não tem, ou não usa inteiramente, ou usa em medida muito reduzida. Trata-se de institutos, que por sua natureza são móveis e elásticos, conciliam as exigências da substância e da forma do ordenamento canônico e que, aprofundados e valorizados na sua natureza e função, manifestam a peculiaridade da norma canônica e justificam certas atitudes e soluções que de outro modo resultariam incompreensíveis. Dentre esses institutos, os mais usados são a *dispensa, o privilégio, o indulto, a tolerância, a dissimulação, o recurso em suspensivo, a equidade canônica*. Por meio desses se chega a realizar, de um modo ou de outro, derrogas ao direito estabelecido, segundo as mutáveis mudanças dos tempos, as diversas exigências de lugares e de pessoas para vir ao encontro das necessidades particulares, territoriais e pessoais que se fazem uso na prática" (LECLERC, Gustave. & SENOFONTE, Bruno. *La dimensione istituzionale della Chiesa...* Op. cit., p. 84).

Assim, pelos *privilégios* (cf. cc. 76-84) são estabelecidos que uma determinada pessoa ou categoria de pessoas, numa determinada situação especial, são favorecidas, mediante uma graça da autoridade competente (*lex privata favorabilis*)[37].

O *indulto*, que possui um conceito análogo ao privilégio, se exime da observância da lei dentro de determinadas condições solicitadas.

---

37. Numa sociedade onde a igualdade das pessoas é um princípio sagrado dos direitos fundamentais da pessoa humana, parece que o privilégio seria algo escandaloso e abusivo. Contudo, este instituto jurídico é aplicado pelas autoridades da Igreja no sentido de se contemplar os casos concretos e peculiares, que a lei por ser geral e abstrata deixa de lado (cf. CHIAPPETTA, Luigi. *Il Codice...* Op. cit., p. 90).

A *dispensa* (cf. cc. 85-93) trata das suspensões da lei em casos precisos, feita pela competente autoridade eclesiástica.

Pela *tolerância* se "permite o mal, a violação da ordem social, para evitar que da correção dessa não provenha um mal maior, e para dar a possibilidade com o tempo e a benignidade, recuperar o delinquente".

Pela *dissimulação* (dispensa tácita ou dispensa "post factum") "o superior mostra que ignora a transgressão da lei, se bem que a conheça, para evitar que, no foro externo, se proceda a uma punição do transgressor da lei. A tal decisão prudencial o superior é induzido para que o transgressor não incorra num mal maior, que possa constituir "periculum animae".

Já o *recurso em suspensivo* é a interdição na execução de uma pena na espera de uma decisão por parte da autoridade superior (LECLERC, Gustave & SENOFONTE, Bruno. *La dimensione istituzionale della Chiesa...* Op. cit., p. 84).

Apêndices

Appendices

I
A legislação canônica brasileira

Por legislação canônica entendemos os documentos "produzidos" por diferentes instâncias jurídicas, que possuem valor canônico, mas que não estão diretamente incluídos no Código. É o caso, por exemplo, dos sínodos, dos concílios provinciais e nacionais. Tentaremos, na presente seção, refletir sobre a legislação eclesiástica, as fontes canônicas da Igreja do Brasil ao longo de seus 500 anos de Evangelização.

Até 1514, a "Terra de Santa Cruz" estava sob a jurisdição eclesiástica do vicariato de Tomar. Pela bula "Dum fidei constantiam" (07/06/1514), o Papa Leão X concedia a Dom Manuel, rei de Portugal, como também a seus sucessores, o Padroado de todas as Igrejas fundadas nas terras conquistadas pelos portugueses (cf. AZZI, Riolando. *A cristandade colonial*: um projeto autoritário. São Paulo: Paulinas, 1987, p. 20)[1]. Nesse mesmo ano é criada, em 12 de junho de 1514, a Diocese de Funchal (Ilha da Madeira), com um vasto território, incluindo o Brasil (cf. DE ANDRADE VEIGA, Eugênio. *Os párocos no Brasil no período colonial (1500-1822)*. Salvador: Universidade Católica de Salvador/Ed. Beneditina, 1977, p. 21-22). Em 1534, a diocese portuguesa foi elevada a arcebispado, mas depois, em 5 de julho de 1551, voltou a ser simples

---

1. Quando Cabral aqui aportou, trouxe consigo alguns frades franciscanos, liderados por Fr. Henrique Soares

diocese (cf. RUBERT, Arlindo. *A Igreja no Brasil.* Vol. 1. Santa Maria: Pallotti, 1981, p. 84). Por aí se percebe já a dificuldade canônica de estabelecer leis a serem seguidas no novo país colonizado.

Os primeiros padres jesuítas e seculares chegam em 1549 à Bahia, acompanhando o Governador-geral Tomé de Souza. Criase, então, o Bispado da Bahia pela bula "Super specula militantis ecclesiae" (25/02/1551)[2], sendo Dom Pedro Fernandes (Sardinha) (*1497[?]-†1556), o primeiro bispo do Brasil[3].

O bispado baiano ficou canônicamente subordinado à metrópole de Lisboa, que tinha como orientação canônica as Constituições Diocesanas do arcebispado de Lisboa, promulgadas em 1536 pelo então Cardeal Infante Dom Afonso.

Assumindo o cargo em 1552, nosso primeiro bispo conhecedor do direito "cuidou logo de redigir um Regimento com as necessárias adaptações das Constituições de Lisboa, as quais ele acabara de mandar observar. Estava, aliás, autorizado pela própria bula de criação da diocese, onde é expressamente dito que lhe era facultado pela Santa Sé a fazer quaisquer estatutos ou ordenações quanto ao modo de erigir o Cabido, ditar normas de vida e sustento dos clérigos, regulamentar o culto divino e o canto eclesiástico, tanto na Catedral como nas demais igrejas da diocese. Sabemos que o regimento foi feito. Pena que não nos restou um exemplar para aquilatar seu valor na ordem da disciplina, do culto e da vida

---

2. "Enquanto em diversos países de colonização hispânica se multiplicam os bispados já no século XVI, no Brasil o processo de criação de dioceses é lento e esporádico" (HOORNAERT, Eduardo. *História geral da Igreja na América Latina – Tomo II*: História da Igreja no Brasil, primeira época. Petrópolis: Vozes, 1979, p. 173). Sobre a Diocese de São Salvador, cf. RUBERT, Arlindo. Op. cit., p. 81-93. • AZZI, Riolando. *A Sé primacial de Salvador – A Igreja Católica na Bahia (1551-2001) – Vol. I*: Período Colonial. Petrópolis, Vozes/Ucsal, 2001. As primeiras dioceses criadas no Brasil foram: Bahia (1551), Pernambuco (1676), Rio de Janeiro (1676), Maranhão (1677), Pará (1719), Mariana (1745) e São Paulo (1745).

3. Sobre a vida deste bispo, cf. RUBERT, Arlindo. Op. cit., p. 95-128; a lista de seus escritos, 341-342. Cf. tb. ODULFO. "Pedro Fernandes Sardinha, primeiro bispo do Brasil". *REB*, 1, 1941, p. 221-229.

pastoral. Seu conteúdo nos ficou desconhecido. Caso houvesse propósito de editá-lo, a ocasião teria sido da ida de D. Pedro Fernandes a Lisboa em 1556, quando inesperado naufrágio truncou a vida do ilustre Prelado" (RUBERT, Arlindo. Op. cit., p. 214-215). Precisaríamos esperar 150 anos para que a legislação canônica se tornasse "corpo" no Brasil.

O quinto bispo do Brasil foi Dom Sebastião Monteiro da Vide, que tomou posse no dia 22 de maio de 1702. Era bacharelado pela Universidade de Coimbra e estudara Direito Canônico durante oito anos. Assumindo sua função, convoca um *Concílio Provincial* que marcaria toda a Igreja do Brasil. O bispo antecessor, D. Constantino Barradas, fizera uma Constituição (1605), que não foi impressa (cf. DA SILVEIRA CAMARGO, Paulo Florêncio. *História Eclesiástica do Brasil*. Petrópolis: Vozes, 1955, p. 275).

Já o Concílio de Trento (1545-1563) pedira que os metropolitas convocassem concílios provinciais e os arcebispos e bispos, sínodos diocesanos (cf. cap. II, 2ª Sessão, De reformatione). Assim sendo, Dom Sebastião convocou seus sufragâneos: o bispo de Angola (Dom Luís Simões Brandão), do Rio de Janeiro (Dom Frei Francisco de São Jerônimo) e os bispos das dioceses de São Tomé e Pernambuco, ambas dioceses vacantes na época. "No dia 25 de fevereiro de 1707 chegara Dom Brandão, porém, o bispo do Rio de Janeiro não compareceu e foi a causa para que o Concílio Provincial não se realizasse. Por decisão do Arcebispo, houve o *Sínodo Diocesano* com as presenças do Deão, Dignidades, Cônegos e Párocos de todo o Arcebispado" (DA SILVEIRA CAMARGO, Paulo Florêncio. Ibid., 275)[4].

---

4. A carta endereçada ao bispo de Angola pode-se ver em BARBOSA, Manoel. *A Igreja no Brasil, notas para a sua história*. Rio de Janeiro: A Noite, 1945, p. 130, nota 11. "Na saudosa Igreja da Sé, então Catedral Primacial da Terra de Santa Cruz, demolida em agosto de 1933, se reuniu o Sínodo Diocesano em 12, 13 e 14 de junho de 1707, festa do Espírito Santo e dos dois primeiros dias da sua oitava, obedecendo às normas traçadas pelo Concílio de Trento" (BARBOSA, Manoel. Op. cit., p. 126).

O *primeiro ato jurídico-canônico* relevante no Brasil ocorreu em 21 de julho de 1707, quando foram promulgadas as decisões deste Sínodo Diocesano, as chamadas *Constituições Primeiras do Arcebispado da Bahia*[5]. Compreendem 5 livros: o primeiro com 74 títulos, trata da fé e dos sacramentos; o segundo fala da missa, do jejum e do dízimo, com 27 títulos; o terceiro, com 39 títulos, legisla sobre a vida do clero; o quarto livro é dedicado ao apostolado sacerdotal (66 títulos) e o quinto livro versava sobre os crimes de heresia, penas e censuras, com 74 títulos, num total de 1318 artigos[6]. "É mister salientar que o valor desse livro, verdadeiramente extraordinário para o seu tempo e para o Brasil, não se limita ao texto que era, tanto quanto possível, completo para a época em que foi redigido. Apresenta outro grande merecimento na importância das notas com 'as citações do Direito Canônico, dos Concílios e decretos dos Sumos Pontífices, da opinião e doutrina dos Santos Padres, Doutores e Praxistas, das Ordenações e de outras Constituições Portuguesas' que foram valiosos patrimônios para os estudiosos, dando-lhes a origem, as razões e as resoluções dos preceitos nele estabelecidos" (BARBOSA, Manoel. Op. cit., p. 132)[7]. Uma vez que as leis da Igreja eram reconhecidas pelo Estado, pode-se perceber também a importância dada às Consti-

---

5. Para um estudo mais aprofundado, cf.: SCHULTE, Orlando. *De primis archidiocesis Bahiae Constitutionibus anno 1707 promulgatis* – Studium historico-iuridicum. Roma: Antonianum, 1962 [Thesis ad Lauream, 62]. Essas Constituições foram impressas em Lisboa (1719), Coimbra (1720 ou 1728) e São Paulo (1853). Pode-se ver alguns desses textos no nosso anexo, texto 5.

6. Para aprofundamento, cf. OLIVEIRA, Oscar de. "O primeiro Sínodo Diocesano do Brasil". *REB*, 12, 1952, p. 859-866. • PALAZZINI, Giuseppe. *Dizionario dei Concili*. Vol. V. Roma: Città Nuova, 1963, p. 113-114, verbete "São Salvador da Bahia".

7. "Impressas em 1719, em 1728 foram adotadas pelo Bispo do Rio de Janeiro para a sua diocese, que abrangia então todo o território nacional, desde o Espírito Santo até o Rio da Prata, bem como foram adotadas em todos os bispados que se criaram" (DA SILVEIRA CAMARGO, Paulo Florêncio. Op. cit., p. 280). Sobre a aplicação desde Sínodo nas dioceses, cf. DE ANDRADE VEIGA, Eugênio. de A. Op. cit., p. 41-46.

tuições do Arcebispado da Bahia fora do ambiente religioso (DE OLIVEIRA TORRES, João Camilo. *História das ideias religiosas no Brasil*. São Paulo: Grijalbo, 1968, p. 35, apud HOORNAERT, Eduardo. Op. cit., p. 182, nota 5)[8].

Um *segundo ato* marcante em termos jurídico-canônicos para o Brasil e países vizinhos foi o *Concílio Plenário Latino-Americano*. Novos rumos políticos tomara o Brasil, que acabara de proclamar a República (15 de novembro de 1889). "A Igreja fora separada do Estado. A 16 de julho de 1890, reuniram-se em São Paulo treze prelados brasileiros, sob a presidência de D. Antonio de Macedo Costa, para encetar sessões preparatórias a um futuro Concílio Nacional; não foi possível a celebração desejada" (DA SILVEIRA CAMARGO, Paulo Florêncio. Op. cit., p. 280).

Alguns anos mais tarde, o Papa Leão XIII, aproveitando-se do quarto centenário de colonização do continente americano, escreve uma carta (16 de julho de 1892) para os bispos da Espanha, Itália e das Américas. Os bispos latino-americanos responderam aos 12 de outubro de 1892, com uma Pastoral Coletiva sobre a liberdade e independência do pontífice romano (cf. BARBOSA, Manoel. Op. cit., p. 137). Então, Leão XIII, percebendo a hora propícia, pela Carta Apostólica *Cum diuturnum* de 25 de dezembro de 1898, convoca uma assembleia de todos os bispos da América Latina. Fixada a data pela Sagrada Congregação do Concílio

---

8. Faz-se também importante assinalarmos a questão do direito eclesiástico: "à época dos dois primeiros Cursos Jurídicos no Brasil, no Convento de São Francisco, em São Paulo, e no Mosteiro de São Bento, em Olinda, o Governo Imperial determinou que o respectivo currículo constaria de sete 'cadeiras', entre as quais a de Direito Eclesiástico. Na época, o Império do Brasil tinha por religião oficial a Católica, e entendia sua atribuição, não somente mandar aplicar no correspondente território as leis da Igreja, nomear para os cargos eclesiásticos etc., mas também editar leis e decretos sobre matérias religiosas" (GRUSZYNSKI, Alexandre Henrique. Op. cit., p. 26). Uma das obras mais conhecidas no Brasil sobre Direito Eclesiástico é a do Senador Cândido Mendes de Almeida, autor do *Direito Civil Ecclesiastico Brazileiro: antigo e moderno*. O primeiro tomo foi publicado em 1866 e o segundo, em 1873, no Rio de Janeiro.

para o início a ser realizado no dia 28 de maio de 1899, em Roma, este durará 43 dias[9].

O resultado foi a promulgação de um documento feito pela Carta Apostólica "Iesu Christi ecclesiam" (1º de janeiro de 1900). É um documento com 16 títulos, compreendendo cada título diversos capítulos. "Os atos e decretos desse Concílio foram, inicialmente, publicados em latim pela Santa Sé (1900) e depois, em 1906, numa tradução espanhola dirigida pelo bispo de S. Luís Potosi, Dom Ignácio Montes de Oca, que foi um dos Secretários do Concílio. O Concílio Plenário reuniu-se no Pontifício Colégio Latino-Americano, com 29 Congregações e 9 sessões solenes" (*L'Osservatore Romano*, edição portuguesa, n. 8 (20/02/1999), p. 4).

Uma das resoluções do Concílio Plenário da América Latina foi o estabelecimento de consultas entre os bispos de cada uma das províncias eclesiásticas (Concílio n. 203) de três em três anos. Assim ocorreu com o episcopado brasileiro, que se reuniu diversas vezes[10].

Um passo a mais foi dado pelo episcopado do sul, que compreendia então as dioceses do Rio de Janeiro, Mariana, São Paulo, Cuiabá, Porto Alegre, Diamantina, Niterói, Curitiba, Espírito

---

9. Compareceram ao Concílio 13 arcebispos e 40 bispos. Do episcopado brasileiro 11 estiveram presentes: D. Jerônimo Tomé da Silva, arcebispo da Bahia e primaz do Brasil, D. Joaquim Arcoverde de Albuquerque Cavalcanti, arcebispo do Rio de Janeiro, D. Cláudio Gonçalves Ponce de Leão, bispo do Rio Grande do Sul, D. Joaquim José Vieira, bispo do Ceará, D. Manoel dos Santos Pereira, bispo de Pernambuco, D. Silvério Gomes Pimenta, bispo de Mariana, D. Eduardo Duarte da Silva, bispo de Goiás, D. Francisco do Rego Maia, bispo de Petrópolis, D. José Lourenço da Costa Aguiar, bispo do Amazonas, D. José Camargo Barros, bispo do Paraná e D. Antonio Manoel de Castilho Brandão, bispo do Pará" (BARBOSA, Manoel. Op. cit., p. 139). Cf. tb. PALAZZINI, Giuseppe. Op. cit. Vol. IV, p. 322-324, verbete Roma (*Americae Latinae*).

10. O Brasil foi dividido em duas partes: o episcopado do Norte e o do Sul; o primeiro reuniu-se na cidade de Salvador (1901), em Recife (1908), Fortaleza (1911), novamente em Salvador (1915) e Recife (1919). O episcopado do Sul reuniu-se nas cidades de São Paulo (1901), Aparecida (1904), Mariana (1907), novamente em São Paulo (1910) e Friburgo (1915). Era o germe da futura Conferência Nacional dos Bispos do Brasil, criada em outubro de 1952 (cf. BARBOSA, Manoel. Op. cit., p. 145-156).

Santo e Pouso Alegre, elaborando um documento que recebeu o nome de *Constituições das Províncias Eclesiásticas Meridionais do Brasil*, datada de 17 de janeiro de 1915. Basicamente, consistia na aplicação do Concílio Latino-Americano à realidade brasileira. Já desde a primeira reunião (1901) começou-se a elaboração de um esquema, que foi estudado e ampliado. Estas resoluções foram, posteriormente, também aprovadas pelos bispos do norte, e ficou conhecido este documento como *Pastoral Coletiva de 1915*. Está dividido em seis títulos com diversos capítulos. O primeiro título tratava da fé, o segundo dos sacramentos, o terceiro título é consagrado ao culto, o quarto à disciplina do clero, o quinto trata dos costumes do povo e o último continha o decreto de promulgação das Constituições. Segue-se um apêndice com 84 capítulos (cf. ibid., p. 157-161).

É interessante sublinhar os dois últimos artigos deste documento:

> *n. 1675* – O aumento das dioceses, em proporção com a vastidão do país, com a população e distância dos centros, é objeto dos desejos mais ardentes dos Srs. Bispos, convencidos, como estão, de que, quanto maior for o número das dioceses, tanto mais interesse e extensa será pelas populações a solicitude dos pastores da Igreja.
> *n. 1676* – Terminamos essas nossas conferências, fazendo votos pela realização do Concílio Nacional.

Na verdade, o sonho do episcopado brasileiro de realizar um Concílio explicitado pela Pastoral Coletiva de 1915 já vinha de longe. Logo após o Concílio Plenário Latino-Americano, os bispos brasileiros pediram ao Papa Leão XIII permissão para realizar um Concílio Nacional. A 9 de junho de 1890, o Papa Leão XIII, em um Breve dirigido ao episcopado, aprovava a ideia de se realizar um Concílio Nacional, porém para um futuro (cf. ibid., p. 174-175). Numa carta datada de 27 de dezembro de 1900, o então internúncio D. José Macchi comunicava que o papa não achava ainda o momento propício para tal evento e dava como sugestão a reunião dos bispos no correr do ano seguinte (1901) para amadurecerem a ideia (cf. ibid., p. 148). Mas quais seriam os obstáculos para que não tivesse sido realizado já o concílio brasileiro? Ao que tudo indica estavam em jogo as relações entre Igreja e Estado (Cf. ibid., p. 172-175). Nova tentativa foi feita pelo Cardeal Joaquim Arcoverde, arcebispo do Rio de Janeiro, a 8 de setembro de 1919, consultando o episcopado do norte (cf. ibid., p. 176). Mas tal feito não logrou resultados.

Sob a presidência de D. Bento Aloísio Masella, núncio apostólico no Brasil, foi feita a revisão, em 1928, das Constituições de 1915. Este será, então, o ponto de partida como esquema de um futuro concílio brasileiro que ocorrerá em 1939.

Passo especial foi a celebração do *Concílio Plenário Brasileiro*, celebrado na matriz de Nossa Senhora da Candelária, na cidade do Rio de Janeiro[11]. O cardeal D. Sebastião Leme da Silveira Cintra foi nomeado legado pontifício (22/03/1939). O Concílio Plenário ocorreu de 2 a 20 de julho de 1939. Participaram 104 prelados. Os decretos foram aprovados pela Santa Sé e promulgados aos 7 de setembro de 1940, entrando em vigor um ano depois. Basicamente este Concílio adaptou o Código de 1917 à realidade brasileira.

O conteúdo do Concílio Plenário Brasileiro está dividido em 3 livros: noções gerais, pessoas e coisas, com 489 decretos (cf. KNOLL, Cormac José. *De primo Concilio Plenario Brasiliensi (anno 1939) eiusque decretis studium historico-iuridicum*. Roma: Antonianum, 1967 [Dissertatio ad Lauream, 76]).

---

11. Para aprofundamento, AZEVEDO, Soares de. "Concílio Nacional". *Revista Vozes*, 24, 1930, p. 390-400. • AMOROSO LIMA, Alceu. "O Concílio". *Revista Vozes*, 33, 1939, p. 496-497. • SANTINI, Cândido. "O Concílio Plenário Brasileiro". *REB*, 1, 1941, p. 14-32. • TAPAJÓS, José. "O Concílio Plenário Brasileiro". *Revista do Clero Arquidiocesano do Rio de Janeiro*, 4 (1947, p. 41- 57), 5 (1948, p. 594-606 e 662-672). • PALAZZINI, Giuseppe. Op. cit. Vol. V, p. 113-114, verbete "Rio de Janeiro".

Um outro ponto de grande importância, no que se refere à legislação eclesiástica brasileira, são os *Sínodos Diocesanos*. Eles podem oferecer uma realidade jurídico-pastoral que nos ajudará a conhecer mais profundamente a História da Igreja Católica no Brasil. Se nos demais países latino-americanos esta tradição jurídica foi muito utilizada, por exemplo, os Sínodos de Lima, no Brasil o mesmo não ocorreu.

Ao longo dos anos foram sendo convocados Sínodos Diocesanos, que traçariam as leis canônicas nas diferentes realidades diocesanas. Assim, temos registrados os seguintes Sínodos: 1) *Fortaleza (1888)* – D. Joaquim José Vieira; 2) *Diamantina (1º) (1903)* – D. Joaquim Silvério de Souza; 3) *Mariana (1903)* – D. Silvério Gomes Pimenta; 4) *Recife (1908)* – D. Luís Raimundo da Silva Brito; 5) *Florianópolis (1º) (1910)* – D. João Becker; 6) *Diamantina (2º) (1913)* – D. Joaquim Silvério de Souza; 7) *Florianópolis (2º) (1919)* – D. Joaquim Domingos de Oliveira; 8) *Porto Alegre (1º) (1921)* – D. João Becker; 9) *Maranhão (1924)* – D. Otaviano Pereira de Albuquerque; 10) *Aterrado (1924)* – D. Manoel Nunes Coelho (a diocese, a 05/12/60, passou a denominar-se Diocese de Luz – MG); 11) *Florianópolis (3º) (1925)* – D. Joaquim Domingos de Oliveira; 12) *Diamantina (3º) (1927)* – D. Joaquim Silvério de Souza; 13) *Campinas (1928)* – D. Francisco de Campos Barreto; 14) *São Carlos (1941)* – D. Gastão Liberal Pinto; 15) *Porto Alegre (2º) (1942)* – D. João Becker; 16) *Belo Horizonte (1º) (1944)* – D. Antonio dos Santos Cabral; 17) *Bahia (2º) (1945)* – D. Augusto Álvaro da Silva; 18) *Guaxupé (1948)* – D. Hugo Bressane de Araújo; 19) *Fortaleza (2º) (1947)* – D. Antonio de Almeida Lustosa; 20) *Rio de Janeiro (1949)* – D. Jaime de Barros Câmara[12].

---

12. As fontes por nós usadas foram: ORTIZ, Ramón. "A Ação Católica no Direito Eclesiástico". *REB*, 8 (1948, p. 802); 3 (1943, p. 524 e 761); 4 (1944, p. 1009); 5 (1945, p. 727); 7 (1947, p. 714 e 1.009).

Após a promulgação do atual Código[13], os Sínodos Diocesanos voltaram a ser realizados com toda força. Já foram realizados nas seguintes dioceses[14]: 1) *Tubarão (1984)* – D. Osório Bebber; 2) *Curitiba (1988)* – D. Pedro Antonio Marchetti Fedalto; 3) *Campo Grande (1989)* – D. Vitório Pavanello; 4) *Maceió (1990)* – D. Edvaldo Gonçalves Amaral; 5) *Londrina (1991)* – D. Geraldo Majella Agnelo; 6) *Nova Friburgo (1991)* – D. Clemente José Isnard; 7) *Picos (1991)* – D. Augusto Alves da Rocha; 8) *Nova Iguaçu (1992)* – D. Adriano Mandarino Hypólito; 9) *Itaguaí (1992)* – D. Vital João G. Wilderink; 10) *Niterói (1993)* – D. Carlos Alberto Etchandy Gimeno Navarro; 11) *Novo Hamburgo (1993)* – D. Boaventura Kloppenburg; 12) *Santos (1994)* – D. David Picão; 13) *Crateús (1995)* – D. Antonio Batista Fragoso; 14) *São João da Boa Vista (1995)* – D. Dadeus Grings.

---

13. Sobre a legislação canônica dos Sínodos Diocesanos cf.: GORBELLINI, Giorgio. *Il Sinodo Diocesano nel nuovo Codex Iuris Canonici*. Roma: PUL, 1986.

14. Usamos somente como fonte para nossa pesquisa o *Comunicado mensal da CNBB:* (1988) 1655, (1989) 1965, (1990) 121, 950, 1146, 1414; (1991) 176; 355; 952; 1183; 2167; (1992) 317; 462; 485; (1993) 135; 2039; (1994) 171; 2388; (1995) 168; 335; 2492.

II
Como estudar Direito Canônico

Para aqueles que iniciam o estudo do Direito Canônico e de maneira especial do Código, temos ainda que considerar alguns aspectos (cf. audiência de Paulo VI (19/01/1970) – anexo, texto 8).

A ciência do Direito Canônico utilizou diversos modos de análise dos cânones ao longo de sua história, começando pelos glosadores. Desde a promulgação do *CiC* em 1917, praticamente se estruturaram nos seguintes métodos:

a) Método *positivo, literal* ou também chamado *exegético*: se limita exclusivamente no entender os diversos significados das palavras expressas no texto da lei, explicando-as;

b) Método *lógico*: tenta buscar a vontade do legislador, para também descobrir o espírito da lei;

c) Método *sistemático*: alarga um pouco mais os horizontes e descobre o contexto dentro do quadro legislativo no qual a lei está inserida;

d) Método *histórico*: preocupa-se de maneira particular em verificar o sentido da lei, suas fontes, em que condições (sociais, eclesiais, históricas) ela foi criada e como se apresenta hoje;

e) Método *evolutivo*: considera a lei não como algo estático, mas dinâmico; assim, embora a lei esteja redigida dentro de uma determinada forma e limitada pelo tempo, a mesma lei, enquanto está em vigor, é chamada a responder e a se adequar às novas circunstâncias que a vida exige. Assim, as leis não são "dogmatizadas", isto é, podem possuir um determinado tempo de vida e podem também "caducar", caso não sirvam mais para responder à realidade a que elas foram chamadas a responder;

f) Método *analógico*: embora não seja propriamente um modo de entender as leis canônicas, aplica-se no caso em que falte uma determinação concreta para dirimir alguma questão;

g) Método *prático, casuístico* (hoje chamaríamos *pastoral*): a preocupação maior está em verificar a maneira como a lei poderá ser aplicada, em que casos ela é chamada a atuar[15].

Todos esses métodos são importantes na medida em que se completam[16]. Assim, acreditamos que para um início de estudos acadêmicos, faz-se necessário descobrirmos, em primeiro lugar, as fontes de um determinado cânon (e a "mente do legislador" quando determinou tal lei). Depois analisarmos o cânon dentro de um quadro mais amplo, como descobrir o texto dentro de um contexto. Outra etapa será entendermos o cânon e finalmente aplicá-lo ao caso concreto.

Numa linguagem menos formal, poderá ser de grande proveito estes *dez mandamentos*:

1º) *Observe a organização de cada livro do Código e suas divisões internas, descobrindo a lógica da divisão em partes, seções, títulos, capítulos e artigos*. Somente depois é que se deve ler os cânones. Seria

---

15. Para aprofundamento, cf. MAROTO, Philippo. *Iustitutiones Iuris Canonici*. Vol. I. Madri, 1918, p. 36). Cf. tb. LIJDSMAN, Bernardo. *Introductio in Jus Canonicum*, 1924, p. 27. • MARCUZZI, Piero Giorgio. "Le forme dell'interpretazione..." In: VV.AA. *Il Diritto della Chiesa...*, Op. cit., p. 41-43.

16. "Para que [...] o Código de 1983 tenha adequado desenvolvimento, a doutrina tem de cumprir um papel decisivo; para isso deve desligar-se do mito da codificação, que levou tantos autores a adotar, diante do Código de 1917, uma posição exclusiva ou preferentemente exegética" (LOMBARDIA, Pedro. *Lecciones de Derecho Canonico...* Op. cit., p. 46-47).

bom lê-los em conjunto, isto é, uma primeira leitura de todos os cânones de um mesmo artigo ou capítulo.

2º) *Nada no Código está por acaso, mas obedece a uma intenção racional.* No próprio texto de cada cânon se vê diferentes aspectos da mesma questão.

3º) *Faça uma leitura atenta, entendendo as palavras e seus significados. Uma mesma palavra poderá ter diversos sentidos.* Ajuda a interpretação de uma lei a pista deixada no cânon 17: "as leis eclesiásticas devem ser entendidas segundo o sentido próprio das palavras, considerado no texto e no contexto; mas, se o sentido continuar duvidoso e obscuro, deve-se recorrer aos lugares paralelos, se os houver, à finalidade e às circunstâncias da lei, bem como à mente do legislador".

4º) *Veja a fonte imediata do cânon. É importante também olhar o Código de 1917.* Geralmente, o atual Código utiliza textos do Vaticano II. Faça uma comparação de ambos os textos para perceber as diferenças. Se existe um cânon que trata do mesmo assunto no Código anterior, pode-se também perceber as modificações.

5º) *Ajuda a entender os cânones as análises e discussões que o texto teve nas Comissões.* Elas estão registradas na revista "Communicationes". É interessante aprofundar os "motivos" que levaram o legislador a criar tal norma. A História e as Fontes teológicas ajudam muito a perceber determinadas características que se perdem com uma leitura superficial e rápida.

6º) *O texto da lei é sempre árido e generalizado.* Daí não esqueçamos dos documentos da Igreja universal e das Igrejas particulares, que tentam aplicar os cânones, dando-lhes uma motivação mais concreta e pastoral.

7º) *Não nos esqueçamos que o nosso Código quer regular e legislar para toda a Igreja Latina.* Daí não ser possível contemplar todas as necessidades que tenhamos.

8º) *Não pode faltar nunca o olhar para a vida pastoral de nossas Igrejas particulares e de nossas comunidades, o ver a realidade concreta.* Só assim entenderemos que o Direito Canônico não é apenas uma norma disciplinar, mas que deve ajudar a caminhada do Povo de Deus.

9º) *Os "Dez princípios" aprovados na Assembleia do Sínodo dos Bispos (1967) são de grande importância.* Esses "Princípios" estão no início do Código.

10º) *O Código quer ser apenas um instrumento de comunhão, nada mais. Sua utilidade está condicionada, em grande parte, por quem se serve dele.* É o próprio Papa João Paulo II que diz: "criar na sociedade eclesial uma ordem que, dando primazia ao amor, à graça e aos carismas, facilite ao mesmo tempo seu desenvolvimento orgânico na vida, seja da sociedade eclesial, seja de cada um de seus membros" (*SDL*, § 16). E no seu discurso (03/02/1983), novamente o Papa João Paulo II volta ao assunto, quando trata do triângulo de interpretação. Cremos que tais afirmações (do triângulo ideal) do legislador supremo da Igreja devem ser assumidas para valer, isto é, constituem *um novo paradigma* para entendermos e interpretarmos o novo espírito do Código de 1983[17].

---

17. "A Igreja necessita continuamente de reforma: *Reformatione Perpetuo Indiget* (*UR*, 6). E, se antes a vivência da unidade, no vertical e visível, pode levar a um certo 'uniformismo', a um certo 'centralismo', a um grau de 'rigidismo' disciplinar, a um certo 'passivismo' missionário e a um 'clericalismo', a um certo 'juridicismo' e mesmo 'civilismo' no funcionamento canônico, também é verdade que hoje corremos o risco de uma vivência demasiadamente unilateral e insistente na horizontalidade visível, que pode levar-nos a um 'democratismo', a um certo 'independismo' em vez de autonomia, a um 'descentralismo' sem o devido respeito à hierarquicidade na comunhão, a um 'tecnicismo'. [...] O Vaticano II conseguiu um grande avanço na maior espiritualização do Direito Canônico ao ter aprofundado suas bases teológicas (bases pré-canônicas) e ao ter urgido sua maior adaptação às necessidades pastorais, à "salus animarum" (fim metacanônico)" (JIMÉNEZ URRESTI, Teodoro Ignacio. "A Igreja como instituição". In: VV.AA. *A nova imagem da Igreja*. São Paulo: Herder, 1969, p. 74-75).

Anexos

1
Textos seletivos

Para possibilitar um maior aprofundamento dos temas, apresentamos uma série de textos previamente selecionados. Eles têm como ponto de referência apenas ser um subsídio didático.

Embora Santo Tomás de Aquino (*1225/†1274) seja um teólogo medieval e não um canonista, ele reflete dentro da sua obra clássica, a Suma Teológica, o conceito de direito e justiça. O "tratado da justiça" compreende diversos títulos (57-79).

Texto 1

Se o direito é objeto da justiça (*Suma Teológica*. Questão LVII, art. I – Tradução de Alexandre Corrêa, coedição Escola Superior de Teologia São Lourenço de Brindes, Liv. Sulina Editora, Universidade de Caxias do Sul, 1980, vol. 5, p. 2.480-2.481).

"Parece que o direito não é objeto da justiça.

1) Pois, como diz o jurisconsulto Celso, *o direito é a arte do bem e do equitativo*. Ora, a arte não é objeto da justiça, mas é, em si mesma, uma virtude intelectual. Logo, o direito não é objeto da justiça.

2) Demais, a lei, como diz Isidoro, *é uma espécie de direito*. Ora, a lei é uma espécie de direito. Ora, a lei não é objeto da justiça, mas antes, da prudência, e por isso o Filósofo considera como

parte da prudência a atividade legislativa. Logo, o direito não é o objeto da justiça.

3) Demais, a justiça principalmente submete o homem a Deus; pois, no dizer de Agostinho, *a justiça é o amor que só serve a Deus e, por isso, domina tudo o mais que está sujeito ao homem*. Ora, o direito não se refere a Deus, mas só às relações humanas; pois, como diz Isidoro, *o legítimo (*fas*) é a lei divina; o direito é a lei humana*. Logo, o direito não é objeto da justiça.

Mas, em contrário, diz Isidoro que *o direito* (ius) *é assim chamado porque é justo*. Ora, o justo é o objeto da justiça; pois, no dizer do Filósofo, *todos acordam em denominar justiça ao hábito que nos leva a praticar atos justos*. Logo, o direito é o objeto da justiça.

• *Solução* – Dentre as outras virtudes, é próprio à justiça ordenar os nossos atos que dizem respeito a outrem. Porquanto, implica uma certa igualdade, como o próprio nome o indica; pois, do que implica igualdade se diz, vulgarmente, que está ajustado. Ora, a igualdade supõe relação com outrem, ao passo que as demais virtudes aperfeiçoam o homem só no referente a si próprio.

Assim, pois, a retidão nas obras das demais virtudes, para o que tende a operação da virtude, como seu objeto próprio, só é considerado relativamente ao agente. A retidão, porém, que implica a obra da justiça, além da relação com o agente, supõe relação com outrem. Pois, consideramos justa uma ação nossa, quando corresponde, segundo uma certa igualdade, a uma ação de outro; assim, a paga da recompensa devida por um serviço prestado. Por onde, chama-se justo o ato que, por assim dizer, implica a retidão da justiça, e no qual termina a atividade desta, mesmo sem considerar-se reto senão levando-se em conta o modo por que o pratica o agente. E, por isso, a justiça, especialmente e de preferência às outras virtudes, tem o seu objeto em si mesmo determinado, e que é chamado justo. E este certamente é o direito. Por onde, é manifesto que o direito é objeto da justiça.

• *Donde a resposta à primeira objeção* – É habitual serem os nomes desviados da sua primeira significação para significar outras coisas. Assim, o nome *medicina* foi empregado, primeiro, para designar o remédio dado a um enfermo, para que sare; depois, passou a significar a arte de curar. Assim também, a palavra *ius* foi empregada primeiramente para significar a coisa justa mesmo; depois, porém, aplicou-se a coisa justa mesmo; depois, porém, aplicou-se à arte pela qual conhecemos o justo; ulteriormente, para significar o lugar em que é aplicado o direito, como quando se diz que alguém deve comparecer perante *a justiça*; e, por fim, chama-se ainda direito o que é aplicado por quem tem o dever de fazer justiça, embora seja iníquo o que decidiu.

• *Resposta à segunda* – Assim como o artista tem na mente o plano do que faz com a sua arte, e que se chama a regra dela; assim também na mente preexiste uma ideia da obra justa que a razão determina, ideia que é como que a regra da prudência. E esta, quando redigida por escrito, chama-se lei; pois, a lei, segundo Isidoro, *é uma constituição escrita*. Por onde, a lei, propriamente falando, não é o direito mesmo, mas, uma certa razão do direito.

• *Resposta à terceira* – A justiça, implicando a igualdade: não podemos dar a Deus uma paga equivalente; por onde, não podemos, propriamente falando, dar a Deus o que é justo. E, por isso, a lei divina não se chama propriamente *direito (ius)*, mas, faz, porque basta, para Deus, o cumprirmos com o que podemos. Pois, a justiça visa fazer com que o homem pague o seu débito para com Deus, o quanto pode, sujeitando-se-lhe de toda sua alma."

Texto 2

Se foi convenientemente definida pelos jurisperitos a justiça como a vontade constante e perpétua de dar a cada um o que lhe pertence (*Suma teológica*. Questão LVIII, art.

I – Tradução de Alexandre Corrêa, coedição Escola Superior de Teologia São Lourenço de Brindes, Liv. Sulina Editora, Universidade de Caxias do Sul, 1980, vol. 5, p. 2.486-2.487).

"Parece que foi inconvenientemente definida a justiça pelos jurisperitos, como a vontade constante e perpétua de dar a cada um o que lhe pertence.

1) Pois, a justiça, segundo o Filósofo, é o hábito pelo qual praticamos atos justos e pelo que fazemos e queremos coisas justas. Ora, a vontade designa uma potência ou também um ato. Logo, é inconveniente dizer que a justiça é a vontade.

2) Demais, a retidão da vontade não é a vontade; do contrário, se a vontade fosse em si mesma reta, resultaria que nenhuma seria pervertida. Ora, segundo Anselmo, a justiça é uma retidão. Logo, a justiça não é a vontade.

3) Demais, só a vontade de Deus é perpétua. Se pois a justiça fosse a vontade perpétua, só em Deus haveria justiça.

4) Demais, todo perpétuo é constante, porque é imutável. Logo, é supérfluo introduzir na definição da justiça os termos perpétuo e constante.

5) Demais, dar o seu direito a cada um é próprio do chefe. Ora, se a justiça é a que dá a cada um o seu direito, resulta que ela só existe no chefe. O que é inadmissível.

6) Demais, Agostinho diz que a justiça é amor que só serve a Deus. Logo, não dá a cada um o que é seu.

• *Solução* – A referida definição da justiça é conveniente se for entendida como deve. Pois, sendo toda virtude um hábito, que é o princípio dos atos bons, necessariamente a virtude há de ser definida por um ato bom, cujo objeto é a matéria própria dela. Ora, a matéria própria da justiça são os atos relativos a outrem, como a seguir se dirá. Por onde, o ato de justiça é determinado relativamente à sua matéria própria e ao seu objeto, quando se diz: dar a cada um o que lhe pertence; porque, como Isidoro diz, chama-se justo aquele que observa a justiça. Mas, para um ato, relativo a uma determinada matéria, ser virtuoso, é necessário que seja voluntário, estável e firme. Pois, como diz o Filósofo, o ato de virtude exige, primeiro, que o sujeito o pratique cientemente; segundo, com eleição, e para um fim devido; terceiro, que seja imutável. Ora, a primeira dessas condições está inclusa na segunda, pois, o que fazemos por ignorância é involuntário, segundo Aristóteles. Por onde, na definição da justiça, enuncia-se primeiro a vontade, para mostrar que o ato de justiça deve ser voluntário. Acrescenta-se, porém, a constância e a perpetuidade para designar a estabilidade do ato. Portanto, a referida definição da justiça é completa, sendo tomado o ato pelo hábito, mas, que é especificado por aquele; pois, o hábito implica relação com o ato. E quem quisesse reduzir essa definição à sua forma devida, poderia dizer: a justiça é um hábito pelo qual, com vontade constante e perpétua, atribuímos a cada um o que lhe pertence. Definição quase idêntica à do Filósofo, quando diz: a justiça é um hábito que nos faz agir escolhendo o que é justo" [...].

Texto 3

Se a justiça é sempre relativa a outrem (*Suma teológica*. Questão LVIII, art. II – Tradução de Alexandre Corrêa, coedição Escola Superior de Teologia São Lourenço de Brindes, Liv. Sulina Editora, Universidade de Caxias do Sul, 1980, vol. 5, p. 2.488-2.489).

"O segundo discute-se assim – Parece que a justiça nem sempre é relativa a outrem.

1) Pois, diz o Apóstolo, que a justiça de Deus é infundida pela fé de Jesus Cristo (Rm 3,22). Ora, a fé não supõe relação entre um homem e outro. Logo, nem a justiça.

2) Demais, segundo Agostinho, à justiça pertence, por servir a Deus, governar tudo o que está sujeito ao homem. Ora, o apetite sensitivo está sujeito ao homem, como se vê na Escritura, onde diz: 'a tua concupiscência estar-te-á sujeita, isto é, a do pecado, e tu dominarás sobre ela' (Gn 4,7). Logo, à justiça pertence fazermos dominar o nosso próprio apetite. E, então, haverá justiça de nós para nós mesmos.

3) Demais, a justiça de Deus é eterna. Ora, nada há de coeterno com Deus. Logo, não é da natureza da justiça ser relativa a outrem.

4) Demais, assim como as ações relativas a outrem, também as que dizem respeito a nós mesmos devem ser retificadas. Ora, a justiça retifica as ações, conforme as Escrituras: 'a justiça do simples fará feliz o seu caminho' (Pr 11,5). Logo, diz respeito, não só às nossas relações com outrem, mas também às conosco mesmos.

Mas, em contrário, diz Túlio, que a justiça 'abrange, por natureza, a sociedade dos homens entre si e a comunidade de vida'. Ora, isto implica relações com outrem. Logo, a justiça diz respeito só ao que é relativo a outrem.

• *Solução* – Como já dissemos, o nome de justiça, implicando a igualdade, está em a natureza da justiça ser relativa a outrem; pois, nada é igual a si mesmo, mas, a outrem. E como o próprio da justiça é retificar os atos humanos, segundo dissemos, é necessário que essa relação com outrem, que a justiça exige, diga respeito a agentes que podem agir diversamente. Ora, os atos pertencem ao suposto e ao ser total e não, propriamente fazendo, às partes e às formas ou potências. Assim, não dizemos, com propriedade – pois, só por semelhança poderíamos dizê-lo – que as mãos ferem, mas, o homem, por meio delas; nem, que o calor aquece, mas o fogo, pelo calor. Por onde, a justiça propriamente dita exige diversidade de supostos e, portanto, não pode ser senão de um homem para com outro. Mas, por semelhança, admitimos, num mesmo homem, diversos; assim, a razão, o irascível e o concupiscível. Por onde, metaforicamente, dizemos que há justiça, num mesmo homem, quando a razão governa o irascível e o concupiscível e quando estas potências obedecem à razão. E, universalmente, quando a cada parte do homem é atribuído o que lhe convém. Por isso, diz o Filósofo, que essa justiça é chamada 'metafórica'".

São Boaventura (*1217-†1274), chamado de "Doutor Seráfico", foi um dos grandes teólogos da Idade Média e que durante 17 anos governou como Superior Geral a Ordem Franciscana. Nos seus opúsculos místicos, que são reflexões escritas quando era superior, trata das "Seis asas do serafim" com a finalidade de orientar os superiores religiosos. As seis asas seriam: a justiça, a compaixão, a paciência, a exemplaridade da vida, a discrição e a devoção a Deus. Nesta sua obra pode-se, pois, perceber dentro de uma teologia medieval a sua preocupação com a justiça (Escriptos espirituais de São Boaventura – Cardeal e doutor da Igreja *– Tradução de Fr. Saturnino Schneider. Petrópolis: Vozes, 1937, p. 147-228).*

Texto 4

A asa da justiça

• *Prólogo*: "Dá ao sábio ocasião de aprender, e se lhe acrescentará sabedoria" (Pr 9). Sendo que muitas vezes o sábio, por uma simples ocasião, consegue adquirir sabedoria mais alta, como também, não raro, se aprende pela estultice de outrem, o presente opúsculo poderá incitar à reflexão, sobretudo os novatos e os que ainda não possuem muita prática no ofício do governo e no perfeito discernimento do bem e do mal. Aproveitarão também dos defeitos aqui mencionados para investigarem com maior solicitude coisas mais altas e mais úteis, e aprenderão certas normas que são indispensáveis ao religioso no governo dos súditos [...].

- *Capítulo I* – Dentre muitos devem ser escolhidos superiores os mais idôneos. Os principiantes precisam de um mestre. Os que dele não precisam, devem possuir quatro qualidades.

1) Pois há uma grande diferença entre saber ser humilde súdito, vivendo pacificamente em companhia de outros, e governar com utilidade. [...] Quem se incumbe do ofício de tornar bons a outros, primeiro deverá ter aprendido esta ciência da bondade, exercitando-a em si desveladamente, e pela frequência prática deverá tê-la convertido em hábito. Por isso lemos que o Senhor, primeiramente, praticou o que, em seguida, havia de ensinar por palavras; conforme Atos (1,21-22): Jesus principiou a fazer e a ensinar. [...]

4) Por conseguinte, é mister que aqueles que deverão governar a outros utilmente, possuam várias virtudes, das quais algumas se refiram a si mesmos, a fim de viverem irrepreensivelmente; outras se refiram aos seus superiores, para obedecerem humilde e devidamente; e mais outras, enfim, se refiram aos súditos, de acordo com as quais deverão regê-los meritoriamente e os promoverão a aspirações mais altas. Embora o incumbido do ofício de ensinar todas as virtudes deva possuí-las todas em grau eminente, contudo, como o número seis é o primeiro número perfeito na perfeição de seu gênero, constando de partes iguais, por isso o bom diretor de almas, máxime o religioso, entre outras deve resplandecer em virtudes singulares, tais como Isaías (6,2) as atribui aos serafins que são os coros mais eminentes dos exércitos dos espíritos celestes, adornados com seis asas. Por esta mesma razão, talvez, é que o Senhor apareceu nesta semelhança ao nosso santo pai Francisco, naquela gloriosa visão [...].

- *Capítulo II* – Do zelo pela justiça, primeira asa dos prelados.

1) A primeira asa do diretor de almas é o zelo pela justiça. Este zelo não tolera, sem protesto de coração, algo de injusto em si ou nos outros. Tanto será alguém deputado por bom, quanto

abomina o mal; pois tanto se ama um objeto, quanto se lastima a sua destruição. [...]

7) Alguns destes requisitos à salvação procedem da lei eterna, como as virtudes puras: a humildade, a castidade, a caridade, a misericórdia e outras semelhantes [...]. A elas se ordenam também os mandamentos de Deus na antiga e, sobretudo, na nova Lei [...]. Outros procedem da instituição humana em lugar de Deus, como as coisas que estão preceituadas canonicamente pela Igreja para comum utilidade, como os ritos dos sacramentos e outras coisas pertencentes aos preceitos do direito positivo: 'os decretos dos cânones sejam observados por todos', de sorte que cada qual observe as normas que competem ao seu estado e as que são mandadas a todos indistintamente, leigos e clérigos. Outros procedem de algum voto pessoal a que, de *per si*, ninguém é obrigado. Todavia, quem o emite espontaneamente, se liga às obrigações daí decorrentes como a uma lei divina. Sucede isto com os religiosos que emitem o voto de obediência, de castidade e de pobreza e de outras coisas que são impostas aos professos pela regra e pelas constituições de qualquer ordem [...].

8) Distingue, porém, subtilmente, que se há de doer mais pelas transgressões graves, e menos pelas ligeiras. O sábio pondera todas as coisas conforme são, tanto as boas como as más, ao passo que o néscio, por vezes, considera pequenas as grandes, e as leves grandíssimas, tendo por trave o argueiro, diz Lc 11, pagando o dízimo da hortelã e da arruda e deixando em abandono as coisas mais importantes da lei. Esses se deixam levar pelo seu zelo individualista, e neste ponto não se guiam pelo espírito de Deus, assim como alguns, por motivo de uma inclinação descuidada no coro, mais se excitam e punem do que por motivo de uma larga detração descarregada sobre um confrade; mais se indignam por causa de um versículo omitido ou uma rubrica não observada do que por uma grande perturbação suscitada escandalosamente.

9) Antes de tudo, pois, deve ser evitada e sentida a transgressão dos mandamentos de Deus. Em seguida, dos invioláveis preceitos da santa Igreja. Depois, a das obrigações a que se adstringiu por voto voluntário, como as observâncias regulares, máxime as que se mandam sob preceito [...].

11) Finalmente, evitar-se-á também a negligência na disciplina externa, estabelecida a título de formosura da ordem religiosa e para a aquisição da perfeição espiritual, cujo desleixo é indício de uma consciência descuidada e de ligeireza interior. A observância de tais normas disciplinares não é prescrita a ponto de não ser lícito viver de outra forma, mas porque assim mais convém à conformidade da beleza e à vida uniforme dos irmãos, a fim de que não viva cada qual segundo o seu capricho [...]. Entretanto, estas observâncias indiferentes em si, [...] antes devem ser bem seguidas do que temidas escrupulosamente, caso, alguma vez, forem transgredidas por alguma surpresa perplexa, a menos que, tornando-se hábito, engendrem deformidade e a dissimulação fomente o desleixo. Neste caso, a fim de atalhar outros males subsequentes, estará sempre alerta o zelo pela observância.

12) O verdadeiro zelador da justiça, portanto, abster-se-á terminantemente de fazer ou de ensinar o mal; em seguida, de permiti-lo ou consentir nele, abrandado por qualquer importunidade ou engano; terceiro, de favorecê-lo ou facilitá-lo, mesmo quando não for consultado a respeito, ou estiver ausente; quarto, de o dissimular ou calar como se o não soubesse, pois compete a ele repreender e mostrar quão grande é o mal, e atemorizar para que não se atrevam a praticá-lo mais; quinto, de tolerar que o delinquente fique impune, porquanto o castigo do pecador impede que torne a pecar [...].

17) Ostente, portanto, o bom zelador, quanto ama a Deus, promovendo o beneplácito divino em si e nos outros. Não se afrouxe neste zelo por dissídia, nem se deixe cansar pelo trabalho. Não

se dobre a sugestões, nem se deixe iludir por astúcias, nem se aparte da sua reta conduta por amizades ou por afagos. Nem se atemorize por ameaças, nem desanime ante a proscrição de um hábito mau e inveterado, mas trate de cumprir denodadamente o seu dever".

Para qualquer estudioso do Direito Eclesiástico Brasileiro, é de suma importância conhecer as Constituições Primeiras do Arcebispado da Bahia, promulgadas por D. Sebastião Monteiro da Vide. Este Sínodo Diocesano foi celebrado no dia 12 de junho de 1707 (utilizamos o texto impresso em São Paulo pela Typographia 2 de dezembro de Antonio Louzada Antunes, 1853).

Texto 5

Constituições Primeiras do Arcebispado da Bahia feitas e ordenadas pelo Ilustríssimo e Reverendíssimo Senhor D. Sebastião Monteiro da Vide, 5º Arcebispo do dito Arcebispado e do Conselho de Sua Majestade: propostas e aceitas em o Sínodo Diocesano, que o dito Senhor celebrou em 12 de junho do ano de 1707. Impressas em Lisboa no ano de 1719, e em Coimbra em 1720 com todas as licenças necessárias e ora impressa nesta Capital.

• *Como são obrigados os pais, mestres, amos e senhores a ensinar, ou fazer ensinar a Doutrina Cristã aos filhos, discípulos, criados e escravos* (Livro I, Título II). [...]

3) Porque, não só importa muito, que a Doutrina Cristã e os bons costumes se plantem na primeira idade e puerícia dos pequenos, mas também se conservem na mais crescida dos adultos, aprendendo uns justamente com as lições de ler, e escrever, as do bem-viver no tempo, em que a nossa natureza logo inclina para os vícios, e continuando os outros a cultura da fé, em que foram instruídos, e crendo nos seus mistérios aqueles, que novamente os ouvirem, ordenamos o seguinte.

4) Mandamos a todas as pessoas, assim eclesiásticas, como seculares, ensinem, ou façam ensinar a Doutrina à sua família, especialmente a seus escravos, que são os mais necessitados desta instrução pela sua rudeza, mandando-os à Igreja, para que o pároco lhes ensine os artigos da fé, para saberem bem crer; o Padre Nosso e Ave Maria, para saberem bem pedir; os mandamentos da Lei de Deus, e da Santa Madre Igreja, e os pecados mortais, para saberem bem obrar; as virtudes, para que as sigam; e os sete Sacramentos, para que dignamente os recebam, e com eles a graça que dão; e as mais orações da Doutrina Cristã, para que sejam instruídos em tudo o que importa à sua salvação. E encarregamos gravemente as consciências das sobreditas pessoas, para que assim o façam, atendendo a conta que darão a Deus nosso Senhor.

• *Do Batismo dos adultos, e disposições que devem ter, para se lhes haver de conferir* (Livro I, Título XIV). [...]

50. E para maior segurança dos batismos dos escravos brutos, e boçais, e de língua não sabida, como são os que vêm da Mina, e muitos outros também de Angola, se fará o seguinte: depois de terem alguma luz da nossa língua, ou havendo intérpretes, servirá a instrução dos mistérios, que já advertimos (vai lançada no terceiro livro número 579). E só se farão de mais aos sobreditos boçais as perguntas, que se seguem: Queres lavar a tua alma com a água santa? Queres comer o sal de Deus? Botas fora de tua alma todos os teus pecados? Não hás de fazer mais pecados? Queres ser filho de Deus? Botas fora da tua alma o demônio?

54. Mandamos aos Vigários, e Curas, que com grande cuidado se informem dos escravos, e escravas, que em suas Freguesias houver, e achando que não sabem o Padre Nosso, Ave Maria, Credo, Mandamentos da lei de Deus, e da Santa Madre Igreja, sendo eles capazes de aprenderem tudo isto, procedam contra seus senhores, para que os ensinem, ou façam ensinar a Santa Doutrina, e os mandem à Igreja a aprendê-la ao tempo, que a ensinarem. E

enquanto não a souberem, lhes não administrem o Sacramento do Batismo, nem outro algum, sendo já batizados.

55. Porém, porque a experiência nos tem mostrado, que entre os muitos escravos, que há neste Arcebispado, são muitos deles tão boçais rudes, que, pondo seus senhores a diligência possível em os ensinar, cada vez parece, que sabem menos; compadecendo-nos de sua rusticidade e miséria, damos licença aos Vigários e Curas para que constando-lhes a diligência dos senhores em os ensinar, e rudeza dos escravos em aprender, de maneira que entenda que ainda que os ensinem mais, não poderão aprender, lhes possam administrar os Sacramentos do Batismo, Penitência, Extrema-Unção e Matrimônio, catequizando-os primeiramente nos mistérios da Fé, nas disposições necessárias para os receber, e obrigações em que ficam: de maneira que de suas respostas se alcance, que consintam terem conhecimento e tudo o mais que supõe de necessidade os ditos Sacramentos.

56. E no que respeita aos escravos, que vieram de Guiné, Angola, Costa da Mina ou outra qualquer parte, em idade de mais de sete anos, ainda que não passem de doze, declaramos que não podem batizar sem darem para isso seu consentimento, salvo quando forem boçais, que conste não tem entendimento, nem uso da razão, porque não constando isto, a idade de sete anos para cima tem por si a presunção de ter juízo, quem chega a ela, e por esta razão os Sagrados Cânones têm ordenado, que depois de sete anos ninguém seja batizado sem dar para isso seu próprio consentimento.

• *Das pessoas que são obrigadas a receber o Santíssimo Sacramento da Eucaristia, e em que tempo, e a que pessoa se não pode, nem deve dar* (Livro I, Título XXIV). [...]

88. Assim como é louvável que os cristãos, verdadeiros penitentes, recebam muitas vezes este Divino Sacramento; assim é justo e decente, que se não administre aos pecadores públicos. Pelo

que mandamos, que não sejam admitidos à comunhão os públicos excomungados, interditos, feiticeiros, mágicos, blasfemos, usurários e públicas meretrizes, e os que estão publicamente em ódio, e outros quaisquer públicos pecadores, se não constar publicamente de sua emenda e arrependimento, e que tenham primeiro satisfeito ao público escândalo, que com seu mal viver tiverem dado.

A Encíclica de Pio XII (29/6/1943) foi um marco eclesiológico da Igreja no século XX. Quer apresentar uma Igreja ao mesmo tempo institucionalizada, mas possuindo a força do Espírito (PIO XII. Encíclica *Mystici Corporis Christi*. Petrópolis: Vozes [*Documentos Pontifícios, 24*]).

Texto 6

A Igreja é um corpo: único, indiviso, visível...

10. "Que a Igreja é um corpo, ensinam-nos muitos passos da Sagrada Escritura. 'Cristo, diz o Apóstolo, é a cabeça do Corpo da Igreja' (Cl 1,18). Ora, se a Igreja é um Corpo, deve necessariamente ser um todo sem divisão, segundo aquela sentença de Paulo: 'nós, muitos, somos um só corpo em Cristo' (Rm 12,5). E não só deve ser um todo sem divisão, mas também algo concreto e visível, como afirma Nosso Predecessor de feliz memória Leão XIII, na Encíclica *Satis cognitum*: 'por isso mesmo que é um corpo, é a Igreja visível aos olhos'.

11. Estão, pois, longe da verdade revelada os que imaginam a Igreja por forma, que não se pode tocar nem ver, mas é apenas, como dizem, uma coisa "pneumática" que une entre si, com vínculo invisível, muitas comunidades cristãs, embora separadas na fé.

Composto orgânica e hierarquicamente...

13. Mais ainda. Como na natureza não basta qualquer aglomerado de membros para formar um corpo, mas é preciso que seja dotado de órgãos ou membros com funções distintas e que este-

jam unidos em determinada ordem, assim também a Igreja deve chamar-se corpo, sobretudo porque resulta de uma boa e apropriada proporção e conjunção de partes e é dotada de membros diversos e unidos entre si [...].

14. Não se julgue, porém que esta bem-ordenada e 'orgânica' estrutura do Corpo da Igreja se limita unicamente aos graus da hierarquia; ou, ao contrário, como pretende outra opinião, consta unicamente de carismáticos, isto é, dos fiéis enriquecidos de graças extraordinárias, que nunca hão de faltar na Igreja. É fora de dúvida que todos os que neste Corpo estão investidos de poder sagrado são membros primários e principais, já que são eles que, por instituição do próprio Redentor, perpetuam os ofícios de Cristo Doutor, Rei e Sacerdote.

Dotado de meios vitais de santificação ou sacramentos...

16. E como o corpo humano nos aparece dotado de energias especiais como que provê à vida, saúde e crescimento seu e de todos os seus membros, assim o Salvador do gênero humano providenciou admiravelmente ao seu Corpo Místico enriquecendo-o de sacramentos, que com uma série ininterrupta de graças amparam o homem desde o berço até ao último suspiro, e ao mesmo tempo proveem abundantissimamente as necessidades sociais da Igreja.

Formado de membros determinados...

20. Como membros da Igreja contam-se realmente só aqueles que receberam o lavacro da regeneração e professam a verdadeira fé, nem se separaram voluntariamente do organismo do Corpo, ou não foram dele cortados pela legítima autoridade em razão de culpas gravíssimas.

A Igreja é o corpo 'de Cristo'

23. A Igreja, pela sua constituição, se pode assemelhar a um corpo; segue-se que mostremos, mais em particular, por que motivos se deve chamar não um corpo qualquer, mas o Corpo de Jesus

Cristo. Deduz-se isto do fato de que Nosso Senhor é o Fundador, a Cabeça, o Conservador e salvador deste Corpo Místico.

• *Cristo foi o 'Fundador' deste corpo*

31. De fato, a missão jurídica da Igreja e o poder de ensinar, governar e administrar os sacramentos não tem força e vigor sobrenatural para edificar o Corpo de Cristo, senão porque Cristo, pendente da Cruz, abriu à sua Igreja a fonte das divinas graças com as quais pudesse ensinar aos homens doutrina infalível, governá-los salutarmente por meio de Pastores divinamente iluminados, e inundá-los com a chuva das graças celestes.

• *Cristo é a 'Cabeça' do corpo*

34. Em segundo lugar prova-se que este Corpo Místico, que é a Igreja, é realmente Corpo de Cristo, porque Ele deve ser considerado de fato como sua Cabeça. 'Ele é, diz São Paulo, a Cabeça do Corpo da Igreja' (Cl 1,18). Ele é a cabeça, da qual todo o corpo, convenientemente organizado e coordenado, recebe crescimento e desenvolvimento na sua edificação (cf. Ef 4,16; Cl 2,19).

40. Não se julgue, porém, que o seu governo se limita a uma ação invisível ou extraordinária. Ao contrário, o divino Redentor governa o seu Corpo Místico de modo visível e ordinário por meio do seu Vigário na terra [...]. E realmente, sapientíssimo como era, não podia deixar sem cabeça visível o corpo social da Igreja que instituíra.

41. Em erro perigoso estão, pois, aqueles que julgam poder unir-se a Cristo, Cabeça da Igreja, sem aderirem fielmente ao seu Vigário na terra. Suprimida a Cabeça visível e quebrados os vínculos visíveis da unidade, obscurecem e deformam de tal maneira o Corpo Místico do Redentor, que não pode ser visto nem encontrado de quantos demandam o porto da eterna salvação.

42. Os Bispos não só devem ser considerados como membros mais eminentes da Igreja universal, pois que se unem com nexo

singularíssimo à Cabeça de todo o Corpo, e com razão se chamam 'os primeiros dos membros do Senhor', mas, nas próprias dioceses, como verdadeiros pastores, apascentam e governam em nome de Cristo os rebanhos que lhes foram confiados [...].

• *Cristo é a Cabeça: c) por motivo de mútua necessidade*

44. Todavia, não se julgue que Cristo, Cabeça da Igreja, por estar colocado tão alto, dispensa a cooperação do corpo; pois que deve afirmar-se do Corpo Místico o que Paulo afirma do corpo humano: 'não pode a cabeça dizer aos pés: não preciso de vós' (1Cor 12,21). [...] Contudo é igualmente verdade, por mais admirável que pareça, que Cristo também precisa dos seus membros. E isto em primeiro lugar, porque a pessoa de Jesus é representada pelo Sumo Pontífice, e este, para não ficar esmagado sob o peso do múnus pastoral, precisa de confiar a outros, parte não pequena de sua solicitude [...].

• *Cristo é a Cabeça: d) por motivo de semelhança*

45. Começamos pela mútua relação que existe entre a cabeça e o corpo, pelo fato de serem da mesma natureza. [...] E não só assumiu Cristo a nossa natureza, mas fez-se nosso consanguíneo num corpo passível e mortal [...].

• *Cristo é a Cabeça: e) por motivo de plenitude*

47. Assim como no corpo humano a cabeça possui todos os cinco sentidos, ao passo que o resto do corpo possui unicamente o tato, todas as virtudes, dons e carismas que há na sociedade cristã resplandecem de modo singularíssimo na cabeça, Cristo.

• *Cristo é a Cabeça: f) por motivo de influxo*

48. Assim como da cabeça partem os nervos que, difundindo-se por todos os membros do corpo, lhes comunicam sensibilidade e movimento, também o divino Salvador infunde na sua Igreja força e vigor, com que os fiéis conhecem mais claramente, e mais avidamente apetecem as coisas de Deus.

- *Cristo é o 'Sustentador' do Corpo*

52. Observa Belarmino, com sutileza muito sua, que esta denominação de Corpo de Cristo não quer dizer somente que Cristo é a cabeça do seu Corpo Místico, senão também que sustenta a Igreja, de tal maneira que a Igreja é como uma segunda personificação de Cristo.

- *Cristo é o 'Sustentador' do Corpo: pela sua missão jurídica*

53. De fato, em força da missão jurídica com que o divino Redentor enviou os Apóstolos ao mundo, como o Pai o enviara a Ele (cf. Jo 17,18; 20, 21), é Ele que, pela sua Igreja, batiza, ensina, governa, ata, desata, oferece e sacrifica.

- *A Igreja é o Corpo 'Místico' de Cristo*

61. Esta denominação, usada já por vários escritores antigos, comprovam-na, não poucos documentos Pontifícios.

- *O Corpo Místico e o Corpo Físico*

62. De fato, enquanto no corpo natural o princípio de unidade, junta de tal maneira as partes, que cada um fica sem própria subsistência, ao contrário, no Corpo Místico, a força de mútua coesão, por mais íntima que seja, une os membros, de modo que conservam perfeita e própria personalidade. [...] A Igreja como é ordenada ao bem dos fiéis, assim é destinada à glória de Deus e à daquele que Ele mandou, Jesus Cristo.

- *O Corpo Místico e o corpo meramente moral*

65. Por conseguinte, este termo, bem-entendido, lembra-nos que a Igreja, sociedade perfeita no seu gênero, não consta só de elementos sociais e jurídicos. Ela é muito mais excelente que quaisquer outras sociedades humanas. [...] As comunidades humanas, sobretudo a sociedade civil, não são para desprezar, nem para serem tidas em pouca conta; mas a Igreja não está toda em realidades desta ordem, como o homem todo não é só corpo

mortal. É verdade que os elementos jurídicos, em que a Igreja se estriba e de que se compõe, nascem da divina constituição que Cristo lhe deu, e servem para conseguir o fim sobrenatural; contudo, o que eleva a sociedade cristã a um grau absolutamente superior a toda a ordem natural é o Espírito do Redentor, que é como fonte de todas as graças, dons e carismas, enche perpétua e intimamente a Igreja e nela opera.

• *A Igreja jurídica e a Igreja da caridade*

66. É evidente que estão em grave erro os que arbitrariamente fingem uma Igreja, como que escondida e invisível; e não menos aqueles que consideram como simples instituição humana, com determinadas leis e ritos externos, mas sem comunicação de vida sobrenatural. Ao contrário, assim como Cristo, cabeça e exemplar da Igreja, 'não é todo se nele se considera só a natureza humana visível [...] ou só a natureza divina invisível [...] mas é um de ambas e em ambas as naturezas [...]: assim o seu Corpo Místico'.

68. Por isso, lamentamos também e reprovamos, o erro funesto dos que sonham uma Igreja fantástica, uma sociedade formada e alimentada pela caridade, à qual, com certo desprezo, opõem outra que chamam jurídica. [...] Nenhuma oposição ou contradição pode haver entre a missão invisível do Espírito Santo e o múnus jurídico dos pastores e doutores recebido de Cristo; pois que as duas coisas, como em nós o corpo e a alma, mutuamente se completam e aperfeiçoam, e provém igualmente do único Salvador nosso. [...] E se às vezes na Igreja se vê algo em que se manifesta a fraqueza humana, isso não deve atribuir-se à sua constituição jurídica, mas àquela lamentável inclinação do homem para o mal".

O Papa Paulo VI, no dia 20 de novembro de 1965, reúne-se pela primeira vez com a Comissão que iria rever o Código de Direito Canônico. Na sua alocução, o papa fala da necessidade do Direito Canônico na Igreja (cf. texto completo in REB *26, 1966, p. 162-165).*

Texto 7

A Igreja é um corpo social que tem necessidade de leis

"A Igreja, cujo mistério foi posto em maior luz pelo Concílio Ecumênico Vaticano II, 'pela vontade de seu fundador é um corpo social perfeito' (Pio XII, Encíclica *Mystici Corporis*). Ela é, portanto, necessariamente visível, e, por isso mesmo, deve ser regida por leis. Muito longe de se opor ao direito natural, em virtude do qual o homem é um ser social inserido numa família e num estado, essa vontade de Deus é conforme a esse direito.

A Igreja, sociedade instituída por Deus, ordena-se à salvação eterna, que constitui a sua finalidade. É certo, seus filhos são igualmente cidadãos desta terra, mas 'não tem, aqui neste mundo, cidade permanente, estando em busca da futura' (cf. Hb 13,14). É por isto que o Direito Canônico, que, em virtude da natureza social da Igreja, tem por fundamento o poder de jurisdição que Cristo conferiu à hierarquia, 'está todo inteiro ordenado ao bem das almas, para que, obedecendo às leis tutelares, os homens possuam a verdade e a graça de Cristo, e a fim de que vivam, cresçam e morram santa, piedosa e fielmente' (Pio XII, 17 de outubro de 1953). Tal é o fim altíssimo a que tende o Direito Canônico da Igreja. É exatamente por isto que lhe pertence mui especialmente reger esta mesma Igreja, e estruturá-la por instituições e leis justas.

É de todos sabido, mas convém lembrá-lo, que certos elementos constitutivos da Igreja, que é uma sociedade hierarquizada, são de direito divino. É o caso do primado do Romano pontífice, do episcopado, do presbiterado, do diaconato, e mesmo do laicato, embora este último não tenha poder de governo. Em compensação, outros elementos constitutivos são de direito humano, como por exemplo, os patriarcas, os arcebispos, os párocos, os religiosos.

Os apóstolos exerceram o direito eclesiástico, que é um direito humano 'positivo', e, após eles, seus sucessores, os quais detiveram esse poder sem interrupção. A hierarquia, com efeito, tem o poder e o dever de governar a Igreja e seus membros, como o fariam pastores vigilantes. Tem o poder de governo, isto é, o poder de emitir leis e juízos, bem como de lhes regulamentar a aplicação. Tem o poder de magistério, isto é, o poder de ensinar o Povo de Deus com autoridade. Tem, enfim, o poder de dispensar os socorros e benefícios da graça divina.

Aqueles que estão submetidos à hierarquia têm, em consequência, o dever de obedecer às leis, consoante a palavra da Escritura: 'Quem vos escuta a mim escuta; quem vos despreza a mim despreza' (Lc 10,16). Os preceitos do direito exprimem, pois, certamente a vontade de Cristo, a quem estamos sujeitos como a nosso Senhor.

Não se vê por que alguns, prevalecendo-se exageradamente da liberdade 'à qual fomos chamados' (Lc 10,16), dão uma má interpretação desse ensino de São Paulo, e afirmam que a liberdade se opõe à lei. Com efeito, cumpre ver bem que, longe de sufocar a liberdade, a obediência leva-a à sua perfeição, aumenta-lhe a eficácia e desenvolve a personalidade. A desobediência, pelo contrário, dispersa as forças e torna o homem escravo de seus instintos.

Tampouco se pode concordar com os que denigrem o Direito Canônico dizendo que 'a letra mata, mas o espírito vivifica' (cf. 2Cor 3,6), isto é, que a letra só gera um respeito exterior e falseado da lei. Certamente, cumpre afirmar que a letra é de uma expressão escrita e clara. E disto nos dá manifesto testemunho o Código de Direito Canônico.

Outros fazem distinção entre a Igreja que chamam jurídica ou oficial e a Igreja da caridade, afirmando que o preceito da caridade é o primeiro de todos, e que se lhe deve conceder a primazia. Todos os males que afligem a Igreja, dizem eles, vem do seu 'juridismo'. Todavia, da mesma sorte que a alma não pode ser separada do corpo sem acarretar a morte, assim também isso a que eles chamam *Igreja da caridade* não pode existir sem a *Igreja jurídica*. Efetivamente, não se poderia ignorar que, como dissemos no início, pela vontade de Deus a Igreja é uma sociedade visível dotada de todas as instituições destinadas ao seu governo exterior. Cristo conferiu aos apóstolos e a seus sucessores o poder de jurisdição, nos diz o Evangelho. Nosso Senhor, com efeito, disse a seus apóstolos: 'Todo poder me foi dado [...]'.

Muito menos se pode estar de acordo com os que pretendem que na Igreja não há hierarquia, mas apenas um 'ministério', sobretudo da palavra, isto é, que não se deve impor entre Cristo e a comunidade dos fiéis nada que possa separá-los; ou ainda com os que sustentam que a natureza da Igreja se opõe à natureza do direito, isto é, que há apenas um 'direito sacramental', que rege a administração dos sacramentos, só existindo a hierarquia na medida em que é necessária para essa administração dos sacramentos. Todas estas afirmações são a negação do próprio direito 'positivo' [...].

Devemos, com efeito, sustentar que toda a autoridade vem de Deus (cf. Rm 13,1), que todos os poderes da Igreja vem de Cristo e dele dependem, de tal sorte que o ministério sagrado é: ou um simples instrumento do poder ordinário ou sacramental, ou uma causa segunda e 'subordinada' do poder de jurisdição. Isto, portanto, nada tira a Cristo. Ademais, se bem que a Igreja seja, conforme acima dissemos, uma sociedade hierárquica, todos os que trazem o nome de cristãos são perfeitamente iguais no tocante a chegarem à santidade e à salvação.

Como se sabe, o Direito Canônico – que provém do direito divino natural, da sagrada escritura, da Tradição, das decretais e de outras fontes – é suscetível de uma certa progressão. Mas aqui cumpre fazer bem uma distinção. Já que 'há um vínculo extremamente estreito entre a Teologia e o Direito Canônico' (cf. Enc. *Mystici Corporis*; aloc. de Pio XII, 22/04/1952), certos elementos fundamentais, isto é, os que são de direito divino, não são suscetíveis de qualquer mudança. Aliás, na medida do possível, deve-se ficar fiel às tradições, o que parece ser especialmente o caso para as instituições antiquíssimas.

Entretanto, o direito tem por objeto dirigir como convém, e conduzir ao seu fim, a vida dos membros da Igreja, bem como todas as almas e toda a comunidade, solidariamente unidas também no plano espiritual. Ademais, todo corpo vivo evolui incessantemente, e a Igreja deve compartilhar a sorte de uma sociedade civil sujeita a vicissitudes e a transtornos muito maiores. Por isto, o Direito Canônico tem conhecido, e ainda deve conhecer, uma certa evolução progressiva que é não somente útil, mas, inclusive, necessária. Naturalmente queremos falar do direito humano 'positivo'.

E se olharmos para trás, para a Idade Média e para os tempos mais recentes, verificamos que grande número de leis foram promulgadas. Difícil se tornara consultá-las. E tanto elas se haviam multiplicado, que os homens nelas se perdiam. Foi por isto que Pio X tomou a feliz decisão de redigir o Código de Direito Canônico, que conforme nos atesta a experiência quase cinquentenária, preciosos serviços tem prestado à Igreja.

Hoje as condições mudaram muito – parece, com efeito, que a evolução da vida se acelera – e se impõe uma prudente revisão do Direito Canônico. Deve este ser adaptado às novas necessidades do Povo de Deus e ao novo espírito que caracterizou o Segundo Concílio Ecumênico do Vaticano, segundo o qual se deve dar a primazia à preocupação pastoral [...]".

Texto 8

A revisão do Código de Direito Canônico *(Paulo VI, na audiência aos participantes do Congresso Internacional de Direito Canônico, 19 de janeiro de 1970 in* Sedoc, *2, 1970, col. 1071-1081).*

"Acabamos de ouvir o testemunho que dais, acima de tudo, da legitimidade e da necessidade da existência de um Direito Canônico na Igreja. Reconhecestes que a Igreja fundada por Cristo, é uma Igreja visível. A ideia de que a Igreja parece ser invisível, como afirmaram estudiosos e correntes que defendem uma interpretação puramente espiritualista e liberal do cristianismo de outros tempos, apresenta-se como utopista, para não dizer até como contraditória nos próprios termos. Assim, também a tendência, hoje um tanto espalhada quer entre os homens, quer entre as fileiras cristãs, tende a demonstrar o direito a uma voz carismática própria, livre e autorizada, diga-se como quiser, que liberte a consciência própria e dos outros, o comportamento próprio e dos outros, do poder normativo da Igreja, mostra-se alheia à genuína concepção comunitária e hierárquica da própria Igreja, e recorda-nos o enérgico raciocínio de São Paulo que era, de fato, distribuidor dos mistérios de Deus (cf. 1Cor 4,1), mas, ao mesmo tempo, organiza as primeiras comunidades, como núcleos bem distintos, governados pela autoridade apostólica e pertencentes a um único corpo social, o Corpo Místico de Cristo.

É o que resulta do Concílio, que aprofundou a doutrina da Igreja, pôs em evidência o aspecto místico que é próprio dela, e, por isso, obrigou o canonista a investigar mais profundamente na Sagrada Escritura e na Teologia as razões da própria doutrina. Este fato sacudiu-o no seu hábito de fundamentar o próprio ensino numa tradição secular indiscutida, corroborando-o com confronto e com o contributo, primeiramente do Direito Romano ('Quod ratio scripta est merito nuncupatum' como diziam os canonistas), depois com o dos povos no meio dos quais a Igreja cumpre a sua missão evangelizadora. Por motivos, muito óbvios, ela continuará a agir assim, no seu pensamento e na sua história; mas, fiel, nesta hora pós-conciliar, ao impulso doutrinal e disciplinar do grande Sínodo, procurará em si mesma, na sua íntima e misteriosa constituição, o porquê e o como da sua antiga e renovada disciplina canônica (cf. *OT*, 16).

Parece-nos que esta é a novidade, que entra hoje no estudo e na formação do Direito Canônico. É a novidade da qual se origina a revisão do Código vigente. E não já para um fim principalmente prático 'ad communem et maxime studentium utilitatem' (cf. Decret. Gregorio IX) ou como Dante faz Justiniano dizer: 'd'entro le leggi trassi il troppo e il vano' (Paradiso 6,12) – como quase sempre nasceram na história do Direito as grandes compilações jurídicas; mas para derivar a lei canônica da própria essência da Igreja de Deus, para a qual a lei nova é original, a lei evangélica é amor, é a 'gratia Spiritus Sancti, quae datur per fidem Christi' (S.Th. III, q. 108, a. 7). Se este é o princípio interior que orienta a Igreja no seu agir, deverá manifestar-se cada vez mais na sua disciplina visível, exterior e social, o que traz consequências que mais fácil se torna agora entrever que expor.

Este parentesco mais estreito entre a Teologia e o Direito Canônico virá a infundir neste último características novas. A elas já o vosso Congresso certamente dirigia o seu olhar, reconhecendo no Direito Canônico, não só uma lei dominadora, uma expressão de poder autocêntrico, um 'iussum' despótico e arbitrário, mas principalmente uma norma tendente, acima de tudo, a interpretar uma dupla lei: a lei superior, divina; e a lei interior, moral, da consciência. [...] No Direito Canônico, a Tradição será, como sempre, mas agora com renovado prestígio, uma voz sumamente autorizada e bem-aceita, um título de sabedoria e de autenticidade, e também o seu alimento, que leva a comunidade eclesial a realizar-se na perene e jamais alcançada perfeição da vocação cristã.

Os homens de Igreja já não devem ser culpáveis de juridismo e de formalismo, mesmo quando chamados a legislar e governar. Mas estas acusações recaem ainda sobre aqueles estudos canônicos que se atêm às velhas posições do positivismo jurídico e do historicismo jurídico".

Texto 9

As normas jurídicas na Igreja (*Paulo VI na alocução aos membros da Rota Romana, 8 de fevereiro de 1973* – Sedoc, 6, 1974, col. 5-12).

"Entre as normas para a revisão do Código, aprovadas pelo primeiro Sínodo dos bispos, ainda uma vez foi recomendada esta 'regra áurea': 'o Código deve dar importância não só à justiça, mas também a uma sapiente equidade, que é fruto da benignidade e da caridade. O mesmo Código procurará estimular a discrição e a ciência dos pastores e dos juízes, para o exercício destas virtudes'.

Deste modo, o Direito Canônico aparece não somente como norma de vida e regra pastoral, mas também como escola de justiça, [...] e de caridade operante. [...] Já tivemos ocasião de vos manifestar o nosso desejo de aprofundar este conceito de 'æquitas canonica', pondo em evidência o seu valor. Hoje, propomo-nos fazê-lo. Para este fim, é necessário remontar à natureza mesma do Direito da Igreja.

Recentemente recordamos que o Direito Canônico 'é o direito de uma sociedade visível, mas sobrenatural, que se edifica por meio da palavra e dos sacramentos e tem por finalidade levar os homens à salvação eterna'. Por este motivo, é um 'direito sagrado, inteiramente distinto do direito civil. Além disso, em virtude da própria vontade de Cristo, é um direito hierárquico peculiar, que se integra inteiramente na ação salvífica, com a qual a Igreja continua a obra da redenção'. Deste modo, o Direito Canônico é, por sua natureza 'pastoral', como expressão e instrumento do múnus apostólico, e elemento constitutivo da Igreja, do Verbo Encarnado.

Como sociedade visível, a Igreja possui o seu direito, que se funda sobre a sua natureza de 'povo constituído num corpo social, orgânico, em virtude de um desígnio e de uma ação divina, mediante um ministério de serviço pastoral – apraz-nos sublinhá-lo –, que promove, dirige, ensina e santifica em Cristo a humanidade que a Ele adere na fé e na caridade'.

O Concílio quis explicar este mistério, sublinhando o caráter sacramental da sociedade eclesial: a Igreja 'é em Cristo como que sacramento ou sinal, e também instrumento da união íntima com Deus e da unidade de todo o gênero humano' (*LG*, 1). Esta sociedade chama-se Igreja de Cristo, 'porque Ele adquiriu com o seu sangue (cf. At 20,28), a encheu do seu Espírito e a dotou com meios aptos para uma união visível e social' (*LG*, 9). Nisto há uma analogia misteriosa. Com efeito, como acrescenta o Concílio, 'assim como a natureza assumida serve ao Verbo Divino como órgão vivo de salvação, a Ele indissoluvelmente unido, de modo semelhante a estrutura social da Igreja serve ao espírito de Cristo que a vivifica, para fazer progredir o seu Corpo Místico' (cf. Ef 4,16) (*LG*, 8). Esta união é tão íntima, ao ponto de não permitir que estes dois aspectos, embora distintos, estejam em oposição entre si. A sociedade visível é comunidade espiritual, e esta não pode existir sem aquela e fora dela: 'sociedade dotada de órgãos hierárquicos e Corpo Místico de Cristo, assembleia visível e comunidade espiritual, Igreja terrestre e Igreja já na posse de bens celestes, não devem considerar-se coisas diversas, mas constituem uma realidade única e complexa, em que se fundam dois elementos, o humano e o divino. Não é por isso, analogia inconsistente, comparar a Igreja ao mistério da Encarnação'.

O Direito tende a estruturar e organizar esta realidade orgânica, 'que exige uma forma jurídica e, ao mesmo tempo, é animada pela caridade' (*LG*, Nota prévia, 2). Direito e caridade não podem estar em oposição lá onde estão essencialmente unidos.

Isto induziu um padre do primeiro Sínodo dos bispos [Henri de Lubac] a afirmar que, na Igreja, o divino e o humano não são duas coisas que se opõem entre si, mas duas coisas que se unem, numa única realidade. A sua relação não é 'como que de coisa e coisa. Antes [...] ambos os elementos, como essencialmente constitutivos, formam a unidade da vida da Igreja, de modo que a sua estrutura externa seja como que o sinal sacramental pelo qual, na sua vida interna, a Igreja é significada e criada. Deste modo, toda a atividade jurídica da Igreja é como que o sinal do sacramento da salvação, que é a Igreja, sem que este sinal se restrinja à atividade jurídica. Sob este aspecto, a atividade jurídica da Igreja não pode ter outro fim senão o de manifestar e servir a vida do Espírito, isto é, a vida divina dos fiéis, principalmente a caridade'.

Apraz-nos revelar que a redação do 'novo Direito', que deverá necessariamente inspirar-se no Concílio, não fará outra coisa senão aplicar esta doutrina. Também os princípios desta revisão retomarão a mesma doutrina.

Se o Direito Canônico tem o seu fundamento em Cristo e, por isso, tem valor de sinal e de instrumento de salvação, isto é devido à obra do Espírito, que lhe confere força e vigor. É preciso, portanto, que ele exprima a vida do Espírito, produza os frutos do Espírito e revele a imagem de Cristo. Por isso, é um direito hierárquico, um vínculo de comunhão, um direito missionário, um instrumento de graça, um direito da Igreja. Estas qualidades são as exigências do espírito que vivifica e dirige a Igreja [...]".

O Papa Paulo VI deu ao longo do seu pontificado algumas coordenadas precisas sobre a ordem jurídica da Igreja. Profundo conhecedor da Teologia e do Direito Canônico suas palavras devem ser levadas em conta no estudo da ciência canônica.

Texto 10

Direito Canônico e ciências sagradas *(Paulo VI na audiência aos participantes do II° Congresso Internacional de Direito Canônico, 17 de setembro de 1973 in* Sedoc, *6, 1974, col. 770-775).*

"Como sabeis, opiniões não benévolas lançaram uma sombra de suspeita sobre o Direito da Igreja. Alguns julgam que a Igreja, como sociedade visível, não deve ter um Direito próprio, podendo ater-se a regulamentos ou a disposições internas. Outros, pelo contrário, não notam, à luz do Concílio Vaticano II, que este Direito está profundamente radicado no próprio mistério da Igreja.

O estudo do Direito Canônico, como afirmamos noutras ocasiões, é necessário, porque constitui uma das vias de acesso à vida concreta da Igreja. O espírito do Concílio deve ser posto em condições de se exprimir e de encontrar uma atuação prática, através de instituições renovadas ou de outras inteiramente novas, que devem começar a funcionar e ser comprovadas pela experiência. Foi por isso que vos dissemos, na ocasião recordando do I Congresso Internacional, que o Concílio, aprofundando a doutrina da Igreja e pondo em relevo o aspecto místico que lhe é próprio, 'obrigou o canonista a procurar mais profundamente na Sagrada Escritura e na Teologia as razões da própria doutrina' (*AAS*, 62, 1970, p. 108). Depois do Concílio, o Direito Canônico não pôde deixar de estar em relação cada vez mais estreita com a Teologia e com as outras ciências sagradas, porque também ele é uma Ciência Sagrada, e não simplesmente aquela 'arte prática', como algumas pessoas desejariam que fosse, arte cujo papel seria apenas o de revestir de fórmulas jurídicas as conclusões teológicas e pastorais, relacionadas com ela.

Com o Concílio Ecumênico Vaticano II acabou-se definitivamente o tempo em que certos canonistas se recusavam a considerar o aspecto teológico das disciplinas estudadas ou das leis por eles aplicadas. Hoje é impossível estudar Direito Canônico sem uma séria formação teológica. O que a Igreja exigiu dos seus ministros poderá ser também requerido dos leigos que estudam, ensinam ou são chamados a aplicar o Direito Canônico na administração da justiça e na organização da comunidade eclesial.

A relação íntima entre Direito Canônico e Teologia apresenta-se, portanto, com urgência. A colaboração entre Canonistas e Teólogos deve tornar-se mais estreita. Nenhum campo da Revelação pode permanecer ignorado se queremos exprimir e aprofundar na fé o mistério da Igreja, cujo aspecto institucional foi requerido pelo seu fundador, e pertence, por essência, ao seu caráter fundamentalmente sacramental (cf. *LG*, 1, 1) [...].

Se a Igreja é uma sociedade religiosa e, acima de tudo, sobrenatural, como pode incluir em si mesma elementos institucionais? As relações com Deus não são, porventura, tão íntimas, pessoais e únicas, a ponto de serem incompatíveis com uma organização externa? São estes os quesitos, ou melhor, os desafios que hoje se ouvem mais frequentemente. [...] A resposta já foi dada por Pio XII que, na Encíclica *Mystici Corporis*, sublinhou que a Igreja não consta somente de uma organização externa, mas goza da vida de Cristo, assim como da própria vida íntima, dado que possui um 'internum principium' [princípio interno], isto é, 'aliquid non naturalis, sed superni ordinis, immo in semetipso infinitum omnino atque increatum: divinus nempe Spiritus qui, ut ait Angelicus' (*De Veritate*, q. 29, a. 5, C) 'unus et idem numero, totam Ecclesiam replet et unit' [...].

Porque é sacramento de unidade e de salvação dos homens, a Igreja manifesta-se como realidade estritamente única, composta de um elemento interior e ao mesmo tempo exterior, para cumprir a sua missão no mundo. Ela é o corpo social de Cristo e tem por alma o Espírito Santo, que informa este corpo e o enriquece com uma dupla relação social [...].

Por isso, a constituição da Igreja é pneumática e ao mesmo tempo institucional. A Igreja é mistério de salvação, que se torna visível através da sua constituição de verdadeira sociedade humana e da sua atividade na esfera externa [...].

Por conseguinte, os direitos e deveres na Igreja têm uma índole sobrenatural. Se a Igreja é um desígnio divino – *Ecclesia de Trinitate* –, as suas instituições, embora perfectíveis, devem ser estabelecidas com a finalidade de comunicar a graça divina e favorecer, segundo os dons e a missão de cada um, o bem dos fiéis, objetivo essencial da Igreja. Esta finalidade social, a salvação das almas, a 'salus animarum' é o objetivo supremo das instituições do direito e das leis [...].

Por isso, todos os elementos institucionais e jurídicos são sagrados, e espirituais, porque vivificados pelo Espírito. Na realidade, o 'Espírito' e o 'Direito', na sua mesma fonte, formam uma união, na qual o elemento espiritual é determinante. A Igreja do 'Direito' e a Igreja da 'Caridade' são uma única realidade, de cuja vida interna é sinal exterior a forma jurídica [...]. Diga-se isto tanto da legislação canônica como também de qualquer outra atividade externa da Igreja, a qual, embora seja humana, deve ser informada pelo Espírito. A polaridade entre índole espiritual, sobrenatural e índole jurídica, da Igreja, longe de se tornar fonte de tensão, está sempre orientada para o bem da Igreja, a qual é interiormente animada e exteriormente sigilada pelo Espírito Santo [...].

Hoje é necessário uma Teologia do Direito que abranja tudo aquilo que a revelação divina afirma sobre o mistério da Igreja. Nos vários aspectos em que se articulam a pessoa e a ordenação na Igreja, está presente a ação secreta, mas exteriormente patente do Espírito, ação que deve constituir o objeto da vossa reflexão. O trabalho realizado pelo Concílio exige uma Teologia do Direito, que não só aprofunde, mas também aperfeiçoe o esforço já iniciado pelo próprio Concílio.

Se o Direito da Igreja tem o seu fundamento em Jesus Cristo, se tem valor de sinal da ação interna do Espírito, então deve exprimir e favorecer a vida do Espírito, produzir os frutos do Espírito, ser instrumento de graça e vínculo de unidade, mas numa linha distinta daquela dos sacramentos e subordinada a eles, pois estes são de instituição divina. O Direito define as instituições, dispõe as exigências da vida mediante leis e decretos, completa os traços essenciais das relações jurídicas entre fiéis, pastores e leigos, por meio das suas normas, que umas vezes são conselhos, outras, exortações, algumas vezes diretrizes de perfeição ou simples indicações pastorais. Limitar o Direito da Igreja a uma ordem rígida de injunções seria praticar violência contra o Espírito, que nos guia para a caridade perfeita na unidade da Igreja. A vossa primeira preocupação não será, portanto, a de estabelecer uma ordem jurídica puramente modelada no Direito Civil, mas a de aprofundar a obra do Espírito, que se deve exprimir também no Direito da Igreja".

Texto 11

O Direito Canônico na Igreja *(Paulo VI na audiência de 14 de dezembro de 1973 aos participantes no terceiro curso de atualização em Direito Canônico in* Sedoc, *6, 1974, col. 1153-1155).*

"Não ignoramos, igualmente, os numerosos e funestos preconceitos que surgem contra o Direito Canônico. São muitos aqueles que exaltando a liberdade, a caridade, os direitos da pessoa humana e a índole carismática da Igreja, criticam com hostilidade as instituições canônicas, procurando diminuir a importância das mesmas, depreciando-as e até pretendendo a sua eliminação, como se fossem 'estruturas' impostas extrinsecamente, que diminuem o caráter espiritual da mensagem evangélica e obrigam a liberdade de que os filhos de Deus devem gozar. Daqui nasce uma forma peculiar de comportamento em oposição a qualquer autoridade legítima, e que alguns pretendem sancionar com a autoridade do Concílio Vaticano II.

Confessamos que as leis canônicas em que o chamado 'juridicismo' predomina de tal forma que enfraqueça o aspecto espiritual da Igreja – as leis que não se fundarem no dogma católico; que não salvaguardem suficientemente a perfeição humana; que impedirem o progresso da vida religiosa – não correspondem absolutamente ao espírito e às normas diretivas que o Concílio deu para a renovação da vida cristã.

Mas o Concílio não só não rejeita o Direito Canônico, isto é, as normas pelas quais são definidos os deveres e com as quais são salvaguardados os direitos dos membros da Igreja, mas também postula energicamente este direito como consequência lógica, necessariamente derivada do poder que Jesus Cristo confiou à sua Igreja, e como um elemento que pertence à mesma natureza da Igreja (cf. *LG*, 27). Daqui, a exortação do mesmo Concílio: 'no ensinamento do Direito Canônico [...] tenha-se em conta o mistério da Igreja' (*OT*, 16).

Esta união do Direito Canônico com o mistério da Igreja é explicitada pelo próprio Concílio, quando determina a índole sacramental da sociedade eclesial: 'foi Ele que a adquiriu com o seu sangue, a encheu do seu espírito e a dotou dos meios apropriados, visíveis e sociais de união' (*LG*, 9). Ambos os elementos, o visível e o espiritual, isto é, a graça e a lei, uma vez que estão ordenados para o mesmo fim na sociedade eclesial, não podem, de nenhum modo, ser separados ou opostos entre si, assim como não pode ser dividido o Cristo, que é aquele que dá à Igreja a graça e o poder. [...] 'A sociedade dotada de órgãos hierárquicos e Corpo místico de Cristo, assembleia visível e comunidade espiritual, Igreja terrestre e Igreja já na posse de bens celestes, não devem considerar-se coisas diversas, mas constituem uma realidade única e complexa em que se fundem dois elementos, o humano e o divino' (*LG*, 8).

Desta forma, manifesta-se claramente a natureza própria da lei eclesiástica, que é espiritual: 'o Direito Canônico, como tudo o que existe na Igreja, ordena-se totalmente para o bem das almas [...]. Tanto o administrador dos assuntos eclesiásticos como o juiz, o ministro das coisas sagradas e o conselheiro dos fiéis devem pensar constantemente que têm de dar contas da salvação das almas' (*AAS*, 45, 1973, 688).

De tudo o que foi dito até agora, deduz-se que a legislação canônica não deve ser considerada como um elemento estranho na Igreja, ou como um impedimento que retarda a expansão da vida cristã. Pelo contrário, a sua função própria na Igreja consiste em sancionar e proteger tudo o que se julga conveniente para viver com maior fidelidade e constância uma existência cristã. Por isso, não pode realizar-se uma ação pastoral verdadeiramente eficaz, se esta não tiver, ao mesmo tempo, uma firme tutela na sábia ordenação de alguns estatutos jurídicos.

A caridade ocupa, sem dúvida, o lugar mais importante. Mas a caridade não pode subsistir sem a justiça, expressa nas leis. As duas caminham juntas e devem completar-se mutuamente, porque derivam de uma fonte, que é Deus.

Continuai, portanto, como fizestes até agora, a informar o Povo de Deus sobre as leis e os costumes da Igreja, procurando, ao mesmo tempo, que, mediante o vosso exemplo de equanimidade e de amor à justiça, não só se aprecie devidamente a função das leis eclesiásticas, mas que também o mesmo povo cristão chegue a estimá-las cada vez mais, recebendo-as com alegria e confiança".

Texto 12

As estruturas jurídicas *(Paulo VI, no dia 4 de fevereiro de 1977, ao Tribunal da Rota Romana, in* Sedoc, *9, 1977, col. 971-976).*

"Ninguém desconhece que o âmbito dos direitos do homem se vai ampliando cada vez mais, dado que a dignidade do mesmo homem se vê mais claramente. Esta extensão dos direitos influi também no novo Código de Direito Canônico, cuja revisão não pode consistir apenas em corrigir o anterior, redigindo a matéria com ordem adequada, acrescentando o que parece se deve introduzir e omitindo o que já não está em vigor; mas é necessário transformá-lo num instrumento o mais adequado possível da vida da Igreja, após a realização do Concílio Vaticano II.

Com efeito, o Código de Direito Canônico em revisão deve aplicar à vida jurídica da Igreja aquilo que o mencionado Concílio propôs de modo geral; e isso realiza-se mediante novas prescrições e normas das quais provenha e se conserve a ordem em todos os setores da grande comunhão que forma a Igreja.

Todavia estas normas, com as quais de fato se regula juridicamente a vida da comunhão como convivência pacífica, como todos sabem, não valem por si mesmas como se as suas finalidades fossem elas próprias; mas são antes instrumentos por meio dos quais os fiéis cheguem de modo ordinário e ordenado aos bens confiados por Deus à Igreja, e se lhes conceda, principalmente, como dissemos, a paz com Deus e a paz entre eles.

Segue-se daqui que o direito da Igreja é verdadeiramente de índole espiritual e que deve ser realmente informado pelo Espírito de Cristo, pelo Espírito Santo. Tendo isso em conta, o Concílio pediu que o Direito da Igreja fosse instrumento da sua vida espiritual, rejeitando a separação entre Espírito e Direito, entre a chamada Igreja 'pneumática' e a chamada Igreja 'institucional'; porquanto a instituição está contida no próprio mistério da Igreja, e como instituição hierárquica, há diversidade em vários graus no Povo de Deus.

Esta estrutura exterior e jurídica, portanto, não só não se opõe à sua vida interior ou espiritual, nem à mesma Igreja enquanto mistério, mas serve, favorece e conserva a presença e a guia do Espírito Santo.

A comunhão da Igreja, portanto, como já dissemos, está dotada de uma estrutura jurídica, mais ainda, precisa dela; mas tal estrutura jurídica é absolutamente peculiar, pois participa da natureza sacramental da Igreja.

Também o magistério e o governo, na comunhão da Igreja, constam de deveres e direitos, cuja natureza é sobrenatural-espiritual, diferente de qualquer poder meramente humano.

Com efeito, é necessário que na Igreja tudo se faça com decência e ordem (1Cor 14,40). Portanto, não há lugar para a objeção de consciência, que recuse a obediência eclesial (cf. 1Cor 14,37; 4,21).

Assim, evitar-se-á no novo Código o perigo da funesta separação entre espírito e instituição, entre a teologia e o direito, porque o direito e o poder pastoral são entendidos teologicamente para outorgar a paz de Cristo, que é obra da justiça, não humana, mas divina.

Finalmente, a proteção da justiça terá lugar no novo Código, porque a vida jurídica não aparecerá como dominante em todos os setores da vida da Igreja, mas como elemento de grande importância, ao serviço da vida dessa comunhão, deixando ao mesmo tempo, a todos os fiéis, a necessária liberdade responsável, como se costuma dizer, ordenada à edificação do Corpo de Cristo.

Por isso, deve-se reconhecer e aceitar mais plenamente a variedade e a riqueza das formas da vida civil, que existem nas diversas partes do mundo, salvando a unidade da fé bem como a unidade de comunhão e da hierarquia nos mais altos princípios concernentes às instituições fundamentais.

De quanto dissemos, deduzem-se os princípios que devem orientar a revisão do código de Direito Canônico. Segundo isso, nas leis do mesmo Código deve brilhar o espírito de caridade, temperança, humanidade e moderação, em virtude do qual o novo Código deve ser diferente de qualquer outro direito humano. A finalidade de toda legislação é oferecer auxílio à vida espiritual dos fiéis, que deve ser atuada mais por obrigação pessoal de consciência ou por responsabilidade do que por força dos preceitos.

Nem a mais perfeita legislação pode conseguir realmente o seu fim se os homens que a seguem como norma não aceitarem também a sua finalidade".

Para entendermos o espírito do atual Código, além da Constituição Apostólica Sacrae Disciplinae Leges, que é a Constituição com a qual o Papa João Paulo II promulgou o Código, faz-se necessário conhecer também a apresentação oficial do Novo Código realizada no dia 3 de fevereiro de 1983 (cf. *L'Osservatore Romano*).

Texto 13

As leis são dom munífico de Deus e a sua observância é verdadeira sabedoria.

1. "Desejei ardentemente o encontro de hoje para fazer a solene apresentação do novo Código de Direito Canônico e dar, assim, oficialmente, início ao caminho, decerto não breve, mas – como todos ambicionamos – ordenado e diligente, que ele deverá efetuar na Igreja, a serviço da Igreja.

2. O Direito na Igreja: já ao assinar [...] a Constituição Apostólica Sacræ Disciplinæ Leges, tive oportunidade de retomar e de aprofundar uma reflexão para mim habitual sobre uma expressão simples apenas em aparência, na qual se resume a função que a lei, como tal, mesmo na sua formulação exterior, tem na vida da *societas sui generis*, fundada por Cristo Senhor para continuar no mundo inteiro, no decurso dos séculos, a sua obra salvífica: 'Ide, pois, ensinai todas as nações, batizando-as [...], ensinando-as a cumprir tudo quanto vos tenho mandado' (Mt 28,19-20).

Que é – perguntamo-nos – o Direito na Igreja? Corresponde à perene missão universal, que estas palavras supremas do Evangelho confiam, na pessoa dos Apóstolos, precisamente à Igreja? Adequa-se à sua natureza genuína de Povo de Deus em caminho? E para que o Direito na Igreja? Para que serve?

3. Uma primeira resposta, a este propósito, pode vir da consideração da história. Ao dizer isto, não me refiro apenas à história já bimilenária da Igreja, durante a qual, em tantos séculos de indefesso trabalho e de reafirmada fidelidade a Cristo, se descobre nela, entre outros elementos de relevo, a existência de uma ininterrupta tradição canônica de prestigioso valor doutrinal e cultural, a qual vai desde as primeiras origens da era cristã até aos nossos dias, e de que o Código, agora promulgado, constitui um novo, importante e sapiente capítulo. Não: não me refiro apenas a isto; mas remontando no tempo refiro-me à história do Povo de Deus no Antigo Testamento, quando o pacto da aliança do Deus de Israel se manifestou em precisas disposições cultuais e legislativas, e o homem a quem foi confiado o papel de mediador e profeta entre Deus e o seu povo, ou seja, Moisés, se tornou simultaneamente o seu legislador. É precisamente desde então, ou seja, desde a Aliança do Sinai, que aparece, para assumir gradualmente progressivo relevo, o nexo entre *foedus* e *lex*.

Nota: já segundo o antigo Israel (e isto valerá ainda mais para São Paulo) a graça de Deus precede a lei e subsiste mesmo sem ela (cf. Ex 20,2; Dt 7,7-9; cf. tb. Gl 3,15-29; Rm 3,28–4,22), a ponto de se manifestar continuamente como perdão das transgressões (cf. Dt 4,31; Is 1,18; 54,8). Em todo o caso, contudo, permanece entre o Senhor e Israel o vínculo de amor, sancionado pelo recíproco empenho de Deus, que promete, e do povo, que se empenha à fidelidade. Trata-se de vínculo, que deve encontrar expressão no testemunho da vida quotidiana, mediante a observância dos mandamentos (cf. Ex 24,3), por Deus mesmo confiados a Moisés para que os transmitisse ao povo. De tudo isto nasceu um típico modo de vida jurídica e liturgicamente ordenada, que deu unidade e coesão àquele povo na sua comunhão com Deus.

Leis e mandamentos eram considerados munífico dom de Deus, e a sua observância, verdadeira sabedoria (cf. Sir 24); e embora a tal elevada atitude correspondesse – como é sabido – uma série de infidelidades e de traições, nem por isto o Senhor traiu o seu pacto de amor e, nem deixou, por meio dos profetas, de chamar o seu povo ao respeito pelo mesmo pacto e à observância das leis (cf. Os 4,1-6; Jr 2). Mas há mais: ele deixou também entrever a possibilidade, aliás, a oportunidade e a urgência de uma observância interiorizada, anunciando que gravava a sua lei no coração (cf. Jr 31,31-34; Ez 36,26-27).

Nesta relação entre *foedus* e *lex* e, nomeadamente, na mencionada importância da 'religião do coração' estava já uma antecipação dos tempos novos, também estes prenunciados e já amadurecidos segundo o desígnio divino.

4. Vem Jesus, o novo Moisés, o mediador e legislador supremo (cf. 1Tm 2,5), e eis que a atmosfera de repente se levanta e purifica. E se no sermão programático da Montanha ele proclama não 'vim revogar, mas completar' a antiga Lei (Mt 5,17), contudo, dá imediatamente uma linha nova ou, melhor, infunde um espírito novo aos preceitos da mesma: 'foi dito aos antigos [...]. Eu, porém, digo-vos' (cf. Mt 5,21-48). Reivindicando para si uma plenitude de poder, válido no céu e na terra (cf. Mt 28,18), ele transmite-a aos seus Apóstolos. Poder – note-se – universal e real, que está em função de uma legislação que tem, como mandamento geral, o amor (cf. Jo 13,34), do qual ele mesmo é o primeiro a dar o exemplo na sua máxima dimensão ao dar a vida pelos irmãos (cf. Jo 15,13). Aos seus apóstolos e discípulos pede o amor; melhor, a permanência no amor, dizendo-lhes que tal 'permanên-

cia' está condicionada à observância dos seus preceitos (cf. Jo 15,10). Depois da sua Ascensão, envia-lhes o Espírito Santo, e por este dom a lei – precisamente como predissera o antigo profeta (cf. Jl 3,1-5) – encontra o seu remate e o seu vigor no coração do homem.

Tal perspectiva é válida, ainda agora, para todos os crentes: movidos pelo Espírito, eles estão em condições de instaurar em si mesmos esta nova ordem, que Paulo chama a lei de Cristo (cf. Gl 6,2): isto é, Cristo vive no coração dos fiéis numa comunhão em si mesmo, o mistério da caridade e da obediência do Filho. Reaparece, assim, o nexo entre *foedus* e *lex*, e os fiéis, unidos a Cristo no Espírito, têm não só a força, mas também a facilidade e a alegria de obedecer aos preceitos.

De tudo isto encontramos confirmação nas primeiras comunidades cristãs, constituídas no Oriente e no Ocidente pelos apóstolos e pelos seus imediatos discípulos. Vemos, por exemplo, São Paulo que, com a autoridade recebida do Senhor, dá ordens e disposições, para que em cada Igreja local tudo decorra com a necessária disciplina (cf. 1Cor 11,2; 14,40; Cl 2,5).

5. Construída sobre o fundamento dos apóstolos e dos profetas (cf. Ef 2,20), a Igreja de Cristo – a Igreja da Páscoa e do Pentecostes – cedo iniciou a sua peregrinação no mundo: e é muito natural que, no decurso dos séculos, exigências emergentes, necessidades práticas e experiências gradualmente amadurecidas no exercício conjunto da autoridade e da obediência, num variar bastante diferenciado de circunstâncias, viessem a criar no seu interior, como realidade histórica e viva, um conjunto de leis e de normas, que já no princípio da Idade Média se tornou ampla e articulada legislação canônica. A este propósito seja-me permitido, entre as tantas figuras de canonistas e juristas, merecidamente famosos, nomear pelo menos o monge Graciano, o autor do Decretum (*Concordia Discordantium Canonum*), que Dante colocou no seu quarto céu, entre os espíritos sábios, em companhia de Santo Alberto Magno,

de Santo Tomás de Aquino e de Pedro Lombardo, exaltando-o porque 'um e outro foro ajudou, de modo que é grato no paraíso' (Paraíso X, vv. 104-105).

6. Mas, omitindo os acontecimentos posteriores até a codificação de 1917, será conveniente passar agora da perspectiva histórica para a perspectiva propriamente teológica e eclesiológica, a fim de encontrar – no conjunto do que nos ensinou o Concílio Vaticano II – as motivações mais profundas e mais verdadeiras da legislação eclesiástica: à variação das disposições particulares, de fato, corresponde a exigência, conatural à Igreja, de ter as suas leis. Tanto ontem como hoje. Por quê? Na Igreja de Cristo – repetiu-nos o recente Concílio – ao lado do aspecto espiritual e interior há o aspecto visível ou exterior; nela há unidade, se é verdade, como na realidade é, ser esta uma das suas características fundamentais, mas tal unidade, longe de excluir, compõe-se e entrecruza-se com a 'diversidade dos membros e das funções' (*LG*, 7-8).

De fato, ela, Povo de Deus e Corpo de Cristo, não foi indistintamente fundada apenas como comunidade messiânica e escatológica 'sujeita à sua Cabeça' (*LG*, 7), mas 'como assembleia visível' e 'sociedade constituída e organizada' (*LG*, 8), foi edificada sobre a pedra (cf. Mt 16,18), e pelo Senhor mesmo foi divinamente enriquecida de 'dons hierárquicos' (*LG*, 4) e de vários institutos, que devem ser considerados efetivamente seus elementos constitutivos. A Igreja, em suma, na sua unidade viva e também estrutura visível, com precisas funções e poderes (*sacra potestas*).

Portanto, embora todos os fiéis vivam de modo que 'comum é a dignidade dos membros pela sua regeneração em Cristo, comum a graça de filhos, comum a vocação à perfeição, uma só salvação, uma só esperança e caridade indivisível' (*LG*, 23), todavia esta geral e mística 'igualdade' implica a já mencionada 'diversidade dos membros e das funções', de modo que 'graças aos meios apropriados de união visível e social (*LG*, 8) vêm a manifestar-se a divina constituição e a orgânica 'desigualdade' da Igreja. É necessário dizer, por conseguinte, que 'o Povo de Deus não só reúne povos diversos, mas ainda comporta em si mesmo variedade orgânica. Entre os seus membros reina a diversidade, quer nos cargos [...], quer na condição e no modo de vida' (*LG*, 13).

7. É sem dúvida, de direito divino, esta 'diversidade dos membros', e 'a distinção que o Senhor estabeleceu entre os ministros sagrados e o restante Povo de Deus' (*LG*, 32), comporta na Igreja um dúplice e público modo de viver.

Daqui segue-se também a outra 'diversidade': a 'das funções' ou funções sociais, porque 'todo o corpo, alimentado e unido pelas junturas e articulações, se desenvolve como crescimento dado por Deus' (Cl 2,19): 'e nem todos os membros têm a mesma função' (Rm 12,4).

Embora, portanto, todos os fiéis cristãos participem da missão real, profética e sacerdotal da Cabeça, todavia os clérigos e os leigos recebem funções distintas em ordem à sua atividade social, funções reguladas e tuteladas por vontade de Cristo pelo 'sagrado direito' (*ius sacrum*), de modo que se proveja ao bem comum de toda a Igreja.

Daqui – digo, da realidade íntima da Igreja –, segundo aquela diversidade dos membros e das funções, nascem os direitos e os deveres, correspondentes a cada pessoa ou aos próprios grupos, que a Igreja, por outro lado, salvo o direito divino e nativo, teve o cuidado de regular emanando leis e preceitos segundo as circunstâncias, isto é, segundo as necessidades ou as exigências dos tempos e lugares.

Sabemos, precisamente, que o corpo visível da Igreja, sujeito a Cristo, sua cabeça, no decurso dos séculos se desenvolveu dilatando-se em partes integrantes visíveis, isto é – segundo a linguagem conciliar – em 'grupos organicamente estruturados, que, salvaguardando a unidade de fé e a única constituição divina da Igreja'

(*LG*, 23), são com todo o direito chamados 'Igrejas particulares', em cada uma das quais 'esteja verdadeiramente presente e operante a Igreja una, santa, católica e apostólica de Cristo' (*CD*, 11).

8. Vedes, irmãos caríssimos, é desta admirável realidade eclesial, invisível e visível, una e ao mesmo tempo multíplice, que devemos considerar o *Ius Sacrum*, que vigora e opera no interior da Igreja: é perspectiva que, evidentemente, transcende a perspectiva meramente histórico-humana, embora a confirme e a valorize.

Se a Igreja-corpo de Cristo é estrutura organizada, se compreende em si tal diversidade de membros e de funções, se 'se reproduz' na multiplicidade das Igrejas particulares, a trama das relações é tão densa que o direito já existe, não pode deixar de existir. Falo do direito compreendido na sua globalidade e essencialidade, antes ainda das especificações, derivações ou aplicações de ordem propriamente canônica. O direito, por conseguinte, não deve ser concebido como corpo estranho, nem como uma superestrutura já inútil, nem como um resíduo de pressupostas pretensões temporais. O direito é conatural à vida da Igreja, à qual, de fato, é bastante útil: é um meio, é um auxílio, é também – em questões delicadas de justiça – um presídio.

Ao explicar o novo Livro, que hoje é apresentado, não é, pois, a simples e, em definitivo, contingente consideração de que já passaram tantos anos desde o longínquo 1917, quando o meu predecessor Bento XV, de venerável memória, promulgou o Código Canônico, que permaneceu em vigor até os nossos dias. É antes e preliminarmente, a razão que o Direito tem um lugar seu na Igreja, tem nela direito de cidadania.

Naturalmente – como negá-lo? – permanece válida também a mencionada razão de que, desde aquele ano todo o mundo, quer pelo contributo conciliar, quer pelo progresso dos estudos e também psicologicamente, mudou, quer no interior da Igreja quer fora dela. Foi – convém salientá-lo –, sobretudo o Concílio Vaticano

II, que introduziu acentuações e diretrizes, algumas vezes novas e inovadoras, em não poucos setores: não só – como disse até agora – no da eclesiologia, mas também no campo pastoral, no ecumenismo e no reafirmado empenho missionário. Quem não sabe, por exemplo, que a atividade pastoral é hoje concebida justamente segundo uma visão mais vasta e incisiva que, sendo aberta ao contributo dos leigos, vivamente solicitado com rigorosas motivações teológicas, se vale de específicos instrumentos, como a psicologia e a sociologia, e está mais solidamente ligada à liturgia e à catequese? E em referência à atividade das Missões Católicas não se advertiu, porventura, quase uma impressão de feliz redescoberta, quando o Concílio estabeleceu peremptoriamente: 'a Igreja é por sua natureza missionária' (*AG*, 2)?

Por falta de tempo, infelizmente devo limitar-me a fazer apenas referências; mas o certo é que os postulados conciliares, como as diretrizes práticas traçadas para o ministério da Igreja, encontram no novo Código exatas e precisas respostas, às vezes até verbais. Quereria só convidar-vos, a título de experiência, a pôr em comparação o capítulo II da *LG* com o livro II do Codex: comum a ambos, aliás, idêntico é o seu título: *De Populo Dei*. Será – acreditai-me – uma comparação bastante útil, e será iluminadora, para quem quiser fazer um exame mais pormenorizado, a comparação exegética e crítica dos respectivos parágrafos e cânones.

Por todas estas razões, compreende-se facilmente como a expressão-quesito, por mim apresentada no início, pode receber resposta e resposta amplamente afirmativa. O legítimo lugar, que pertence ao Direito na Igreja, confirma-se e justifica-se na medida em que ele se adequa e reflete o novo clima espiritual e pastoral: ao servir à causa da justiça, o Direito deverá inspirar-se cada vez mais e melhor na lei-mandamento da caridade, vivificando-se, vitalizando-se nele. Animado pela caridade e ordenado para a justiça, o direito vive!

9. Este é o verdadeiro sentido da reforma canônica, irmãos, e assim deve ser julgado o novo texto que a realizou. Concluiu-se nestes dias um *iter* literalmente histórico, dado terem se passado vinte e quatro anos exatos desde o primeiro anúncio da reforma do Código, juntamente com o da instituição do Concílio, dado pelo inesquecível Papa João.

Hoje este Livro que encerra o novo Código, fruto de aprofundados estudos, enriquecido por grande vastidão de consultas e de colaborações, apresento-o a vós e, na vossa pessoa, confio-o oficialmente a toda a Igreja, repetindo a cada um o agostiniano *Tolle Lege* (*Confissões*, VIII, 12, 29). Este novo Código confio-o aos Pastores e aos Fiéis [...]. Ofereço-o com confiança e esperança à Igreja, que já se aproxima do seu terceiro milênio: ao lado do Livro que encerra as Atas do Concílio está agora o novo Código Canônico, e esta parece-me uma combinação muito válida e significativa. Mais acima, mas antes destes dois Livros, deve colocar-se, como vértice de transcendente eminência, o Livro eterno da Palavra de Deus, de que o Evangelho é o centro e o coração.

Concluindo, quereria delinear diante de vós, como indicação e recordação, um triângulo ideal: no alto está a Sagrada Escritura; de um lado, as Atas do Vaticano II e, do outro, o novo Código Canônico. E para subir ordenada e coerentemente destes dois Livros, elaborados pela Igreja do século XX, até àquele supremo e indeclinável vértice, será necessário passar ao longo dos lados de tal triângulo, sem negligências nem omissões, respeitando as necessárias ligações: todo o Magistério – quero dizer – dos precedentes Concílios Ecumênicos e também (omitidas, naturalmente, as normas prescritas e ab-rogadas) aquele patrimônio de sabedoria jurídica, que pertence à Igreja.

Oxalá o Povo de Deus, ajudado por estes parâmetros essenciais, proceda seguro no seu caminho, testemunhando com a confiança animosa dos primeiros Apóstolos (At 2,29; 28,31; 2Cor

3,12) Jesus Cristo, o Senhor, e a eterna mensagem do seu Reino 'de justiça, de amor e de paz' (prefácio na Solenidade de N.S. Jesus Cristo, Rei no Universo)".

Texto 14

A Lei Canônica é um meio de libertação espiritual que ajuda a crescer na fé, na caridade e na santidade (*João Paulo II na audiência coletiva aos bispos dos Estados Unidos, 17/10/1999*) (*cf.* D&P, *38, 1999, 77-82*).

• *A obediência libertadora à Lei divina.* "Para compreendermos melhor o ligame existente entre a lei e a evangelização, temos necessidade de considerar as raízes bíblicas do direito na Igreja. O Antigo Testamento insiste no fato de que a Torá é o maior dos dons do Deus de Israel, e cada ano o povo judeu ainda celebra a festa denominada 'Celebração da Torá'. [...] Consequentemente, no cerne da revelação bíblica está o mistério de uma obediência libertadora, que alcança a sua expressão suprema em Cristo crucificado, que foi obediente até à morte (Fl 2,8). A derradeira obediência tornou possível a libertação definitiva da Páscoa.

Então, na Igreja, a finalidade da lei é a defesa e a promoção da liberdade e da glória dos filhos de Deus (Rm 8,21); esta é a Boa-Nova que Cristo nos envia a transmitir ao mundo. Considerar a lei como espiritualmente libertadora é contrário a uma determinada compreensão do direito na cultura ocidental, que tende a identificar a lei como um mal necessário, uma espécie de controle exigido em vista de salvaguardar os frágeis direitos humanos e obstar as recalcitrantes paixões humanas, mas que no melhor dos mundos possíveis desapareceria. Esta não é a visão bíblica nem pode ser o modo de ver da Igreja.

Dado que é um ministério sagrado a serviço da proclamação da Palavra de Deus e da santificação dos fiéis, a autoridade na

Igreja só pode ser compreendida como um instrumento em benefício do desenvolvimento da vida cristã, em conformidade com as exigências radicais do Evangelho. O direito eclesiástico dá forma à comunidade ou à organização social da Igreja, tendo sempre em vista aquele supremo objetivo que é a salvação das almas (cf. *CIC*, cc. 747, 978 e 1752). Uma vez que este bem último se alcança, sobretudo através da novidade da vida no Espírito, as disposições da lei visam a tutelar e a promover a vida cristã mediante a regulamentação do exercício da fé, dos sacramentos, da caridade e do governo eclesial.

• *A equidade é uma expressão de caridade na verdade.* O bem comum que a lei protege e promove não constitui apenas uma ordem externa, mas é um conjunto daquelas condições que tornam possível a realidade espiritual e interna da comunhão com Deus e da comunhão entre os membros da Igreja. Consequentemente, como regra basilar, as leis eclesiásticas vinculam a consciência. Por outras palavras, a obediência à lei não é mera submissão externa à autoridade, mas um modo de crescer na fé, caridade e santidade, sob a guia e mediante a graça do Espírito Santo. Neste sentido, o Direito Canônico possui características particulares que o distinguem do Direito Civil e, sem as necessárias modificações, impedem a aplicação das estruturas legais da sociedade civil na Igreja. O apreço destas particularidades é necessário, a fim de se poder superar algumas das dificuldades que têm surgido nos últimos anos, no que concerne à compreensão, à interpretação e à aplicação do Direito Canônico.

Entre estas particularidades está o caráter pastoral da lei e do exercício da justiça no seio da Igreja. De fato, o caráter pastoral é a chave para a correta compreensão da equidade canônica, aquela atitude da mente e do espírito que tempera o rigor da lei, em vista de promover um bem maior. Na Igreja, a equidade constitui uma expressão de caridade na verdade, visando a uma maior justiça que coincide com o bem sobrenatural do indivíduo e da comunidade. [...] Elementos como a dispensa, a tolerância, a isenção ou o perdão das causas, bem como a epiqueia, devem ser entendidos não como uma diminuição da força da lei, mas como algo que a completa, dado que na realidade eles garantem que a finalidade fundamental da lei seja assegurada. De maneira análoga, as censuras eclesiásticas não são punitivas, mas terapêuticas, ainda mais porque têm em vista realizar a conversão do pecador. Todas as leis na Igreja têm a verdade e a caridade como os seus elementos constitutivos e os seus primordiais princípios inspiradores.

Diletos irmãos bispos, a finalidade destas breves considerações é encorajar-vos a supervisionar a aplicação fiel da legislação canônica: isto é essencial se a Igreja quiser mostrar-se cada vez mais equitativa na tarefa de realizar a missão que lhe é própria (cf. Constituição Apostólica *Sacrae Disciplinae Leges*). A fidelidade ao direito eclesiástico deveria ser uma parte vital da renovação das vossas Igrejas particulares. Ela é uma condição para libertar novas energias para a evangelização, enquanto nos aproximamos do Terceiro Milênio".

2
Estudo dirigido

1) Noções básicas sobre os documentos do Concílio Vaticano II. Conhecer os temas, siglas, quantidades e os nomes dos documentos. Conhecer as duas divisões dos documentos conciliares (*ad intra* e *ad extra*).

2) Noções básicas sobre o Código de 17: organização, promulgação, estrutura do Código e suas divisões internas.

3) Noções básicas sobre o Código de 83: organização, promulgação, estrutura do Código e suas divisões internas.

4) Estudar e conhecer o Documento de promulgação do atual Código e o Discurso do Papa João Paulo II.

5) Distinção entre *ius* e *lex* e sua mútua relação.

6) Distinção entre Direito Canônico, Eclesial e Eclesiástico.

7) Argumentar teologicamente a necessidade de um direito na Igreja.

8) Procurar entender o aspecto pastoral e sua relação com o Direito Canônico.

9) Os fundamentos básicos do AT e NT importantes para uma Teologia do Direito.

10) Síntese das diferentes maneiras de se abordar a lei nas cartas paulinas e nos escritos pastorais do NT.

11) Conhecer os princípios que nortearam o atual Código.

12) Fazer uma síntese do que era a LEF e sua incorporação ao Código de 83.

13) Saber o papel da Comissão Pontifícia de interpretação dos textos legislativos e as diversas interpretações autênticas já realizadas.

14) Entender o significado dos seguintes aforismos jurídicos: a) *Ubi societas, ibi ius*; b) *Dura lex, sed lex*; c) *Summum ius, summa iniura*; d) *Lex semper loquitur*; e) *Ius semper reformanda*; f) *Cessante ratione legis, lex ipsa cessat*.

3
Temas para trabalhos acadêmicos

1) Direito Canônico e os Direitos Humanos: diferenças e igualdades.

2) O pensamento do Papa Paulo VI com relação ao Direito Canônico.

3) A relação entre Teologia e o Direito Eclesial e suas dificuldades.

4) O conceito bíblico de Lei aplicado às leis canônicas.

5) O conceito de justiça e direito na Bíblia (Antigo e Novo Testamento).

6) A relação existente entre lei, justiça e caridade na tradição cristã.

7) Verificar as pistas para uma leitura do novo código a partir da Constituição *Sacrae Disciplinae Leges*.

8) A relação existente entre a equidade canônica e a pastoralidade do Direito Canônico.

4
Termos e expressões jurídicas latinas

A fortiori – Por mais forte razão.

A posteriori – Posteriormente.

A priori – Do que precede, algo admitido como evidente.

A quo – De onde se origina (proveniência).

Ad exemplus – Por exemplo.

Ad hoc – Substituição temporária para o caso específico, para este caso.

Ad arbitrium – Com arbítrio.

Ad beneplacitum nostrum – Com nosso beneplácito (consentimento).

Ad causam – Para a causa.

Ad cautelam – Para cautela.

Ad extra – Por fora, exteriormente.

Ad intra – Por dentro, interiormente.

Ad libitum – À vontade.

Ad litteram – Literalmente.

Ad mentem – De acordo com a mentalidade (de quem diz, do legislador).

Ad normam iuris – De acordo com as normas do direito.

Ad nutum – Pela vontade de.

Ad perpetuam memoriam – Para ser reverenciado perpetuamente.

Ad quem – Para onde se vai (terminal).

Ad referendum – Pendente de aprovação da autoridade competente.

Ad secundum – Ao segundo (quesito).

Ad tempus – Para um tempo determinado, por um prazo.

Ad validitatem – Para validade.

Addenda – Queridos pais, se deve acrescentar.

Affirmative ad primum – Afirmativamente ao primeiro caso (quesito).

Alter ego – Outro eu, aquele que é substituído plenamente.

Analogia iuris – Analogia do direito, segundo o direito.

Analogia legis – Analogia da lei, segundo a lei.

Animus simulandi – Intenção de simular.

Animus – Ânimo, intenção de fazer algo, garra.

Anno Domini (abrevia-se: a.D.) – No ano do Senhor.

Bona fide – Com boa-fé, de boa-fé.

Bonum fidei – Bem da fidelidade.

Bonum prolis – Bem da prole.

Caput nullitatis – Capítulo de nulidade.

Caput – Cabeça (diz-se dos diversos capítulos referentes a uma causa).

Caso sub iudice – Caso sob julgamento.

Citra petita – Aquém do pedido.

Communi consensu – Consenso comum, com o consentimento de todos.

Communicatio in sacris – Comunhão nas coisas sagradas.

Competentia ratione loci – Competência em razão do domicílio (lugar).

Conditio sine qua non – Condição sem a qual não.

Concessa venia – Com o devido consentimento.

Congrua congruis referendo – Com as devidas adaptações.

Consortium totius vitae – Comunhão de toda vida.

Contra legem – Contra a lei.

Contradictio in terminis – Contradição nos termos.

Coram – Segundo.

Data venia – Com o devido consentimento.

De auditu – Por ouvir dizer, através de boato.

De facto – De fato.

De iure – De direito.

De lege ferenda – Da lei a ser criada.

De meritis – Do mérito.

De more – Segundo o costume (jurídico).

Debitum coniugale – Débito conjugal.

Error facti – Erro de fato.

Error in persona – Erro sobre a pessoa.

Error iuris – Erro de direito.

Et alii – E outros.

Ex actis et probatis – Dos atos e do provado.

Ex aecquo et bono – Segundo a equidade e o bem, de maneira justa.

Ex auctoritate propria – Por sua própria autoridade.

Ex cathedra – Do alto da cadeira (magistério do papa referente aos dogmas).

Ex consensu omnium – Com o assentimento, aprovação de todos.

Ex lege – De acordo com a lei.

Ex officio – De ofício, em razão do ofício.

Ex proprio iure – Por direito próprio.

Exequatur – Execute-se, cumpra-se.

Extra matrimonium – Fora do matrimônio.

Extra muros – Fora dos limites.

Extra petita – Fora do pedido.

Facti species – Fato especificado, assunto de que se trata.

Ferendae sententiae – Pena determinada, prevista pela lei.

Fictio iuris – Ficção de direito.

Fumus boni iuris – De acordo com o bom direito.

Hic et nunc – Aqui e agora.

Hominis – Do homem (sentido figurado), segundo o juízo do homem.

Ibidem – No mesmo lugar.

Ignorantia iuris – Ignorância do direito.

Impotentia coeundi – Impotência copulativa.

Impotentia generandi – Incapacidade de fecundar, de gerar.

Imprimatur – Imprima-se.

In absentia – Na ausência.

In Actu – No ato.

In articulo mortis – No momento próximo à morte.

In casu – No caso.

In causa – Na causa.

In Dei nomine – Em nome de Deus.

In dictis – Como foi dito, já falado.

In dubio pro reo – Na dúvida a favor do réu.

In facto esse – De acordo com os fatos.

In fieri – No ato.

In fine – No fim.

In foro conscientiae – No foro da consciência.

In genere – Em geral, gênero.

In initio litis – No início da lide.
In integrum – Por inteiro, integralmente, completo.
In iure – No direito, de acordo com o direito.
In loco – No próprio local.
In memoriam – Em memória.
In nomine – Em nome.
In pectore – No peito (sentido figurado), reservado, em segredo.
In radice – Na raiz, no começo, no princípio, no início.
In sacris – No sagrado.
In solidum – Por inteiro.
In specie – Em espécie.
In thesi – Em tese, teoricamente.
In utroque iure – Em um e outro direito.
In verbis – Nestes termos.
Incapacitas assumendi – Incapacidade de assumir.
Infra – Abaixo.
Intentio litis – Finalidade da lide.
Inter vivos – Entre os vivos.
Intra muros – Dentro dos limites.
Ipsis literis verbis – Pelas mesmas palavras.
Ipso facto – Pelo mesmo fato, o fato em si mesmo.
Ipso iure – Pelo mesmo direito, segundo o direito.
Iter – Itinerário, caminho percorrido.
Iure proprio – Razão do próprio direito.
Ius in re – Direito sobre a coisa.
Ius agendi – Direito de agir.
Ius civile – Direito civil.
Ius commune – Direito comum.

Ius generale – Direito geral.

Ius in corpus – Direito ao corpo, à relação sexual.

Ius naturale – Direito natural.

Ius non scripitum – Direito não escrito.

Ius privatum – Direito privado.

Ius publicum – Direito público.

Ius scriptum – Direito escrito.

Ius singulare – Direito singular.

Latae sententiae – Penalidade automática pelo fato de cometer o delito.

Lato sensu – Sentido irrestrito, em sentido geral, amplo.

Leges violatio – Violação da lei.

Litis contestatio – Contestação da lide.

Litis finitae – Litígio acabado.

Mens legis – Espírito da lei.

Meritum causae – Mérito da causa.

Missio canonica – Missão canônica exercida com a aprovação da autoridade.

Modus aquirendi – Modo de adquirir.

Modus vivendi – Modo de viver.

Mortis causa – Causa de morte.

Motu proprio – Por iniciativa própria (da autoridade).

Mutatis mutandis – Mude-se o que deve ser mudado.

Negative ad secundum – Negativamente ao segundo caso (quesito).

Nihil obstat – Nada obsta.

Norma agendi – Norma de agir.

Occasio legis – Ocasião da lei.

Onus probandi – Ônus da prova.

Opinio iuris doctorum – Opinião jurídica dos doutores.

Opus citatum (*Op. cit.*) – Obra citada.

Pleno iure – Pleno direito.

Post factum – Depois do fato.

Post mortem – Depois da morte.

Praesumptio hominis – Presunção de acordo com o pensamento humano.

Praesumptio iuris – Presunção do direito.

Praeter ius – Além do direito, fora do direito.

Primus inter pares – Primeiro entre iguais, aqueles da mesma condição.

Pro forma – Por formalidade, formalmente.

Pro labore – Pelo trabalho.

Pro tempore – Temporariamente.

Punctum saliens – Ponto principal.

Quaestio disputatae – Questão disputada, não ainda aceita por todos.

Quaestio iuris – Questão de direito.

Ratio agendi – Razão de agir.

Ratio iuris – Razão jurídica.

Referendum – Referendo.

Res integra – Coisa íntegra.

Res iudicata – Coisa já julgada.

Res litigiosae – Coisa litigiosa.

Res privatae – Coisa privada.

Res provatae – Coisa provada.

Res publicae – Coisa pública.

Resposta ad propositadubia – Resposta às dúvidas propostas.

Restitutio in integrum – Restituição por inteiro, integralmente.

Sanatio in radice – Sanação na raiz, tornar válido um ato posteriormente.

Secundum legis – Segundo a lei.

Servatis servandis – Observado o que se deve observar.

Si, nisi, dummodo – Se, a não ser que, contanto que.

Sic et simpliciter – Pura e simplesmente.

Sic – assim.

Sine die – Sem data, sem dia marcado.

Sine qua non – Sem o qual não.

Statu quo – Estado da questão, em que se encontra.

Stricto sensu – Entendimento estrito.

Sub conditione – Sob condição.

Sui generis – Especialmente, de maneira diferente.

Sui iuris – De direito próprio.

Sui poena nullitatis – Sob pena de nulidade.

Supplet ecclesia – A Igreja supre.

Ultra petita – Além do pedido.

Vacatio legis – Vacância da lei.

Vade mecum – Anda comigo, geralmente livro pequeno, fácil de consultar.

Verba legis – Palavra da lei, de acordo com o que está na lei.

Verbi gratia (v.g.) – Por exemplo.

Verbum pro verbum – Palavra por palavra.

Vetitum – Veto, proibição.

5
Aforismos jurídicos

1) *Aequitas est, quae de iure multum remittit* (Don. in Ter. Ad. 1, 1) – A equidade é aquela que muito atenua o rigor da lei.

2) *Aequitas praefertur rigori* (R.I.) – A equidade é preferível que o rigor.

3) *Aequitas sequitur legem* – A equidade segue a lei.

4) *Aliquis non debet esse iudex in propria causa, quia non potest esse iudex et pars* – Não se pode ser juiz em causa própria, porque ninguém pode ser juiz e parte ao mesmo tempo.

5) *Aliud est celare, aliud est tacere* – Uma coisa é ocultar, outra é calar.

6) *Animi affectio suum cuique tribuens iustitia dicitur* (Cícero, De Fin. 5, 23) – Chama-se justiça a disposição da alma que atribui a cada um o seu.

7) *Approbari debet ab omnibus quod omnes tangit ou quod omnes tangit debet ab omnibus probari* (Regulae Iuris in Liber VI Decretalium Bonifacci VIII) – Deve ser aprovado por todos o que a todos atinge.

8) *Beneficium iuris nemini est negandum* – A ninguém se deve negar o favor da lei.

9) *Bona vincula nuptiarum, sed tamen vincula* (Ambrósio, De Virg., 3) – Bom é o jugo do matrimônio, mas é jugo.

10) *Bonus quilibet praesumitur* – Qualquer um se presume bom (até que se prove o contrário).

11) *Causa cessante, cessat effectus* – Cessando a causa, cessa o efeito.

12) *Cave a consequentariis* – Cuidado com aqueles que tiram muitas consequências.

13) *Certa pro incerta dimittenda non sunt* – Não se deve deixar o certo pelo duvidoso.

14) *Codicilli deleti non valent* (Ulpiano, Liber 1 § 5 D. de his., quae in test 28, 4) – Os códigos cancelados não têm valor.

15) *Cogitationis poenam nemo patitur* (Ulpiano, Liber 18, D. de poenis 48, 19) – Não é punível o pensamento.

16) *Comendatoria verba non obligant* – Palavras de recomendação não obrigam.

17) *Confessio est regina probationum* (R.I.) – A confissão é a rainha das provas.

18) *Constitutiones tempore posteriores potiores prioribus* – Das leis, as posteriores prevalecem às mais antigas.

19) *Consuetudine ius est id, quod sine lege aeque ac si legitimum sit usitatum est* (R. a Her., 2, 13, 19) – O direito fundado sobre o costume é aquele que, na ausência da lei, é consagrado pelo uso, o qual, então, corresponde a uma verdadeira lei.

20) *Consuetudo est optima legum interpres* – O costume é o melhor intérprete das leis.

21) *Cuius est instituere, eius est abrogare* – Quem tem o direito de instituir, pode, também, ab-rogar.

22) *Culpa ubi non est, nec poena esse debet* – Onde não há culpa, não deve haver castigo.

23) *Da mihi factum, dabo tibi ius* – Dá-me o fato que te darei o direito.

24) *Definitio est declaratio essentiae rei* – Definição é a declaração da essência da coisa.

25) *De minimis non curat lex* – A lei não se ocupa com pequenas coisas.

26) *Derogatur legi quum pars detrahitur: abrogatur* quum prorsus tollitur (Liber 102, De Verborum significatione) – Derroga-se uma lei quando se retira uma parte; se ab-roga quando se tira tudo.

27) *Dictum unius, dictum nullius* – Dito de um, dito de nenhum.

28) *Dolus est omnis calliditas, falacia, machinatio ad circumveniendum, fallendum, decipiendum alterum adhibita* (D., 4, 3, 1, 2) – Dolo é toda astúcia, esperteza, maquinação destinada a lograr, enganar ou iludir o próximo.

29) *Dolus est consilium alteri nocendi* (R.I.) – Dolo é qualquer astúcia usada para enganar terceiros.

30) *Dolus non praesumitur* (Liber 18 § 1, D. 21 de probat.) – O dolo não se presume.

31) *Dura lex, sed lex* – A lei é dura, mas é lei.

32) *Eius est interpretare, cuius est condere legem* – Interpretar a lei compete a quem a estatuiu.

33) *Impossibilium nulla obligatio est* (Celso, Liber 185) – Ninguém é obrigado ao impossível.

34) *Interpretatio cessat in claris* – A interpretação cessa quando a lei é clara.

35) *Invitus agere vel accusare nemo cogatur* (S. un. C. ut nemo invitus 3, 7) – Ninguém pode ser constrito a agir ou acusar, contra sua vontade.

36) *In ambiguis rebus humaniorem sententiam sequi oport*et (Liber 10 § 1, de reb. Dub.) – Nos casos de dúvida convém adotar a interpretação mais benigna.

37) *In dubiis abstine* (R.I.) – Na dúvida, abstém-te.

38) *In omnibus quidem, maxime tamen in iure, aequitas spectanda sit* (Paulo Liber 90 de R.I. 50, 17) – Em todas as coisas, e especialmente no direito, se tenha em vista a equidade.

39) *In re dubia melius est verbis edicti servire* (Liber 1 § 20, De Exerc., act.) – Na dúvida, é melhor permanecer na letra da lei.

40) *Inferior legem superioris tollere non potest* – O inferior não pode ab-rogar a lei do superior.

41) *Iudicium est actus intellectus pronuntiantis de convenientia vel repugnantia duarum idearum* – Juízo é um ato do intelecto que se pronuncia sobre a conveniência ou não de duas ideias.

42) *Iuris praecepta sunt haec: honeste vivere, alterum non laedere, suum cuique tribuere* (D. 1, 1, 1, De iustitia 10 e 1, 1; Inst., 1, 1, 3) – São estes os preceitos do direito: viver honestamente, não lesar a ninguém e dar a cada um o seu.

43) *Ius est ars boni et aequi* (Celso, Liber 1, De iustitia et jure) – O Direito é a arte do bem e do justo.

44) *Ius et obligatio sunt correlata* – Direito e obrigação (dever) são correlatos.

45) *Iustitia est constans et perpetua voluntas ius suum cuique tribuendi* (Ulpiano, Liber 10, De just., 1, 1) – Justiça é a constante e perpétua vontade de dar a cada um aquilo que é de seu direito (devido).

46) *Lex est commune praeceptum* (Papiano, 1, 1, D.13) – A lei é o comum preceito.

47) *Lex posterior derogat priori* (Modestino, Liber 4, D., 1, 4; Ulpiano 9, 2) – A lei posterior revoga a anterior.

48) *Lex prospicit, non respicit* – A lei dispõe para o futuro, não olha o passado.

49) *Lex specialis derogat generali* (D., 32, de legatis, 99, 5; Regula Iuris Communis) – Lei especial derroga lei geral.

50) *Lex ubi non distinguit, nec nos distinguere debemus* – Onde a lei não distingue, tampouco nós devemos distinguir.

51) *Legis virtus haec est: imperare, vetare, permittere, punire* (Modestino, D., 1, 3, de Legibus, 7) – Os objetivos da lei são estes: mandar, proibir, permitir, punir.

52) *Legum omnes servi sumus, ut liberi esse possimus* (Cícero) – Somos todos servos das leis para que possamos ser livres.

53) *Lite pendente, nihil innovandum* – Na pendência da lide, nada se deve inovar.

54) *Monet lex priusquam feriat* (Bacon) – Que a lei admoeste antes de castigar.

55) *Necessitas facit iustum, quod de iure non est licitum* ou *necessitas non habet legem* – A necessidade torna justo o que de direito é ilícito ou a necessidade não tem lei.

56) *Negare, tacere vel obscure respondere idem est* – Negar, calar ou responder de modo obscuro é a mesma coisa.

57) *Negligens non dicitur qui non potest facere* – Não se diz negligente quem não pode fazer.

58) *Nemo ad impossibilia tenetur* ou *nemo potest ad impossibile obligari* (Regulae Iuris in Liber VI Decretalium Bonifacii VIII) – Ninguém é obrigado ao impossível.

59) *Nemo censetur ignorare ius* – Julga-se que ninguém ignora a lei.

60) *Nemo dat quod non habet* – Ninguém dá o que não tem.

61) *Nemo debet lucrari ex alieno damno* (Gaius, Liber 28, D. de dolo malo 4, 3) – Nenhum deve tirar vantagem do dano dos outros.

62) *Nemo plus iuris ad alium transferre potest quam ipse habet* (Ulpiano, D., 50, 17, de Regulis Iuris 54) – Ninguém pode transferir mais direito a outrem do que ele mesmo possui.

63) *Nemo tenetur contra se facere* – Ninguém é obrigado a agir contra si mesmo.

64) *Nihil fit sine causa* – Nada se faz sem uma causa.

65) *Non omne quod licet honestum est* (D., 50, 17, de Regulis Iuris, 144) – Nem tudo que é permitido (lícito) juridicamente é moral (honesto).

66) *Nulla lex satis commoda omnibus* (T.L. 34, 3) – Nenhuma lei é assaz boa para todos.

67) *Nulla poena sine lege* – Nenhuma penalidade sem lei.

68) *Nullo actore, nullus iudex* (R.I.) – Se não existe ator, não existe juiz.

69) *Omne quod non iure fit iniuria fieri dicitur* (Liber 1, D. 47, 10) – Tudo o que se faz contra o direito se diz feito com injustiça.

70) *Omne ius constitutum est causa hominum* (D., 1, 5, 2) – Todo o direito foi instituído por causa dos homens.

71) *Omnes ius quo utimur vel ad personas pertinet, vel ad res, vel ad actiones* (Gaio, 1, 8) – Todo direito que exercemos diz respeito à pessoa, às coisas ou às ações.

72) *Ordo iuridicus ab ordine morali separari nequit* – Não se pode separar a ordem jurídica da ordem moral.

73) *Pacta sunt servanda* – Cumpram-se os contratos (pactos, acordos).

74) *Plus actum quam scriptum valet* (Liber 4 C. plus valere 4, 22) – Vale mais aquilo que é feito do que aquilo que se escreve.

75) *Quando verba sunt clara, non admittitur mentis interpretatio* – Quando as palavras são claras não se admite a interpretação da mente.

76) *Qui accusare volunt, probationes habere debent* (Liber 4, C. de edendo 2, 1) – Aquele que quer acusar, deve ter provas.

77) *Qui potest maius, potest et minus* – Quem pode o mais, pode também o menos.

78) *Quivis praesumitur bonus, donec probetur malus* – Toda pessoa presume-se boa, até que se prove que seja má.

79) *Quod gratis asseritur, gratis negatur* – O que se afirma gratuitamente, gratuitamente se nega.

80) *Quod non est, suppleri non potest* – Não se pode suprir o que não existe.

81) *Quod non est in actis non est in mundo* – O que não está nas atas (autos, no papel) não está no mundo (não existe).

82) *Quod nullum est, nullum producit effectum* – O que é nulo, não produz nenhum efeito.

83) *Ratio iustitiae in hoc consistit quod alteri reddatur quod ei debetur secundum aequalitatem* (Santo Tomás, II-II, q. 80, c) – A razão da justiça consiste em dar a outrem o que lhe é devido, segundo uma igualdade.

84) *Ratione legis omnino cessante, lex ipsa cessat* – Cessando de todo a razão de ser da lei, cessa a própria lei.

85) *Rigori aequitas praeferenda est* – Deve-se preferir a equidade ao rigor.

86) *Scire leges non est verba earum tenere, sed vim ac potestatem* (D., 1, 3, De leg., 17) – Conhecer as leis não é conhecer os seus termos, mas conhecer a intenção do legislador.

87) *Semel malum semper praesumitur esse malum* (Regulae Iuris in Liber VI Decretalium Bonifacii VIII) – Aquilo que é mal sempre se presume ser mal.

88) *Summum ius, summa iniuria* (Cícero, De Officiis 1, 10) – Justiça excessiva, excessiva injustiça.

89) *Tempus legis qui non observat, non dicitur formam legis observare* – Quem não observa o tempo da lei, diz-se que não observa a forma da lei.

90) *Testis unus, testis nullus* – Uma só testemunha é o mesmo que nenhuma.

91) *Tres faciunt collegium* – Três fazem colégio.

92) *Ubi lex, ibi poena* – Onde está a lei, aí o castigo.

93) *Ubi societas, ibi ius* – Onde há sociedade, aí há direito.

94) *Ultra posse nemo obligatur* – Ninguém é obrigado além de suas posses.

95) *Velle suum cuique est* – Cada qual é senhor da sua vontade.

96) *Verba ita sunt interpretanda ne sibi invicem contradicere videantur* – As palavras devem ser interpretadas de modo que não se contradigam entre si.

97) *Verba secundum significationem interpretanda sunt* – As palavras devem ser interpretadas em seu significado próprio.

98) *Vigilantibus, non dormientibus iura subveniunt* – O direito protege os que estão vigilantes, não os que dormem.

99) *Voluisse non praesumitur, quid quod non expressit* – Aquilo que não se expressou, não se presume ter querido.

100) *Voluntas, facto magis, quam verbis, declaratur* – A vontade mais se declara com fatos que com palavras.

Bibliografia*

DE MAURI, Luigi. *Regulae Juris raccolta di 2000 regole del Diritto*. Milano: Ulpico Hoepli, 1984.

SPANDIG, Tassilo Orpheu. *Pequeno Dicionário Jurídico de citações latinas*. São Paulo: Saraiva, 1971.

Códigos e comentários

CHIAPPETTA, Luigi. *Il Codigo di Diritto Canonico*. Commento giuridico-pastorale. 2 vols. Napoli: Dehoniane, 1988.

Código de Direito Canônico. São Paulo: Loyola, 1983 [Notas do Pe. Jesus Hortal].

Código de Direito Canônico. Braga: Theológica, 1984 [Organizado por P. Lombardia e J.I. Arrieta].

Código de Derecho Canónico. Madri: BAC, 1986 [Organizado por Lamberto de Echeverria].

Code de Droit Canonique annoté. Paris: Burges Cedex, 1989 [Organizado pela Société International de Droit Canon et de Législation religieuse comparées].

Codice di Diritto Canonico commentato. Milano: Ancora, 2001 [Organizado pela redação de *Quaderni di Diritto Ecclesiale*].

PINTO, Mons. Pio Vito. *Commento al Codice di Diritto Canonico*. Roma: PUU, 1985.

---

* Por opção didática apresentamos alguns artigos e monografias na nossa língua e de fácil acesso.

The Code of Canon Law – A text and commentary. Londres: [s.e.], 1985 [Organizado pela The Canon Law Society of America].

VV.AA. *Comentário exegético al Código de Derecho Canónico*. 5 vols. Pamplona: Eunsa, 1997.

Obras gerais

CHIAPPETTA, Luigi. *Dizionario del Nuovo Codice di Diritto Canonico*. Napoli: Dehoniane, 1986.

GHIRLANDA, Gianfranco. *Il Diritto nella Chiesa mistero di comunione* – Compendio di Diritto Ecclesiale. Roma: Cinisello Balsamo, 1990.

OCHOA, Xaverius. *Index verborum ac locutionum* – Codicis Iuris Canonici. Città del Vaticano: Libreria Editrice Lateranense, 1984.

PONTIFICIA COMMISSIO CODICI IURIS CANONICI AUTHENTICE INTERPRETANDO. *Codex Iuris Canonici-fontium annotatione et indice analytico-alphabetico auctus*. Città del Vaticano: Libreria Editrice Vaticana, 1989.

VV.AA. *Dicionário de Direito Canônico*. São Paulo: Loyola, 1993 [Organizado por Carlos Corral Salvador e José Maria Urtega Embil].

_____. *Manual de Derecho Canónico*. Pamplona: [s.e.], 1988.

_____. *Il Diritto nel Mistero della Chiesa*. Il Diritto nella realtà umana e nella vita della chiesa. Il libro I del Codice: Le norme generali. Roma: PUL, 1986.

1. Visão panorâmica do Direito Canônico

AMARAL, Edvaldo Gonçalves. *A nova lei da Igreja para o Povo de Deus*: em perguntas e respostas. São Paulo: Salesiana, 1986.

FEITOSA, Antonio. *Elementos de legislação canônica* – Confrontos entre o Código de 1917 e o de 1983. São Paulo: Loyola, 1984.

FELICIANI, Giorgio. *As bases do direito da Igreja* – Comentários ao Código de Direito Canônico. São Paulo: Paulinas, 1994.

GHIRLANDA, Gianfranco. *Introdução ao Direito Eclesial*. São Paulo: Loyola, 1998.

GREELEY, Andrew M. "Direito Canônico e sociedade". *Concilium*, 1969/8, p. 113-124.

GRINGS, Dadeus. *A ortopráxis da Igreja* – O Direito Canônico a serviço da Pastoral. Aparecida: Santuário, 1986.

HORTAL, Jesus. "Um novo Código para novos tempos". *Teocomunicação*, 1985, p. 61-69.

_____. "Tentando resolver algumas dúvidas em torno ao novo Código Canônico". *Teocomunicação*, 1984, p. 217-279.

_____. "A reforma do Direito Canônico marca passo". *REB*, 36, 1976, p. 921-924.

_____. "Prossegue a reforma do Direito Canônico". *REB*, 35, 1975, p. 922-926.

_____. "Aproxima-se do fim a reforma do Código de Direito Canônico?" *REB*, 34, 1974, p. 918-925.

_____. "Um ano a mais no caminho de reforma do Código Canônico". *REB*, 33, 1973, p. 941-950.

_____. "Ainda a reforma do Código de Direito Canônico". *REB*, 32, 1972, p. 904-915.

_____. "Como vai a reforma do Direito Canônico". *REB*, 31, 1971, p. 936-945.

_____. "O andamento da reforma do Direito Canônico". *REB*, 30, 1970, p. 901-910.

_____. "A Reforma do Direito Canônico". *REB*, 29, 1969, p. 907-913.

_____. "A Reforma do Código de Direito Canônico". *REB,* 28, 1968, p. 891-899.

MORSDORF, K. *Dicionário de Teologia (DT)*. São Paulo: Loyola, 1983, p. 412-423 [Verbete "Direito Canônico"].

NEVES, Audálio. *O Povo de Deus* – Renovação do Direito na Igreja. São Paulo: Loyola, 1987.

WALF, Knut. *Dicionário de Conceitos Fundamentais de Teologia*. São Paulo: Paulus, 1993, p. 180-184 [Verbete "Direito da Igreja"].

VV.AA. *Codex Iuris Canonici de 1983*: 10 anos de aplicação na Igreja em Portugal. Lisboa: [s.e.], 1995 [Coleção Lusitânia Canónica, 1].

2. A Igreja instituição e a Igreja comunhão

CONGAR, Yves. "Renovação do Espírito e reforma da instituição". *Concilium*, 1972/3, p. 305-313.

_____. "A recepção como realidade eclesiológica". *Concilium*, 1972/7, p. 886-907, apud *Igreja e papado*. São Paulo: Loyola, 1997, p. 253-296.

HASENHÜTTL, Gutthold. "Igreja e instituição". *Concilium*, 1974/1, p. 15-24.

JIMÉNEZ URRESTI, Teodoro Ignacio. "A Igreja como instituição". In: VV.AA. *A nova imagem da Igreja*. São Paulo: Herder, 1969, p. 61-76 [LAMBERT, Bernard. (org.)].

MISLIN, Michel. "Instituições eclesiásticas e clericalização na Igreja antiga (séc. II-V)". *Concilium*, 1969/7, p. 35-47.

POTTMEYER, Hermann. "A Igreja como mistério e como instituição". *Concilium*, 1986/6, 103-114.

RODES, Robert. "Estrutura da presença da Igreja no mundo de hoje e através de suas instituições". *Concilium*, 1970/8, p. 984-992.

VAN DEN BRINK, Herman. "Mensagem bíblica e direito eclesiástico: uma tensão fértil". *Concilium*, 1996/5, p. 696-705.

3. A Igreja numa visão das ciências sociais

GABRIEL, Karl. "Exercício do poder na Igreja de hoje à luz das teorias do poder das ciências sociais". *Concilium*, 1988/3, p. 37-46.

GRANFIELD, Patrick. "Legitimação e burocratização do poder eclesial". *Concilium*, 1988/3, p. 90-97.

GREELEY, Andrew M. "Sociologia e estrutura da Igreja". *Concilium*, 1970/8, p. 962-969.

GUICHARD, Jean. "Ideologias e poder". *Concilium*, 1973/10, p. 1.236-1.242.

HERMANN, Ingio. "Conflitos e soluções de conflitos na Igreja". *Concilium*, 1972/3, p. 366-377.

KLOSTERMANN, Ferdinand. "Crises na Igreja – Crises da Igreja". *Concilium*, 1976/4, p. 57-65.

RUDGE, Peter. "A sociologia do conflito e a vida eclesiástica". *Concilium*, 1974/1, p. 93-100.

SETIÉN, José. "Tensões na Igreja". *Concilium*, 1969/8, p. 58-69.

SILVA, Domingos da. "O homem diante do direito e da liberdade". *D&P*, 1991/19-20, p. 3-38.

4. Autoridade e poder na Igreja

BAUM, Gregory. "Reflexões teológicas sobre o poder na Igreja". *Concilium*, 1993/3, p. 402-411.

BLANK, Josef. "Para entender o conceito de poder na Igreja (perspectiva neotestamentária)". *Concilium*, 1988/3, p. 11-20.

DONAHUE, Bernard. "A crise da autoridade". *Concilium*, 1976/4, p. 74-80.

LINCH, John E. "O exercício do poder na Igreja (estudo histórico-crítico)". *Concilium*, 1988/3, p. 21-30.

MÜLLER, A. "Autoridade e obediência na Igreja". *Concilium*, 1966/3, p. 63-76.

QUELQUEJEU, Bernard. "Ambiguidade e contingência das figuras do poder". *Concilium*, 1973/10, p. 1.185-1.194.

RUIZ, R. "Estruturas eclesiais no Novo Testamento à luz da vontade de Jesus". *REB*, 33, 1973, p. 35-60.

5. Direito Canônico e eclesiologia

CONGAR, Yves. "A Igreja como Povo de Deus". *Concilium*, 1961/1, p. 8-26.

_____. "Jus divinum *in* Igreja e papado". São Paulo: Loyola, 1997, p. 71-88.

CORECCO, Eugenio. "Fundamentos eclesiológicos do *CIC*". *Concilium*, 1986/3, p. 13-23.

CUNNINGHAM, Agnes. "O desenvolvimento de formas eclesiais no período pós-apostólico". *Concilium*, 1981/4, p. 48-55.

DULLES, Avery. "A Igreja e seus modelos". São Paulo: Paulinas, 1978.

FINK, K.C. "Para a história da Constituição da Igreja". *Concilium*, 1970/8, p. 951-961.

FOLLIARD, Dorothy. "A reforma carolíngia: uniformidade em vista da unidade". *Concilium*, 1981/4, p. 56-61.

McBRIEN, Richard. "Igreja, sinal e instrumento de unidade". *Concilium*, 1970/8, p. 977-983.

ODEA, Thomas. "A Igreja como *sacramentum mundi*". *Concilium*, 1970/8, p. 970-976.

PEGORARO, José. "Igreja, sacramento do Reino de Deus – Perspectiva jurídica". *Vida Pastoral*, 111, 1983, p. 27-32.

PIÉ-NINOT, Salvador. "A Igreja: conceitos fundamentais". In: *Introdução à Eclesiologia*. São Paulo: Loyola, 1998, p. 27-38.

WACKENHEIM, Gérard. "Eclesiologia e sociedade". *Concilium*, 1970/1, p. 7-14.

WARWICK, Donald. "A centralização da autoridade eclesiástica: uma perspectiva organizacional". *Concilium*, 1974/1, p. 101-109.

6. O Direito Canônico como ciência

BEAL, John P. "A inculturação do Direito Canônico". *Concilium*, 1996/5, p. 753-764.

BO, Andrea. "Por uma teologia do Direito Canônico (resenha crítica das principais tendências e linhas para a fundação teológica do Direito

Canônico)". In: VV.AA. *Problemas e perspectivas de Direito Canônico*. São Paulo: Loyola, 1995, p. 327-343.

CAPPELLINE, Ernesto. "O Direito Canônico no magistério de Paulo VI". In: VV.AA. *Problemas e perspectivas de Direito Canônico*. São Paulo: Loyola, 1995, p. 13-47.

CESAR DE LIMA, Maurílio. *Introdução à história do Direito Canônico*. São Paulo: Loyola, 1999 [Coleção Igreja e Direito, 9].

ECHEVERRIA, Lamberto de. "Teologia do Direito Canônico". *Concilium*, 1967/8, p. 10-17.

ERRÁZURIZ, Carlos J. "A formação canônica como aspecto da formação sacerdotal". *D&P*, 1994/29, p. 37-47.

FAGIOLO, Vincenzo. "Direito Canônico e pastoral". In: VV.AA. *Problemas e perspectivas de Direito Canônico*. São Paulo: Loyola, 1995, p. 319-326.

HORTAL, Jesus. "O ensino do Direito Canônico". *D&P*, 6, out./1987, p. 25-30.

MIETH, Dietmar. "A tensão entre direito e moral na Igreja Católica". *Concilium*, 1996/5, p. 743-752.

NEUMANN, Johannes. "O dinamismo social que é próprio da Igreja enquanto comunidade e sua repercussão no necessário dinamismo do Direito Canônico". *Concilium*, 1969/8, p. 11-23.

OLIVEIRA, Manoel Tenório de. "Síntese do pensamento do Papa Paulo VI sobre o Direito Canônico". *D&P*, 5, jul./1987, p. 3-18.

POTS, Richard. "O conceito de direito e o desenvolvimento do direito conforme o *CIC* de 1983". *Concilium*, 1986/3, p. 24-34.

STEINMÜLLER, Wilhelm. "Direito divino e dinâmica na teologia evangélica do direito". *Concilium*, 1969/8, p. 24-38.

URRESTI, Teodoro Ignácio Jimenes. "Direito Canônico e Teologia (duas ciências modernas)". *Concilium*, 1967/8, p. 18-26.

WINNINGER, Paul. "Pastoral do Direito Canônico". *Concilium*, 1969/8, p. 47-57.

7. Elementos para uma leitura dos códigos de 1917 e 1983

ALBERIGO, Giuseppe. "Uma lei constitucional para a Igreja: garantia da restauração". *Concilium*, 1970/6, p. 799-812.

BASSETT, William. "O recurso à equidade nos processos do Direito". *Concilium*, 1975/7, p. 849-860.

CAPPELLINI, Ernesto. "O Direito Canônico, hoje". In: VV.AA. *Problemas e perspectivas de Direito Canônico*. São Paulo: Loyola, 1995, p. 7-12.

CARON, Pier Giovanni. "A equidade canônica". *Concilium*, 1977/7, p. 33-42.

DI CASTIGLIONCHIO, Francesco Zanchini. "Codificação e *aequitas* canônica". *Concilium*, 1973/7, p. 897-905.

DOMBOIS, Hans. "Considerações da Teologia do Direito para a estruturação fundamental de uma LEF". *Concilium*, 1969/8, p. 35-46.

GILCHRIST, John. "Lei eclesiástica e fé cristã na escolástica". *Concilium*, 1976/7, p. 28-36.

HUELS, John M. "Da prática à lei". *Concilium*, 1996/5, p. 719-727.

HUIZING, Peter. "Subsidiariedade". *Concilium*, 1986/6, p. 123-128.

KARRER, Otto. "O princípio de subsidiariedade na Igreja". In: VV.AA. *A Igreja do Vaticano II*. Petrópolis: Vozes, 1965, p. 623-649.

KUHN, Karl-Christoph. "Ordem eclesiástica, em vez de Direito Eclesiástico?" *Concilium*, 1996/5, p. 728-742.

MORRISEY, Francis. "O novo Código: um progresso na legislação da Igreja Católica?" *Concilium*, 1986/3, p. 44-54.

POTZ, Richard. "O conceito do direito e o desenvolvimento do direito conforme o *CIC* de 1983". *Concilium*, 1986/3, p. 24-34.

"Projeto de Lei Fundamental na Igreja (LEF) (24/05/69)". *Sedoc*, 1970, p. 401-422.

PROVOST, James H. "Estratégia para a aplicação da vida ao Direito Eclesiástico". *Concilium*, 1996/5, p. 832-842.

COLEÇÃO INICIAÇÃO À TEOLOGIA
Coordenadores: Welder Lancieri Marchini e Francisco Morás

- *Teologia Moral: questões vitais*
  Antônio Moser
- *Liturgia*
  Frei Alberto Beckhäuser
- *Mariologia*
  Clodovis Boff
- *Bioética: do consenso ao bom-senso*
  Antônio Moser e André Marcelo M. Soares
- *Mariologia – Interpelações para a vida e para a fé*
  Lina Boff
- *Antropologia teológica – Salvação cristã: salvos de quê e para quê?*
  Alfonso García Rubio
- *A Bíblia - Elementos historiográficos e literários*
  Carlos Frederico Schlaepfer, Francisco Rodrigues Orofino e Isidoro Mazzarolo
- *Moral fundamental*
  Frei Nilo Agostini
- *Direito Canônico – O povo de Deus e a vivência dos sacramentos*
  Ivo Müller, OFM
- *Estudar teologia – Iniciação e método*
  Henrique Cristiano José Matos
- *História da Igreja – Notas introdutórias*
  Ney de Souza
- *Direito Canônico*
  Pe. Mário Luiz Menezes Gonçalves

EDITORA VOZES Editorial

CULTURAL
Administração
Antropologia
Biografias
Comunicação
Dinâmicas e Jogos
Ecologia e Meio Ambiente
Educação e Pedagogia
Filosofia
História
Letras e Literatura
Obras de referência
Política
Psicologia
Saúde e Nutrição
Serviço Social e Trabalho
Sociologia

CATEQUÉTICO PASTORAL
Catequese
Geral
Crisma
Primeira Eucaristia

Pastoral
Geral
Sacramental
Familiar
Social
Ensino Religioso Escolar

TEOLÓGICO ESPIRITUAL
Biografias
Devocionários
Espiritualidade e Mística
Espiritualidade Mariana
Franciscanismo
Autoconhecimento
Liturgia
Obras de referência
Sagrada Escritura e Livros Apócrifos

Teologia
Bíblica
Histórica
Prática
Sistemática

REVISTAS
Concilium
Estudos Bíblicos
Grande Sinal
REB (Revista Eclesiástica Brasileira)

VOZES NOBILIS
Uma linha editorial especial, com importantes autores, alto valor agregado e qualidade superior.

VOZES DE BOLSO
Obras clássicas de Ciências Humanas em formato de bolso.

PRODUTOS SAZONAIS
Folhinha do Sagrado Coração de Jesus
Calendário de mesa do Sagrado Coração de Jesus
Agenda do Sagrado Coração de Jesus
Almanaque Santo Antônio
Agendinha
Diário Vozes
Meditações para o dia a dia
Encontro diário com Deus
Guia Litúrgico

CADASTRE-SE
www.vozes.com.br

EDITORA VOZES LTDA.
Rua Frei Luís, 100 – Centro – Cep 25689-900 – Petrópolis, RJ
Tel.: (24) 2233-9000 – Fax: (24) 2231-4676 – E-mail: vendas@vozes.com.br

UNIDADES NO BRASIL: Belo Horizonte, MG – Brasília, DF – Campinas, SP – Cuiabá, MT
Curitiba, PR – Fortaleza, CE – Goiânia, GO – Juiz de Fora, MG
Manaus, AM – Petrópolis, RJ – Porto Alegre, RS – Recife, PE – Rio de Janeiro, RJ
Salvador, BA – São Paulo, SP